国家社会科学基金重大项目（编号：17ZDA047）资助

# 共生理论视角下中国与"一带一路"国家间产业合作的案例研究

胡　军　顾乃华　主编

暨南大学出版社
JINAN UNIVERSITY PRESS

中国·广州

图书在版编目（CIP）数据

共生理论视角下中国与"一带一路"国家间产业合作的案例研究/胡军，顾乃华主编. —广州：暨南大学出版社，2024.10
ISBN 978 - 7 - 5668 - 3914 - 5

Ⅰ.①共… Ⅱ.①胡… ②顾… Ⅲ.①"一带一路"—国际合作—产业转移—研究 Ⅳ.①F269.1

中国国家版本馆 CIP 数据核字（2024）第 093509 号

共生理论视角下中国与"一带一路"国家间产业合作的案例研究
GONGSHENG LILUN SHIJIAO XIA ZHONGGUO YU "YIDAIYILU" GUOJIA JIAN
CHANYE HEZUO DE ANLI YANJIU
主　编：胡　军　顾乃华

出 版 人：阳　翼
统　　筹：黄文科
责任编辑：曾鑫华　彭琳惠
责任校对：刘舜怡　梁玮浈　黄子聪
责任印制：周一丹　郑玉婷

出版发行：暨南大学出版社（511434）
电　　话：总编室（8620）31105261
　　　　　营销部（8620）37331682　37331689
传　　真：（8620）31105289（办公室）　　37331684（营销部）
网　　址：http://www.jnupress.com
排　　版：广州尚文数码科技有限公司
印　　刷：广东信源文化科技有限公司
开　　本：787mm×1092mm　1/16
印　　张：18.25
字　　数：320 千
版　　次：2024 年 10 月第 1 版
印　　次：2024 年 10 月第 1 次
定　　价：69.80 元

# 目　录
## Contents

# 绪　论

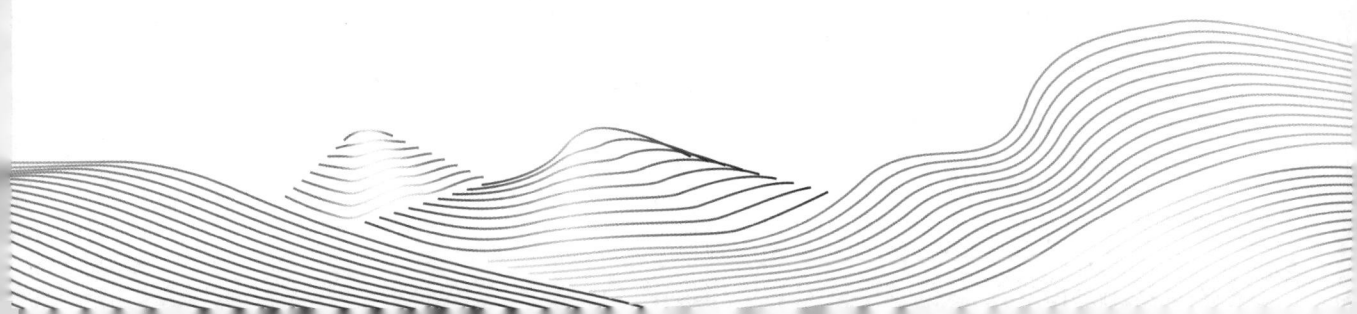

# 1 研究意义

2013 年，习近平总书记提出共建"一带一路"重大倡议，得到众多国家积极响应。"一带一路"倡议自提出以来，其发展建设取得了一系列丰硕成果，为中国乃至全球经济发展提供了经验，加快了中国参与全球经济竞争的步伐。近些年来，世界各国围绕发展问题、安全问题、环境问题、地区问题等产生了巨大分歧。全球范围内逆全球化与"脱钩"现象凸显、民粹主义思潮回流、新冷战思维重现、地区冲突加剧，导致全球治理"赤字"高企，各国对"和平与发展"时代主题能否维持的忧虑上升。在此时代背景下，"一带一路"倡议实施过程中充分体现"共商、共建、共享"的原则，塑造"民主、公正、普惠"的国际秩序，为促进"开放、包容、互惠"的全球治理提供了中国方案。本书的课题研究意义主要如下：

第一，理论意义。"共商、共建、共享"既是中国的全球治理观，也是"一带一路"倡议的基本原则。"一带一路"倡议包含众多发展水平不同、国家体制和文化习俗各异的沿线国家、跨国公司、非政府组织和个人等国际行为体，连接跨区域、多样化的发展中国家。通过"共商、共建、共享"理念，"一带一路"倡议肩负起构建多元协商的国际合作机制、建立公平公正的经济秩序以及达成可持续发展目标的使命。共建"一带一路"非排他性合作平台和对接各国的发展战略，加快构建适用于发展中国家的多边经贸规则并增强其全球话语权，为发展中国家深度参与和融入经济全球化创造制度环境。中国通过"一带一路"倡议的开放合作体系积极参与全球治理，通过"共商、共建、共享"推动中国新型全球治理理念的实施，通过构建多元协商合作体系维护全球发展的目标，充分体现了中国积极参与全球治理与维护世界有序发展的大国担当。中国与"一带一路"沿线国家的产业合作案例就是"共商、共建、共享"这一观念的生动实践，也是中国参与全球治理成果的体现。

第二，现实意义。"一带一路"倡议作为中国全方位对外开放的主要旗帜，是中国提出的新型国际合作倡议，正在成为世界上越来越多的国家打造人类命运共同体的重要实践平台。"一带一路"建设取得了丰硕的成果，特别是中国企业在海外建设或承建了一大批项目，这些项目进展如何、积累了哪些经验，对于推动

"一带一路"建设的高质量发展具有重要意义。为巩固中国与"一带一路"沿线国家在各领域中的发展成果,进一步推进"一带一路"高质量发展,我们对中国与"一带一路"沿线国家合作案例进行分行业、分区域以及分国别研究,以期找到一条可供全球推广借鉴的路径和模式。这些案例项目分布在"一带一路"沿线国家,涵盖铁路、港口、境外经贸合作园区、制造业、矿山开采及冶炼、清洁能源、物流等不同类型合作。我们力图通过生动形象的案例分析,展示"一带一路"共建国家在产业合作发展方面做出的有益尝试,揭示本地制度和文化等多重因素对中国与"一带一路"沿线国家产业合作的影响,总结可供借鉴的经验和知识,对推动"一带一路"高质量共建具有现实意义。

## 2 研究内容

基于国内外形势环境的变化,在中国与"一带一路"沿线国家的合作关系逐渐从"产业转移"转向"产业合作"的背景下,本课题着眼于产业生态共建的视角,探讨中国突破"我转给你"的这一单向产业转移的局限性,及循序渐进构建"我中有你、你中有我、打造共融共荣的共同体"所面临的现实困难与解决对策。基于上述研究目标,本课题在分析国家间产业合作的背景与必要性、国际产业合作一般模式的基础上,以"一带一路"沿线国家作为本课题的重点分析区域。内容安排如下:

第一部分为绪论,该部分主要基于产业生态构建的视角介绍课题的研究意义、研究内容、研究方法、特色亮点等内容。

第二部分包括第一篇至第五篇,该部分主要基于行业发展的视角展开研究,分别从农业、信息基础设施建设、矿产、能源等行业分析了"一带一路"建设中所取得的项目合作成果、合作中面临的困境以及未来行业合作发展的模式与路径。

第三部分包括第六篇和第七篇,该部分主要以省域为研究单位,分析了福建省、浙江省基于本省发展实际以及地方主动参与"一带一路"建设中的发展路径与所取得的主要成果。

第四部分包括第八篇至第十一篇,该部分主要以外国为研究对象,重点分析了中国与阿根廷、巴基斯坦、俄罗斯、沙特阿拉伯等国家在"一带一路"建设中的合作领域及其进展，对东道国家进一步主动融入"一带一路"建设具有借鉴意义。

# 3　研究方法

总的来说，本书每篇首先对研究范围进行厘定；然后整体分析中国与"一带一路"沿线国家在相应领域的产业合作发展现状，总结分析其所面临的困难与挑战；再选取典型案例进行剖析，根据对典型案例的分析研究，找出可供改善项目建设的经验与模式；最后提出优化中国与"一带一路"沿线国家产业合作的对策建议。具体的研究方法主要有如下几种。

## 3.1　文献分析法

本书通过收集、查阅和整理中国与"一带一路"沿线国家产业合作相关的文献，对电力、数据中心、铁路、港口、境外经贸合作园区、制造业、矿山开采及冶炼、清洁能源、物流合作及农业等各行业的发展基础、相关概念等作了总体概述。在此基础上，本书首先通过文献分析，对取得成功的项目合作案例形成全面系统的认识；其次通过文献分析，对项目合作的背景、发展过程、面临问题、问题处理手段等展开研究；最后通过对研究文献的总结归纳，获得相关的政策建议。

## 3.2　实证分析法

区别于既有的文献所使用的纯定性的评估方法，本书对中国与"一带一路"沿线国家的产业合作中的部分可获取的行业数据、区域数据乃至国别数据进行数据收集、定量探讨及实证分析，以确保本课题研究的科学性与客观性，为后续的问题凝练及政策路径优化提供更精细化的参考依据。

## 3.3　案例分析法

本书在对中国与"一带一路"沿线国家的产业合作的特征事实和发展现状进

行分析后，选取了行业、地区和国别三个层面的典型案例进行分析，以使分析结果更具有全面性和准确性，由此，力求提出的对策更具可操作性和借鉴性。案例分析方法亦称为个案分析方法或典型分析方法，是对有代表性的事物（现象）深入地进行周密而仔细的研究，从而获得总体认识的一种科学分析方法。

### 3.4 系统分析法

为避免以偏概全的问题，本书坚持系统思维，旨在让中国与"一带一路"沿线国家产业合作的案例研究过程更具逻辑性，结果更为严谨。首先，选择案例研究对象，界定案例分析的行业范畴；其次，介绍中国与"一带一路"沿线国家的产业合作发展中的现状特征和困难问题，然后采用案例分析法剖析典型案例；最后，根据找到的问题，提出优化中国与"一带一路"沿线国家产业合作的对策建议。

## 4 特色亮点

与其他单纯研究产业转移或分析单一维度合作形式的研究不同，本课题从产业生态共建的视角，全面系统地考察了中国与"一带一路"沿线国家开展产业深度合作的现状、问题与对策。事实上，"一带一路"高质量发展实质上就是在"政策沟通、设施联通、贸易畅通、资金融通、民心相通"（以下简称"五通"）五个领域实现更高质量发展的过程。十年来，"一带一路"倡议合作平台不断发展壮大。在政策沟通层面，截至 2023 年 1 月，中国已同 151 个国家和 32 个国际组织签署 200 余份共建"一带一路"合作文件，与 32 个伙伴国家签署经营者（AEO）互认协议。在设施联通层面，中巴经济走廊公路以及瓜达尔港、斯里兰卡科伦坡港及汉班托塔港、印尼雅万高铁、肯尼亚蒙内铁路、中国老挝铁路、希腊比雷埃夫斯港、澜沧江—湄公河国际航道治理工程等基础设施工程相继启动或运营。海运方面，截至 2022 年，中国企业参与 34 个国家 42 个港口的建设经营。国际陆运线路开通 356 条，国际航线新增 403 条，每周约 4 500 个航班直航沿线 43 个国家。中欧班列累计开行超过 5.7 万列，通达欧洲 24 个国家的 196 个城市，助力沿线交通互通。在贸易畅通层面，2013 年至 2022 年 8 月，中国与沿线国家货物贸易额累计高达 12 万亿美元。2022 年中国与"一带一路"沿线国家的货物贸易规模再创历史新高，达 13.8 万亿元（人民币），同比增长 19.4%，占我国外贸总值的比重达 32.9%，同比提升 3.2 个百分点，较 2013 年提升 7.9 个百分点。在资金融通层面，沿线国家间双向投资金额不断攀升，涵盖行业全面拓展，中国对沿线国家非金融类直接投资同比增长 7.7%，达到 1 410.5 亿元，沿线国家对华实际投资增长 17.2%，达到 891.5 亿元，有力助推双方经济增长。在民心相通层面，截至 2022 年年底，中国在沿线国家建设的境外经贸合作区已累计投资 3 979 亿元，中巴经济走廊为当地创造了 42.1 万个就业岗位；与沿线国家签署的投资合作备忘录达到 31 个；开设 23 个鲁班工坊，培养数控机床、工业机器人等前沿专业技术人才，促进了与合作国家的人文交流。经过十年的经营，当前"一带一路"已成为点、线、面相结合的立体式多层次全球发展合作平台。

据此，本书的亮点之处在于以案例的形式展现"五通"实施所取得的成效，立体化全景式展现自"一带一路"倡议提出以来中国与沿线国家在各领域合作发展的过程、面临的问题以及解决问题的方式。报告分篇章总结了这十年来各行业实践过程中所获得的经验教训，生动形象地展示了行业跨国合作的路径与模式，形成了一整套完整的制度集合，为"一带一路"合作共建提供了国际样板。本书论述"五通"高质量发展的案例分别如下：政策沟通方面，在加强政策沟通层面的探索上，中方各级地方政府积极践行"一带一路"倡议，保持与沿线国家的友好沟通。本书对阿根廷、俄罗斯等国家的政策沟通层次由点到面、逐步升级的过程作了系统性论述。设施联通方面，中国致力于帮助"一带一路"沿线国家打通发展的经济通道和物流运输通道，也着力于推动沿线国家信息化基础设施建设，为双方合作发展提供新动能。本书也对中国与沿线国家在信息基础设施建设方面的合作案例进行了充分的论述，指出联结中国与沿线国家基础设施的必要性与发展路径。贸易畅通方面，中国与沿线国家在经贸合作的数量和体量、合作的质量和深度、合作的范围和广度等方面均得到有效提升，本书立足浙江省制造业与"一带一路"沿线国家经贸合作的案例分析，提供了制造业对外合作的发展路径与模式。本书中中国与沿线国家信息化基础设施行业合作的案例生动展现了信息数字化行业融入沿线国家发展的路径，为助推贸易畅通发挥积极作用。资金融通方面，本书中"一带一路"倡议背景下我国农业对外合作案例的分析为推动中国与沿线国家农业互惠互助提供了新的思路与模式，积极探索与沿线国家资金融通的渠道。民心相通方面，中国在扩大对外投资领域，积极开展对"一带一路"沿线国家的投资，发展适合本地资源禀赋的产业，促进当地产业升级、经济发展和增加就业，增进和东道国人民群众的紧密联系。本书中介绍的福建三大主导产业如机械装备产业、石化产业等都在"一带一路"沿线国家建立工厂或者成立合资公司，积极带动本地就业与经济发展。

Ⅰ　行业篇

第一篇

# 中国与 "一带一路" 沿线国家农业合作的案例

## 【导论】

党的二十大报告提出："全方位夯实粮食安全根基""推动共建'一带一路'高质量发展"。近年来，国际形势复杂多变，全球发展面临重大挑战，亟须各国携手共进。2013 年，习近平总书记先后提出"新丝绸之路经济带""21 世纪海上丝绸之路"的概念，标志着"一带一路"倡议的诞生。"一带一路"倡议是我国最重要的国际合作倡议之一，旨在促进全球贸易和推动经济资源重构，打造"开放、包容、均衡、普惠"的区域合作架构。其实质是在地缘关系基础上构筑多方、多元、多向的国际互惠共赢合作格局，内容包含政治、经济、文化、农业等多个领域，目标在于形成多国联动、深层次协同的高质量发展模式。"一带一路"倡议务实合作持续深化拓展，为参与各方发展经济、增加就业、改善民生做出积极贡献，已经成为深受欢迎的国际公共产品和国际合作平台。

农业对外合作是"一带一路"建设的基础支撑和重要内容。一方面，我国是农业大国，农业是立国之本，是国民经济的基础与命脉，深化农业对外合作对推动我国农业发展与促进社会稳定具有重要意义；另一方面，"一带一路"沿线国家大部分是发展中国家，农业 GDP 占比较高，与之共建深层次农业合作发展平台与机制，不仅符合各国谋求合作发展的需求，而且是最具操作性的"一带一路"合作内容。

"一带一路"倡议的推进为我国经济和贸易发展创造了新的契机，也为农业对外合作发展创造了新的可能性。"一带一路"倡议有助于突破欧美国家对我国农产品国际贸易的控制和封锁，打通我国与沿线国家的农产品贸易通道，并有效改善我国农产品对外贸易长期逆差的局面。近年来，我国积极推动"一带一路"倡议的实施，通过加强与"一带一路"沿线国家和地区间农业资源要素流动、贸易交流、产业合作等，不断延伸农业对外合作领域、拓展合作内容、加大对外投资，取得了显著的成果。

但受国内外诸多因素的影响，世界正处于百年变局的重要阶段，经济发展受多重危机制约，国际贸易发展走势低迷，农业对外合作领域仍存在诸多问题和挑战。如全球农业发展格局调整、中美贸易摩擦、国际战争、全球气候变化等一系列因素都加剧了农业国际市场的动荡。此外，新冠疫情等"黑天鹅事件"影响了农业发展的稳定性，农业的育种、收获、售卖、运输等环节都受到持续影响，导致当今市场上农产品供需不稳定、全球粮食安全问题仍然突出，保障农业贸易与粮食安全已成为全世界各国各地区在发展中面临的新挑战。因此，"一带一路"建设中各个国家和地区需要认识到当前农业发展中存在的新困境和可能产生的影响，强化有关农业贸易、资金、技术、人才等各方面的友好合作，全力推动农业的高效、持续发展。我国作为"一带一路"倡议的发起者，肩负着重大责任与重要使命，亟须进一步深化农业对外合作。

随着"一带一路"倡议的推行，我国已经有企业和地区在积极开展农业对外合作，并取得了一定成果。我国通过研究并借助这些合作经验，可以为深化农业对外合作提供实践支撑，进一步推动我国农业与沿线国家和地区的合作发展，实现农业生产产业化、现代化，进而维护社会稳定、促进我国经济高质量发展、保障全球粮食安全。

# 1　研究背景与意义

## 1.1　研究背景

一是国内外发展环境复杂，"一带一路"倡议应运而生。一方面，伴随改革开放的深入推进，我国经济发展取得历史性成就，经济总量大幅度提高，综合国力显著提升。但与此同时，伴随着社会改革步入深水区，经济发展也进入了换挡期，矛盾、风险和挑战接踵而来，迫切需要做出重大调整和改变。另一方面，全球新一轮科技革命以及产业革命的深入推进推动国际秩序与全球治理体系加速转型的同时，也带来许多发展难题，比如经济增速受阻、经济全球化逆转态势明显、发展不平衡趋势扩大、区域性热点问题不断出现等，不稳定性、不确定性显著增加。面对挑战，仅凭单个国家的力量无法解决，和平、发展、合作、共赢的时代呼声越发强烈，对于合作的诉求是空前未有的强烈。为了实现全球经济社会稳步发展，世界各国应当坚持协调共赢的理念，加强规则、标准、政策的对接，整合全球经济社会发展基本要素和重要资源，齐心协力，克服困难，迎接挑战，推动世界和平稳定和共同发展。2013 年，习近平总书记提出"一带一路"重大倡议，旨在促进沿途国家和地区的互联相通和各国经贸交流，推动设施互通，并同沿线各国分享我国市场经济蓬勃发展机遇，实现共同繁荣。"一带一路"倡议提出后，得到了沿线国家和地区的热情回应和高度重视，在当今全球普遍面临经济社会发展停滞不前之际，"一带一路"倡议为沿线国家和地区共谋发展提供了新契机，也为世界各国提供了一个新的贸易发展模式，并贡献了宝贵的可供借鉴的经验。

二是受多方影响，粮食安全问题凸显。总体上看，我国粮食供需仍处于"紧平衡"状态。2022 年我国粮食产量约为 6.86 亿吨，仅比此前国家提出的粮食综合生产能力达到 6.5 亿吨以上的底线要求高出 0.36 亿吨。截至 2019 年，我国耕地总面积为 19.18 亿亩，人均耕地面积仅为 1.43 亩，仅为世界人均水平的二分之一，严重制约粮食生产总量提升。[①] 随着我国人民群众生活水平的大幅提升，国内面临农业资源严重不足而农产品刚性需求持续上升的矛盾，农产品供给侧失灵，我国的粮食生产供应问题和自然资源缺乏的问题日益显现。此外，在新冠疫情全球蔓延、极端天气频现以及地缘政治冲突加剧的影响下，恐慌在国际社会上蔓延，部分国家基于对未来的担忧，采取了控制粮食出口的措施，导致全球粮食供应出现紧张，全球粮食的可获得性持续削弱，全球数以亿计的人口陷入粮食不安全状态，粮食安全问题不断凸显。2022 年以来，全球粮食产量下降，国际粮价持续高位运行，给全球粮食产业链供应链带来巨大冲击，很多低收入国家面临粮食危机。根据世界粮食计划署的警告，截至 2022 年 5 月，20 个重点监测地区的粮食安全形势

---

① 数据源自《第三次全国国土调查主要数据公报》，统计截至 2019 年年底，数据公布时间为 2021 年 8 月。

持续恶化；预计到 2030 年，全球将有 8% 的人口（约 6.6 亿人）可能面临长期饥饿。我国作为世界上农产品第一进口国，势必受到全球粮食形势变化的重大影响。粮食事关国运民生，粮食安全是其他一切活动的物质前提，是稳定社会秩序、维护国家安全的必要条件。加快推进农业"走出去"战略是我国粮食安全发展的重要方向之一。通过深化与"一带一路"沿线国家和地区的农业合作，不仅可以提升当地粮食安全抗风险力量，还可以增强我国在维护全球粮食安全中的作用，提升我国在全球粮食安全中的影响力，从而为构建人类命运共同体提供有力支撑。

三是"一带一路"倡议带来农业对外合作新机遇。古往今来，丝绸之路的主要合作内容之一便是开展农业交流和农产品贸易。新时期，随着"一带一路"倡议的深入推进，我国农业对外合作总体格局发生了巨大的变化。"一带一路"沿线国家和地区分布地域广阔、纬度差异大、气候条件不一，因此农业资源禀赋也有所不同，农业合作前景广阔。一方面，沿线的发展中国家科技水平总体较低，对我国的农业科技有较大的需求市场；另一方面，我国也同样需要沿线国家的农业资源来弥补国内农业缺口，双方农业合作有天然的合作基础，拥有极大潜力。但与此同时，激烈的市场竞争和复杂的国际形势也让我国农业对外合作面临巨大的风险与挑战。只有切实解决农业对外合作过程中存在的问题，才能不断促使我国农业对外合作抓住新机遇、取得新成效、迈上新台阶。

## 1.2 研究意义

"一带一路"沿线国家和地区具有良好的生态环境、丰富的水土资源和农业资源等优势，拥有极大的发展潜力，国际市场交流合作空间广阔。然而，全球现代农业发展前景并不明朗。在"一带一路"倡议下，深化农业对外合作，有利于促进区域内农业资源要素的有序流动、实现农业资源科学调配，有利于推动农业生产科技的共享、保障全球粮食安全，有利于发挥各国的比较优势，挖掘农业发展的潜力，从而推动相关各国实现互利共赢。此外，推动农业对外合作，将有利于我国统筹运用国内国际两方资源、两个市场、两类规则，深化国际产能合作，助推乡村振兴战略和农业供给侧结构性改革真正落地生根，为经济发展注入新的活力。

### 1.2.1 有利于推进全球农业资源的高效配置

目前，全球的农业发展已进入全球性要素禀赋流动阶段。与其他国家和地区开展深入的农业合作，一是有利于我国农业加速融入世界农业，推动我国农业贸易融入国际贸易体系；二是通过参与全球范围内农业资源配置，实现农业资源的有序配置和高效利用，充分发挥国内外两种市场的优势，解决众多农业问题；三是通过参与国际市场的竞争，促使我国农业自身竞争力不断提升，进而逐步成为农业价值链中的主导力量。

### 1.2.2　有利于推动农业现代化，保障粮食安全

加强农业对外合作对于后疫情时代稳定粮食生产、加快农业现代化步伐有着重要作用，同时对国际粮食安全和粮农治理有着越来越深远的意义。"一带一路"国家聚集了全球绝大部分的发展中国家，许多国家仍处于饥饿、半饥饿状态，粮食安全问题受到严峻考验。也有部分国家虽然能基本实现粮食自给自足，但仍存在极大粮食安全隐患。在"一带一路"倡议的框架下，加大基础设施建设对于提升"一带一路"沿线各国的粮食生产能力至关重要。为此，我国应该进一步深化农业对外合作，着力推动我国农业技术和标准走出去，参与并支持发展中国家进行农业生产能力建设，提高粮食产量，共同保障全球粮食安全。

### 1.2.3　有利于发挥各国比较优势，推动互利共赢

从古至今，我国都对与周边国家和地区的农业贸易极为重视，农业贸易和合作又反过来促进了中国经济、政治和文化的发展繁荣。"一带一路"沿线国家大多是发展中国家，农业在国民经济中的占比颇高，地位十分重要，如老挝、尼泊尔、柬埔寨、巴基斯坦等国，农业产值占 GDP 比重超过 20%。这些沿线国家耕地资源丰富，人均耕地面积远高于我国，但由于农业生产水平较低、农业生产技术落后，粮食生产总量并不算高，而我国农业现状与这些沿线国家正好相反。因此，在"一带一路"倡议背景下深化农业对外合作，将有利于充分发挥各国的优势，为实现共同繁荣的目标提供有力支撑。

### 1.2.4　有利于为我国经济发展增加新动能

近年来，由于全球经济危机等因素的冲击，我国经济下行压力不断加大，经济增长内生动力不足。为此，我国必须采取新的战略举措，以提升经济增长信心。作为国民经济基础的农业具备多功能价值，不仅具有食用、稳固国家政权、满足国家税收需求、为军队提供后备支撑等功能价值，而且农产品的市场交换功能价值尤为突出。我国通过农业贸易，可以推动社会经济发展，确保政权稳固和促进文化、人口、技术等的发展。我国通过深化农业对外合作，可以大幅提升农产品

的国际贸易水平,吸引更多外资,扩大农业对外直接投资,增加农产品有效供给,推动农业产业的蓬勃发展,为经济增长提供新的动力。研究农业对外合作的优化路径对我国经济的发展具有一定的促进作用。

### 1.2.5 有利于促进我国三农发展

三农问题的核心,就是农业发展问题。农业不仅与农民的幸福、农村的发展息息相关,而且在国家政局和社会秩序的稳定方面具有不可替代的作用。我国农村人口庞大,农民工数量也多,因此农业的发展是我国必须重视的,但是我国的农业发展与一些国家相比仍有进步空间。首先,我国农民的主要生产方式仍是高交易成本的小农经济,具备低经济效益、高分散、以劳动力投入为主的特点;其次,基于国家安全考虑,农产品的价格一直不高,农民从事农业生产收益较低;最后,受市场经济改革、长期城市化发展政策等的影响,农民为了维持家庭开支不得已选择进城务工,农业发展再次受阻。加强农业对外合作为我国农业发展增加了新途径,对推动我国农业农村经济发展有着必要作用,也与目前我国乡村振兴战略相得益彰,相互促进三农发展。

## 1.3 主要概念界定

### 1.3.1 "一带一路"倡议

"一带一路"是"丝绸之路经济带"和"21世纪海上丝绸之路"的简称,"一带一路"倡议是我国经济外交的顶层设计、加强对外开放的重大战略举措以及推动特色大国外交的成功实践。"一带一路"倡议顺应了我国对外开放区域结构转型、要素流动转型和国际产业合作以及与其他经济合作国家结构转变的种种需要,有力地推动了我国对外开放的深层次发展。该倡议提出的目的是加强与沿线国家的合作和交流,为实现世界各国共同发展而努力,打造互相包容、优势互补、共同进步的利益和责任共同体。

2013年秋,习近平总书记在中亚和东南亚访问时,首次明确提出了"一带一路"倡议。从作用上看,"一带一路"倡议不仅为国际贸易的蓬勃发展创造更多的可能性,为全球经济社会的稳定灌注新的生命力,为全球和谐与发展创造更多的希望,而且契合了全球共同发展繁荣的主题,发掘了国际市场潜力,推动了各行业良性合作与竞争,注入了经济增长动能,创造了新的就业增长点,增强了各国经济内生动力和抗风险能力。自"一带一路"倡议提出以来，我国已与全球 151 个国家、32 个国际组织签署了 200 多份共建协议，涵盖亚欧、南太平洋、非洲等多个国家和地区。在沿线各国人民的共同努力下，"一带一路"倡议已经从理念逐步转变成为实实在在的国际合作平台，为世界经济社会、文化发展带来了巨大的推动力，让沿线各方人民受益匪浅。

世界"共享共建"的浪潮席卷而来，我国顺势而上，坚持与世界各国发展友好合作关系，推动"一带一路"建设高质量发展。当今，在多重因素叠加影响下，世界经济发展的脚步放缓，全球可持续发展面临的挑战激增。"一带一路"倡议适应全球发展新形势，已进入建设平稳期和追求高质量发展的新阶段，将引领包容性全球化新时代，为世界经济稳步提升注入强大动能，增加民生福祉，推动全球可持续发展。

### 1.3.2　农业对外合作

农业对外合作是我国对外开放和农业农村发展的重要组成部分，覆盖国家众多，涉及合作领域广，包含农业的对外贸易投资、科技合作、对外援助和全球粮食安全保障等多方面。一方面，通过与其他国家和地区加强交流和贸易投资，创新农业服务方式，提升合作质量，扩大农产品影响力，以推动农业"走出去"。另一方面，通过农业"引进来"，以弥补本国或本地区的农业劣势，加快形成农业国际合作的新局面。我国通过充分利用国内外地区丰富的农业资源和市场，优化了农业资源配置，扩大了农产品对外贸易，保障了农产品有效供给，提升了农民收入，促进了国内农业现代化的发展，推动了全球农业发展。七十多年来，我国在农业对外合作方面取得了巨大的成就，积累了丰富的经验，并且不断提升了统筹利用国内外两个市场和资源的能力。

从中华人民共和国成立到改革开放前（1949—1978），农产品出口是社会主义建设的重要支撑。中华人民共和国成立后，我国便与最早建交的苏联、东欧及亚洲社会主义国家开展了农业合作。此时，交流、学习以及接受援助是我国农业对外合作的主要方式。虽然当时国内农产品供应不足，但农产品及其加工品占全国出口总额的比重一度超过八成。正是这个时期的农产品出口，为中华人民共和国建立初期的大规模工业发展提供了强有力的支撑。

从改革开放到加入世贸组织前（1979—2001），我国农业对外贸易合作加速发展，反哺了国内农业发展。党的十一届三中全会后，确立了对外开放的基本国策，

"引进来"逐渐成为中国与世界各国合作的主要方向。这一阶段我国对外贸易总体发展快速，但农业所占比重明显下降，打破了以农产品出口为主的贸易格局。

加入世贸组织后的第一个十年（2002—2011），我国农业开始全方位参与全球竞争，农产品贸易发展迅猛，农业"走出去"规模效应初显。2006年，商务部、原农业部和财政部等部门提出了关于促进"走出去"发展的指导意见，为"走出去"战略的实施提供了强有力的政策支持。2011年，许多有实力的农业企业开始主动寻求对外合作，农林牧渔对外投资存量达34.2亿美元，在境外开展涉农投资的企业达760家。

党的十八大以来（2012年至今），为更好地服务"三农"工作和我国政治外交大局，农业对外合作开启了新的篇章。农产品国际贸易更加密切，投资合作更加频繁。我国开始积极参与全球粮食安全管理，深度融入全球农业资源配置体系，农业逐渐成为政治外交的优质资源。农业对外合作在机制建设、贸易投资、农业援外等方面也取得显著进展。

## 1.4 研究思路与结构安排

本篇按照如下逻辑主线来组织研究内容：从发展现状出发提炼面临的困难与挑战—从典型案例中归纳经验方法—提出政策建议。

第一章是导论，主要阐述研究背景和研究意义，介绍基本概念、研究框架等，并归纳研究的创新之处。

第二章是理论分析基础。

第三章是"一带一路"倡议背景下，我国农业对外合作的发展现状。

第四章是"一带一路"倡议背景下，我国农业对外合作面临的困难与挑战。

第五章是"一带一路"倡议背景下，我国农业对外合作的典型案例分析。

第六章是"一带一路"倡议背景下，我国农业对外合作的对策建议深化。

## 1.5 本篇的创新之处

本篇研究在借鉴已有学者观点的基础上，结合"一带一路"倡议下我国农业对外合作的现实情况，分析了目前我国农业对外合作面临的挑战与困难，并对典型案例进行了剖析，提出了对策建议，具备一定的创新性，主要创新如下：

（1）对我国农业对外合作发展进行了全面系统的研究。本篇通过查阅文献展开调研，梳理了我国农业对外合作现状，并分别从合作范围、贸易、投资、援外四个方面入手进行全方位的阐述，得以对发展现状有更加全面、立体的认识。

（2）分别从企业、地区两个维度选取我国农业对外合作的典型案例，通过深入的案例剖析，较为全面地得出了加强我国农业对外合作的可借鉴经验。

（3）提出了在"一带一路"倡议背景下，推动我国农业对外合作高质量发展的系统可行的对策建议。本篇在对我国农业对外合作发展现状进行认真梳理的基础上，深入分析发展面临的困难与挑战，根据典型案例分析出的经验，从多角度、多途径提出系统化的对策建议，推动我国农业对外合作的发展。

## 2　理论分析基础

### 2.1　跨境次区域合作理论

20世纪90年代，地缘区位理论基于边境地区的演化规律及区位特征，提出了次区域合作的理论模型。从学术概念来说，跨境次区域经济合作是指若干国家接壤地区之间跨国界的经济人或法人，基于平等互利的原则，通过各种生产要素的流动而实施的较长时期的经济协作活动。其本质是使生产要素资源在跨境次区域这一地域范围内达到自由流通，从而促进生产资源的有效配置与生产效率的提升。

### 2.2　比较优势理论

19世纪初，英国经济学家大卫·李嘉图提出比较优势理论。该理论认为任何国家或企业，都可以根据产品生产成本及效率进行分工，每个国家或企业出售最有优势的产品或服务，然后购买其不具有比较优势的产品或服务，就能从国际贸易中获取比较利益。比较优势理论为世界各国开展贸易和投资提供了更深层次的研究视角，同时也促进了世界贸易体系的完善，对世界贸易发展和国际合作的开展做出了重大贡献。比较优势理论提出发展中国家必须提高本国要素禀赋结构，并以此为定位，根据本国的比较优势，在技术、产业、产品等多个方面，创造有利于要素禀赋结构提升的内、外部环境。基于该理论，我国在进行对外农业贸易的过程中，应该充分权衡各类因素的影响，得出农作物和农副产品的比较优势，规划安排合理的贸易合作，并减少生产具有相对劣势的农作物。

## 3　"一带一路"倡议背景下，我国农业对外合作的发展现状

在"一带一路"倡议背景下，传统农业往来已经演变成以经贸、基础设施、技术、人才等为重点的多维度农业合作，我国农业对外合作也取得了较大进展，已同多个国家和地区签署相关协议，建立了合作关系以及交流机制，农业"走出去"和"引进来"的内容和形式不断丰富。

### 3.1　农业对外合作范围不断扩大

近年来，随着"一带一路"倡议的持续推进，农业作为其中的重要领域，对外合作也不断开展。"一带一路"建设经过多年的发展已经走向稳定，沿线国家和地区的多个领域发展都得到了提升，沿线大都是发展中国家，农业为重点发展领域，在农业合作领域成果也颇多，农业对外合作在"一带一路"倡议下正朝着标准化方向发展。农业对外合作覆盖世界各个地区，而随着越来越广泛而深入的协议的签订，农业对外合作也开始呈现出跨越地域限制的区域合作发展战略的特征。

2016 年，《国务院办公厅关于促进农业对外合作的若干意见》的发布标志着我国政府首次在国家层面进行农产品对外贸易协作的系统性部署。截至 2021 年年底，我国已与 80 多个国家签署了农渔业合作文件，签订了《中国东北地区和俄罗斯远东及贝加尔地区农业发展规划》《关于合作编制柬埔寨现代农业发展规划的谅解备忘录》等多个中长期农业发展合作规划，我国农业对外合作的范围逐步扩大。

### 3.2　农业对外贸易合作持续深化

据海关总署统计，2021 年，我国从"一带一路"沿线国家进口农产品 3 265.5

亿元，同比增长 26.1%。目前，我国已成为全球第一大农产品进口国、第二大贸易国、第五大出口国，在农产品的全球市场上占据重要地位。我国农业对外合作已从早期的种植环节，逐渐拓展为加工、包装、运输、贸易等各产业链环节的合作，农产品贸易规模不断上升，有效地促进了合作国粮食、棉花、畜牧等农产品及其加工产业的提升，产业链供应链合作越发紧密。在合作的过程中，我国充分发挥了自身比较优势，推动实现了内外优势互补，有效地提升了农产品供给能力。为了更好地保障国内粮食安全，我国着重提升了土地密集型农产品如黄豆、油菜籽、棉花等的进口量，以便充分利用国内有限农业资源来保障粮食生产，并为推进我国农业结构调整提供空间和余地。此外，我国还提升了水产品、园艺等劳动密集型优势产品出口量，以便提高产出效益，拉动种养、加工、包装、运输、贸易等整个产业链的发展，为农民就业和增收提供了新途径，推动了农业增值增效。

## 3.3 农业对外投资持续优化

目前，我国在"一带一路"沿线国家和地区开展农业投资合作项目已超过 650个，我国农业对外投资规模呈上升趋势。2019 年，我国农业对外直接投资的投资净额为 24.39 亿美元，相较 2007 年的 2.72 亿美元，增长了 21.67 亿美元。在存量方面，2019 年，我国农业对外直接投资存量为 196.7 亿美元，相较 2007 年的 12.1亿美元，增长了 184.6 亿美元。投资领域也逐渐多元化，从产业链层面来看，我国农业对外投资环节已延伸至种植、畜牧养殖、农产品加工、销售渠道以及产品品牌、农业生产技术研发等，体现出我国农业对外直接投资已经从早期的种植发展成了供应链和产业链的各个环节。投资领域已扩展至粮油作物种植（如黑龙江农垦、中储粮、中农发、卡森等）、农产品加工（如中粮、中农发、吉林粮食、聚龙等）、水产品生产加工（如中鲁远洋渔业）、物流仓储（如黑龙江农垦、中农发、重庆粮食、青岛瑞昌等）与森林资源开发（如中粮）等。

## 3.4 农业对外援助初见成效

在"一带一路"倡议引领下，为了切实提升发展中国家的农业发展水平，保障全球粮食安全，我国积极推动农业对外援助。农业对外援助的方向包含但不限于农业发展、农业研究与推广、紧急粮援、农渔业政策、害虫防治与收获后保护等。近年来，我国通过派遣专家和技术人员进行实地指导、培训专业人员等多种方式来推动对外农业援助。2014 年以来，通过南南合作信托基金、援外资金等，我国已派遣 30 余批（合计 400 多名）农业专家和技术员赴"一带一路"非洲国家，进行农业技术援助和交流；举办 400 余期农业援外培训，培训了上万名外国友人，助推"一带一路"沿线发展中国家及地区进一步提高农业生产能力。

## 4　"一带一路"倡议背景下，我国农业对外合作面临的困难与挑战

世界正处于百年变局的重要阶段，国际贸易发展走势低迷，受国内外诸多因素的影响，我国经济发展受多重危机制约，农业对外合作领域仍面临诸多困难和挑战。

### 4.1　国家层面规划缺失

受工业化、城镇化快速发展的影响，我国大量农民进城务工，土地被占用，有效供给农产品与保障粮食安全的需求与日俱增，但我国农业对外合作战略目前仍缺乏总体设计规划，尚未建立全球视野下的国家粮食安全保障机制。站在国家层面来看，虽然"走出去"已经被纳入国家战略，但是优化配置全球农业资源的战略还没有顶层设计和总体规划，尚未加入国家粮食安全战略。因此，在深化农业对外合作的问题上依旧存在规划缺失的问题。

### 4.2　国际环境复杂

一方面，世界正经历百年未有之大变局，各国政治制度和经济社会布局产生了巨大的改变。新冠疫情对经济全球化造成了重大冲击，贸易保护主义再次抬头，逆经济全球化倾向明显，不稳定、不确定因素不断增加。另一方面，对外合作需要克服宗教、伦理、法律、语言、习俗存异等诸多困难，农业合作项目所需周期相对较长，因此保障合作的顺利开展需要东道国具备稳定的政局和社会环境。如

果当地政局动荡、政权变动频繁、战乱频发，就会导致合作无法顺利开展。"一带一路"沿线的大部分国家为发展中国家，欠缺基础设施，且部分国家和地区政局动荡不安，园区建设等持续性工作都无法正常推进，使得农业对外合作面临着极大的风险，项目推进效率低下。

## 4.3  贸易规则标准不一

由于"一带一路"沿线国家和地区对外贸易政策不同，对于进出口政策和结算方式也有不同的规定，并且农业还涉及检疫检测，政策和标准的不统一，对商品通关的便利性和自由度造成了严重影响。如果未能及时了解最新规定和要求，甚至会导致商品无法通关，以致许多合作无法顺利推进。目前，我国与"一带一路"沿线国家和地区在结算方式、检疫检测等诸多方面存在分歧，没有形成统一标准，势必会对农业贸易合作造成阻碍。

## 4.4  农业对外投资布局有待优化

目前，我国农业对外投资项目主要集中于技术含量低、附加值不高的劳动密集型行业和传统领域，优势农产品出口竞争力不强，农业贸易大而不强的问题突出。我国尚未建成集农业投资、贸易于一体的全球农业产业链与供应链，没有形成统一协调且高效的农产品贸易战略与对外投资管理的体制，不能适应服务于新形势下农产品大规模进口、实施农业"走出去"战略，以及农业产业安全管理的需要。

## 4.5  资金压力大

农业对外合作需要同时面对国内、国外两个对象，资金投入量大、运转周期长、资金回笼速度慢，再加上农业技术需要不断投入资金研发，因此自有资金很难满足运转需求。而境外农业投资以民营企业居多，普遍存在资金实力有限、规模小等问题。目前，国内对农业"走出去"的政策支持力度不够强劲：在财政政策方面，现有的直接补助费用要求极其严格，扶持范围窄、比例较小，小型企业申请十分困难；在金融政策方面，目前只有贷款贴息政策，尚无关于农业"走出去"的融资支持政策；在税收政策方面，我国提倡企业在海外开展农业投资，但企业将粮食返销国内是按照同类进口产品对待的，并没有优惠政策，而且涉外农企还面临双重征税问题，打击了农企对境外农业开发的积极性，不利于对国外资源的开发和利用。

## 4.6　风险防控能力缺乏

我国的涉外农企大多数是中小型企业，只有少部分国有企业以及少数实力强劲的民营企业。一方面，中小企业由于自身的规模限制，对于国外投资的风险防范能力较弱；另一方面，农业"走出去"因落地周期长，且受土地权属、自然条件、属地政策等各因素的影响大，需要面临更多的风险和压力，很容易陷入危机。而在保险政策方面，我国现有针对农产品出口的保险范围较窄，且缺失配套的政策保险制度，帮助企业规避风险的能力有限。

## 4.7　生产技术及科研能力亟须提升

地域性质对农业生产经营活动的影响极大，地域不同，影响农作物生长的自然条件如降水、光照、水质、土壤以及温度等就会存在一定差异。选育、种植适合当地的农作物需要现代农业技术的加持。推进农业对外合作的过程中，必须在充分调研我国国内市场的基础上开展农企的生产经营活动，并结合东道国当地的实际情况，研究开发出适合在当地生产经营的农业项目，这就需要企业自身具备且保持新产品开发的技术研发能力，以确保合作项目的顺利实施。为满足研发的需求，我国农业技术水平需要不断提升。

## 4.8　文化差异存在潜在冲突

"一带一路"倡议背景下，在我国推动农业对外合作的过程中，文化因素是必须重视的一个问题。在"一带一路"沿线国家和地区里，分布着不同的民族和人种，有着不一样的风俗习惯、民族、信仰，进而对事物的认知可能存在差异。如果对当地的风土人情和宗教信仰不甚了解，不仅会使合作在推动过程中造成双方的隔阂，受到东道国民众的反对，引起与东道国的摩擦，遭受损失，而且严重的话甚至会爆发民族主义情绪，出现暴力冲突等问题，最后上升至外交层面。为了避免不必要的冲突，文化差异是我国深入推进农业对外合作必须克服的问题。

## 4.9 复合型人才短缺

农业的发展离不开优秀的技术人员，农业合作的载体——农企的经营离不开管理人才与经营人才。为了确保在东道国设立的企业高效运行以及推动项目的顺利进行，大量的高级管理人员需要被外派到东道国，他们不仅需要具备一定的管理理论知识与管理实践经验，还需要具备一定的法律和经济素养，能够深入了解和分析东道国的法律以及经济等相关政策措施，以便及时做出反应，抓住时机，克服各种挑战。但由于发展时间的限制，各企业涉外时间尚短，复合型人才储备量不足，尤其是国际贸易和综合型跨国企业管理人才缺乏。因此，加快培养兼具农业生产技术与企业管理、经营营销等多方面能力的复合型人才对促进我国农业对外合作的发展至关重要。

# 5 "一带一路"倡议背景下，我国农业对外合作的典型案例分析

目前，我国已经有部分企业和地区开展农业对外合作项目，并取得了一定成效，他们的合作经验可以为更多的农业对外合作项目提供理论支持。本篇从中选取具有代表性的企业——广垦橡胶集团，以及地区——杨凌示范区作为典型案例进行剖析。

## 5.1 广垦橡胶集团

### 5.1.1 案例

天然橡胶是四大工业原料之一，在军事、航空航天、车辆制造业、医疗、装

备制造业等重要领域中有着广泛的应用。我国从 2003 年开始成为全球最大的天然橡胶消费国和进口国,并将其视为主要的国家发展重要资源,以满足我国经济社会蓬勃发展的需求。然而,由于受自然条件的制约,我国目前仅广东局部、海南、云南等个别地区可种植橡胶树,常年供给量不到 20%。随着新时代全球化市场经济的推进,我国农产品市场与国际市场经济的融合日趋深入,推动实施国内天然橡胶产业"走出去"的战略变得更加迫切。

面对新的机遇和挑战,广东农垦积极响应农业农村部"南胶(橡胶)北豆(大豆)"的发展战略部署工作,于 2002 年设立了主营业务为天然橡胶的广垦橡胶集团(下称"广垦橡胶"),踏上了国内天然橡胶产业对外合作的发展征程。由于广东位于沿海地区,受台风和寒害的影响较大,土地多属于山丘地貌,使得规模化橡胶种植变得极其困难。因此,广垦橡胶在原材料生产上面对着严峻的挑战,仅凭境内种植基地产出的天然橡胶根本无法满足国家发展策略和企业的需求。落实"走出去"策略,积极开拓国外自然橡胶种植加工基地,以满足国家经济和企业发展战略的需求,成为不可或缺的一环。正逢中国成功加入世贸组织,我国对外开放步伐加快,广垦橡胶抓住机遇,积极推进"走出去"发展战略。

(1)发展初期(2002—2008)。广垦橡胶尝试了各种业务合作模式,最终选择了以并购和股份联合的方式设立工厂,并以此作为"走出去"战略路线的桥梁。在合作过程中,广垦橡胶深入学习和了解境外的生产经营条件,并不断地探索和总结与国内外合作共同经营的实践经验,将产业链逐步从加工向种植推进,以在海外建设橡胶种植园来确保国内天然橡胶原料的稳定供应。

(2)发育阶段(2008—2012)。"走出去"力度不断加强。在这个阶段,广垦橡胶对种植产业大力投入,以满足国家利益和战略需求。为此,广垦橡胶积极推进海外天然橡胶种植园的建设和产业开发,并对外投资建设天然橡胶供应地,从而让天然橡胶的质量与产量有效齐升,保障了国内天然橡胶的稳定供应。橡胶种植园和加工厂已经发展成为一个颇具规模的产业,具有巨大的发展潜力。同时为了更好地完善天然橡胶产业链的跨国布局,广垦橡胶在产业链上下游建立了种苗培养基地和铺设了销售渠道。

(3)整合阶段(2013 年至今)。我国在 2013 年提出了"一带一路"倡议,为橡胶企业"走出去"带来了空前的机遇。2014 年,橡胶工业博览会在我国青岛举办,参会各方代表达成了"丝绸之路胶先行"的合作共识,为橡胶产业的全球合作搭建了交流合作平台，也给全球橡胶企业的蓬勃发展提供了推动力。凭此机遇，广垦橡胶一方面加快扩大投资和扩增企业规模，另一方面凭借已有的资源，以种植、加工和贸易为重点推进三大中心建设，以此来满足全球市场的需求。

经过20多年的发展，广垦橡胶已在泰国、马来西亚、新加坡、贝宁、加纳等国建立起数个热带经济作物建设项目，海外投资涵盖天然橡胶、剑麻、木薯等多种热带经济作物的培育、生产和营销，涉及育苗、种植、加工、销售、融资等全产业链的各个环节。通过境外投资和跨国并购等方式，广垦橡胶在海外投资合作生产经营项目达将近50个，年营收从近2亿元到现在超百亿元。广垦橡胶已经成长为全球最大的天然橡胶产业链企业。

### 5.1.2 经验分析

1. 走得准

一是紧扣国家战略需要，选准经营方向。2003年，我国超越美国成为世界最大的天然橡胶需求国，其中80%的天然橡胶需要依靠"引进来"解决需求。为了保障国家战略资源供应，广垦橡胶主动"走出去"开拓海外市场。在"走出去"的过程中，广垦橡胶坚持以"一带一路"倡议为指导，紧密结合国家发展策略和国际外交长远大局，积极推进农垦农业主导产业的全球化运营，并且紧密配合项目所在东道国的经济社会发展规划，以确保"走出去"的顺利实施。

二是充分调研，制订合理发展规划。广垦橡胶以橡胶为主导产业，具备丰富的成功经历、先进的工序生产技术和完整的组织架构等优势，而东南亚地区则具有规模和市场发展环境资源优势。因此，广垦橡胶将东南亚作为着重合作目标，并成立考察调研小组，赴东南亚的各个天然橡胶主产国开展深入调研。经过2年的广泛调研，"走出去"第一站选定为泰国，这里拥有先进的天然橡胶产业生产技术和良好的外商投资发展环境条件，为广垦橡胶的境外投资和开发国际市场提供了良好的基础。广垦橡胶在全面市场调研的前提下，通过系统科学的数据分析，确定了发展目标，制订了较为科学的"走出去"中长期发展规划，为广垦橡胶的长远发展提供了坚实的基础。

三是抓住机遇，并购本地企业实现跨越式发展。2005年，泰国南方一家加工厂（即如今的广垦橡胶泰国沙墩公司）被广垦橡胶顺利并购了50%的股权。随后，广垦橡胶从国内选派了一大批优秀的管理人员前往学习，学习了包括但不限于管理、技术标准、服务品控及国际市场意识等领域的知识，为未来的国外市场拓展打下了坚实的基础。2016年，广垦橡胶抢抓时机，顺利并购了全球排名第三的泰国老牌天然橡胶企业——泰华树胶（大众）公司，泰华树胶（大众）公司的天然橡胶种植面积为110万亩，橡胶年加工产量达到150万吨，使其一步跃升为全球天然橡胶全产业链运营规模最大的企业。

2. 走得稳

一是坚持转型升级，构建全产业链经营模式。广垦橡胶在"走出去"过程中不断转型升级，努力构建全产业链体系，积极投入技术、优化管理，进行金融创新，拓展上下游产业链体系，实现产业链体系的完整性和可持续性发展。广垦橡胶将种植中心定位在自然条件良好、土地资源丰富、政治环境宽松、劳动力成本较低的柬埔寨，将加工中心定位在科技发展迅速、市场经济体系健全、政局稳定的泰国，将销售中心定位在交易活跃、航运发达、金融服务兴旺的新加坡，以此来实现全球化的发展目的。广垦橡胶通过加快品牌创建、贸易和金融服务的发展，构建起一个包括科技研发、种苗繁育、种植管理、精深加工、仓储物流和国际贸易等环节的全产业链经营模式，积累了农业"走出去"发展的宝贵经验。

二是积极推进品牌建设，不断提升产业附加值。一方面，广垦橡胶组织销售团队推销产品，加强与客户沟通，根据客户需要不断提升产品和服务质量；另一方面，加大新产品研发和工艺革新，生产市场需要的产品。广垦橡胶通过多方面努力，让集团产品逐渐获得终端客户认可。广垦橡胶现在已经成功打造了"广垦橡胶""三棵树""泰华"等业内知名品牌，在品牌赋能下，集团全品系的产品议价能力也得到了显著提升，流通性大大增强。在中国的市场份额也从2010年的4%左右，提高到2021年的15%以上。

三是严控风险，为推进高质量发展保驾护航。农业的海外投资开发不仅周期长，而且风险系数高。在"走出去"过程中，广垦橡胶严格控制项目评估、运营管理和经营风险监管，以确保在海外运营的企业能够长期健康发展。"走出去"建设初期，广垦橡胶就确定了"先开拓主要产胶国，后开拓次要产胶国；先投入加工业，后发展种植业；先掌握现存资源，后开发未来资源"的开发战略，以期实现可持续开发。广垦橡胶在项目的投资管理方面进行全面的调研和摸底，以便更好地了解并控制风险危害因素；在运营过程中，不断分析和研判当地的政治、经济社会发展、生活风俗和自然资源损失情况，并及时制定相应的预案；加强对内部管理体系的监控，以有效防范资金业务经营风险；注重纪检审计监督管理，经常对境内外财产进行全方位审查，加强监督力量，采取各种有效举措，保证监督管理的准确性和效果。

3. 走得近

一是创办"胶林学校"，稳定大后方。为了稳定基地工人队伍，广垦橡胶秉承友好发展、互惠互利的原则，采取开办小学、建立专门基金体系等措施，为地方政府的教学和公关社会活动提供了有力支撑，缓解了近千名胶工、农工子女上学难的实际社会问题，获得当地良好的社会声誉，得到了地方政府的高度赞扬，也赢得了当地人民的热烈欢迎。

二是实施人才"本土化"战略，培植企业文化。广垦橡胶坚持实施人才"本土化"战略，目前广垦橡胶海外企业生产的一线员工以及95%以上的管理人员均实现本土化，且很大部分本土员工进入了高管岗位。同时，建立海外优秀员工评选制度，每年组织优秀海外员工到广州总部培训学习，培植农垦企业文化。

三是建立良好政企关系，实现互利共赢。广垦橡胶在走出国门的过程中，积极维护地方、社会和本地职工的关系，构建了良性的政企合作伙伴关系，推进企业与地方的融合，达到政治、社会环境、经济发展的各方协同。一方面，广垦橡胶的合作项目都是再生资源建设项目，不会对当地自然环境造成伤害；另一方面，借助广垦橡胶形成的产业优势，可以以更少的人力物力，发挥出更大规模的社会效益和经济效益，从而达到双赢的结果。随着投入的不断增加，广垦橡胶为当地政府提供了丰厚的税收收入，使数万农户脱贫致富，改善了边缘地区的环境，提高了当地民众的生活水平。合作取得的成功经验，加之泰国本地的支持政策和良好的环境氛围，广垦橡胶得以设计和建造更多的橡胶工厂，从中获取更大的利益，达到合作双赢的格局。

## 5.2 杨凌示范区

### 5.2.1 案例

杨凌，是中华农耕文明的主要发祥地。而今，杨凌已成为我国主要的农业科研教育基地，被誉为"农科城"。随着"一带一路"建设的不断深入，杨凌正凭借其先进的科技和优秀的人才资源，成为农村对外合作的主要平台。

2012年，杨凌示范区获批成为首批"国家现代农业国际创新园"。杨凌示范区是国务院批准的首个国家级农业高新技术产业示范区，拥有目前全国唯一的农业自贸试验片区。截至目前，在现代农业领域，杨凌示范区不断拓展合作伙伴关系，陆续与全球60多个国家和地区建立了多种合作关系，并与哈萨克斯坦农业部等20多个丝绸之路经济带沿线国家的政府部门签订了加强农产品国际合作协议，以推动农产品发展，促进农业可持续发展。

杨凌示范区已经成立了13个国际科技合作平台，其中包括中美水土保持与环境保护研究中心、中巴（巴基斯坦）农业生物资源研究中心等，为世界各国提供了更多的科学研究机会，并先后派出73批、近200人次的专家团队进驻，加强海外示范园科技成果辐射推广。截至目前，杨凌已经成功地开展了300多项国际交流合作活动，并举办了20多期面向上合组织国家的农业技术研修班，培训了400多名农业官员和技术人员。

在贸易投资方面，杨凌示范区以贸易形式"走出去"的企业，多出口美国、德国、新加坡、俄罗斯等国家；以投资形式"走出去"的企业，主要在美国等地开展投资。"一带一路"倡议的推进落实也使"走出去"区域得到了扩展，企业"走出去"范围逐渐辐射到吉尔吉斯斯坦、塔吉克斯坦等沿线国家，为当地经济发展带来了积极的影响。

截至目前，杨凌已在全球范围内建立了六个现代农业示范园区，以促进农产品领域的国际投资，普及中国农业技术，促进各国农业科技合作，并加强人文交流。杨凌已取得了显著成效，其推广的新品种、新技术、新模式为当地农业经济发展提供了强有力的支持，为解决全球旱区农业发展中的普遍问题提供了中国方案。目前杨凌在"一带一路"沿线国家和地区的示范种植面积已达25万亩，高新技术研究成果也推广至450万亩的农田。在新型温室工艺技术、花木栽培、牧草繁育、油料综合加工、节水技术等节能高新技术等应用领域，杨凌的发展受到了当地的一致赞誉。

### 5.2.2　经验

1. 搭建政企学研国际合作平台

一是政府主导，搭建"1+3"国际合作服务平台。杨凌示范区在涉农领域搭建了"1+3"国际化合作公共服务平台，以推动与各国农业的协作。"1+3"服务平台将资本、商业、信息技术和人文沟通进行有机结合，为种植开发提供了更多的技术支持和金融支持。"1"是指杨凌国际农业科技商务服务平台是一个聚集了各类优质涉农资源的平台，它汇聚了来自国内外的组织、公司、项目和专家，通过线上线下的方式进行高效便捷的咨询服务、信息搜寻等工作，为农业企业走出国门带来了强有力的支撑。"3"是指在"一带一路"沿途国家及美洲建立的3个农业海外投资促进服务中心，为农业企业提供融资支持、法律咨询、信息交流等服务，以促进农业发展，推动农业可持续发展，现均已正式挂牌运行。

二是企业协作，创立现代农业企业创新合作联盟。2016年，42家示范区农业企业经过深入沟通和协商，共同组建了丝绸之路经济带杨凌现代农业企业创新合作联盟，由企业、企业管理者、支持企业"走出去"发展的专家学者以及其他相关机构和个人组成。

三是高校牵头，成立农业教育科技创新联盟。2016年11月，应西北农林科技大学倡议，"丝绸之路农业教育科技创新联盟"由12个国家的59所大学和科研机构共同成立，目前已吸引18个国家的95所科教机构和企业加盟，在"一带一路"沿途各国展开了全面的合作，以促进人才、科研、信息技术应用、人文交流活动和人才智库创建等领域的发展，并先后在哈萨克斯坦、白俄罗斯等国家建立15座农业科技示范园，为促进农产品国际合作和文化交流提供了重要的平台。

2. 专攻"卡脖子"技术，推动形成创新成果

一是依托农业科技示范园，开展联合研究。近年来，杨凌示范区围绕攻克农业生产"卡脖子"技术，取得了一系列示范性的创新成果，尤其是在种业技术创新层面，为确保粮食作物和主要食品的高效供给提供了强大的科技支持。借助中以、中哈、中乌等境内外农业科技示范园的支持，开展小麦作物育种、食用菌栽培等领域的联合研究，推动我国科学技术走向全球。

二是以小麦育种为专长，提升农业科技示范推广实效。杨凌示范区的小麦育种工作者在中华人民共和国成立至今一直致力于科技创新。据不完全统计，在我国黄淮麦区6次大的品种更新换代中，其中4次由杨凌示范区的小麦种类完成。被称为"国际小麦条锈病防治的模板"的小麦条锈病研究成果在肯尼亚、土耳其等国家得到了广泛的推广与应用，年均挽回小麦损失20亿千克，杨凌示范区获得了良好的社会声誉。

3. 培训加码，打造农业技术国际交流示范区

一是举办国际研修班，传授"杨凌方案"。杨凌示范区是一个重要的国际交流培训基地，已经开展了近20年的培训项目。截至目前，杨凌已经举办了20多期专

题研修班，涵盖了现代农业开发、农村经济建设管理工作、山羊肉牛养殖、节水灌溉等诸多应用领域。这些培训项目旨在促进国际农业技术的交流与合作，为推动农村建设做出了积极贡献。目前，杨凌累计培训 2 500 多名官员和技术人员，造福了安哥拉、莫桑比克、吉尔吉斯斯坦等100多个发展中国家。

二是因材施教，创造性地打造培训平台。杨凌的"因材施教"训练平台以"一带一路"沿途国家农业发展特有的属性为基础，开创性地构建了一套完善的训练管理机制，并提供了有效的农业解决方案。杨凌不仅充分发挥了自身的专业能力和行业实力，还为发展中国家提供了强有力的支持，为区域院校、企业机构与受援国之间的农业科技和经贸投资合作搭建了良好的平台，为促进多双边领域的国际协作奠定了坚实的基础。

# 6　"一带一路"倡议背景下，农业对外合作的对策建议深化

"一带一路"倡议为我国农业对外合作带来了机遇，农业对外合作发展取得了较大成效，积累了一定的农业国际化发展经验，但是与国际标准化水平相比还有优化空间。在"一带一路"倡议背景下，应从多维度出发，全方面深化农业对外合作。

## 6.1　加强顶层设计完善管理制度

### 6.1.1　制订农业对外合作总体规划
为了促进我国农业的发展，我国需要结合目标国农业发展需求，根据双方的诉求找到合适的结合点，制订我国农业对外合作的规划；同时，还需要协调中央、地方和企业的投资目标，使规划体系和管理体系能够协调一致；重点关注技术、产业和目标区域的发展，并根据地缘优势和协作的便利性，采用差异化策略；突出我国与亚洲周边、"一带一路"沿线国家、南美、非洲等区域的贸易和融资机遇。

### 6.1.2　设立国家农业对外合作管理机构
由于缺乏针对"一带一路"沿线国家农产品的对外合作管理机构，我国在农

业对外合作中始终无法充分发挥核心作用，导致政府、科研机构和企业之间"三位一体"政策对话的效率和力度不够，因此，应该优先考虑设立国家农业对外合作管理机构，以促进国际农业合作，提升我国在"一带一路"沿线国家农业政策对话中的地位。

### 6.1.3 建立上下贯通协调的管理机制

我国农业经济区域分布广泛，农村经济形态和特征多样，基于比较优势原则，农业企业"走出去"发展需要提供多样化的服务。为此，应该下沉供给策略决策主体，依托地方政府，制定出适合当地农村特点的供应战略，以提升农业的竞争力；建立国家层面的审议机制，以促进中央和地方政策的有效衔接和协调。

## 6.2 构建高质量农业对外合作发展国际环境

### 6.2.1 建立稳定外交关系

国际贸易合作需要安全、稳定的社会环境，我国农业"走出去"战略的实施更需要友好的外交关系作为有力保证。因此在"一带一路"框架下，各国需通过交流互访、高层会议等形式推动互联互通，在相关产业方面实现互利互惠、合作共赢，让稳定发展的外交关系为经济间的交流合作保驾护航，为我国农业"走出去"提供坚实的基础。

### 6.2.2 营造良好国际合作环境

为了促进全球农业的可继续增长，我们应当积极推动改革和健全全球农业治理机制，构建一个平等、合理、可持续发展的全球农业新秩序；应该与世界粮食计划署、世界银行、农业发展基金等国际组织构建伙伴关系，加大海外农业援助，并且认真兑现合作承诺，以回应发展中国家对于改造不合理的农产品国际贸易体制的关切；针对不同国家的不同国情应当采取"一国一策"的方式，通过与不同国家的对话，以及双边投资贸易协定的签署，来消除合作国家之间的保护壁垒，为企业提供一个更加开放、包容的全球合作环境，从而促进企业"走出去"蓬勃发展。

### 6.2.3 加快推动规则标准对接

以"一带一路"沿线国家政府间合作协议等规范性文件为基础，构建规则导向的高质量发展格局。基于"一带一路"倡议下区域农业对外经贸合作跨域广、参与者多、资源流通难的现实情况，我们应推动达成公开透明、稳定高效、定分止争的国家间规范，调整"一带一路"倡议下区域农业国际合作权利义务关系，细化跨国运输保障、消费者保护、资金结算便利、通用术语统一等相关规则。加强"标准对接"，通过共建联合实验室、研发管理中心，形成统一的技术规范和产品标准，构建标准互认机制，进而提升通关效率和便利性。

## 6.3　创新发展农业对外投资贸易合作

### 6.3.1　整合农业对外投资规划

我国应增强农业投融资主体实力和提升全球竞争力，加快培育具备国际竞争能力的跨国农企集团，重视构建中小企业共同体，提升国际资源整合能力；优化全球农业投资布局，构筑起立足周边、辐射"一带一路"、面向全球的农业对外投资伙伴关系网络，利用资本市场运作、国外基础设施投资等机遇，促使我国与相关国家及地区的农业对外合作关系更为紧密，形成区域新优势；通过与主要目标国、目标区域乃至全世界农产品供应的有效协调，构建稳固的农产品生产和储备平台，开拓新的外部市场，提升我国农业整体的竞争力和国际影响力。

### 6.3.2　优化农产品对外贸易格局

为了保障我国粮食安全，我们必须深化推动农产品供应侧结构化改造，科学规划并合理调整重要大宗农产品国内生产与国外进口的关系，加强中长期研判和全球布局，提升国内外市场协调管理水平，确定合理的进口规模，有效控制进口商品对国内金融市场的冲击力度。为了促进进口市场多元化，降低进口集中度，我国应该减少对个别国家的过度依赖，并加强后备渠道的多样化，以提高我国在交易和价格形成过程中的话语权。

### 6.3.3　着眼于农业全产业链布局

全产业链经营已成为中国农业升级模式中最有竞争力的模式之一。政策扶持重点应放在全产业链上，为大规模出口企业提供支持，通过对技术研究、生产和制造、物流、运输和营销等方面的有效规划，建立全产业链模式。一方面，可以扶植大型跨国企业构造产业链，实现国际市场内部化；另一方面，以政府间产业园兴建为引导，以重点项目实施为示范，将中小企业投资引入相关联的园区型产业链。通过构建政府间对话机制，提高对中国涉农投资企业的利益保护层次与力度。

### 6.3.4 向产业链中端环节靠拢，加大对非敏感类农产品的投资力度

我国企业境外涉农投资多集中于产业链上游资源类获取或下游贸易销售环节，仓储与物流中端环节是薄弱环节，而这也是发达国家跨国企业能够拥有农产品定价权的谈判条件。我国虽然是农产品生产、消费与贸易大国，但是生产加工环节面临土地、人工成本上涨等问题，销售环节面临国内产品价格长期倒挂等问题。扩大产业链中游领域的投资不仅有利于我国企业通过建立完整跨国产业链整合国内外资源，而且能对产品进行时空优化，减少出现量大价跌或价高无货局面，实现由单纯贸易手段向综合全球农业资源利用手段转变。同时东道国政府出于粮食安全考虑，对部分敏感类农产品是尽可能减少对外依赖的，因此我国企业应加大对非敏感类农产品的对外投资，借助国外的高报酬率提高企业利润，进行国内外农业资源合理规划，避免与东道国争利。

## 6.4 合理规划资金用途，寻求可靠资金来源

### 6.4.1 加大政府对农业企业的资金支持力度

我国应推动已设立的中小企业国际市场开拓基金适当向农业对外投资合作企业倾斜；适当降低海外农业企业，尤其是粮食生产企业对财政支持资金的申请支持门槛；建立专项基金对海外粮食生产给予重点支持；给予扶持政策促进商业金融机构为农业对外投资提供担保支持。

### 6.4.2 减轻农业对外投资企业税收负担

我国应通过降低或减免对外投资项目中需要出口的生产资料、机械设备的税收费用等手段，减轻农业对外贸易投资的税收负担；争取与更多国家签署避免双重征税协定，并在境内予以适当的减免税抵扣，以帮助那些在暂时未签订协议的发展中国家投资的农企；尽可能为境外农产品回运提供优惠政策，包括减少进口关税和增值税等，设立绿色通道，优先检测验关和通行粮棉油等回运农产品。

### 6.4.3 提高企业自身的财务管理水平

企业发展过程中，会计核算工作必须规范，才能合理安排资金分配和使用领域。我国应促进企业财务管理的改革和完善，将会计细化到经营的各个环节，从而达到从常规的记账、算账和报账向合理有效的预测、控制和反映的转化，进一步提高企业财务管理水平；促进企业精确控制自身生产经营的各个环节的预算，

将所有收支纳入统一的管理体系，以确保预算的合理性和有效性，并加强对外合作的资金支持，以缓解资金短缺问题。

## 6.5 加强管理与交流，规避合作风险

### 6.5.1 落实政治风险管理

企业应及时关注国际政治动态，密切注意当地制定的经济政策措施，加强对国际政治风险情况的管理工作，为企业的发展创造一个有利的政治制度环境条件。此外，企业应该建立一套完整的管理体系，包括：投资前的预防性决策，如与东道国政府部门进行谈判、签订特许合同、办好投资保险与贷款项目管理等；投资中的分散策略，如制定适当的生产经营管理、投融资、财务管理及组织战略等；投资经营风险产生后，应采用合理的谈判和法律措施，以确保企业的可持续发展。

### 6.5.2 重视风险评估，进行充分的事前调查和分析

为了确保项目的顺利实施，首先，企业需要及时了解当地的政策扶持举措，并对合作伙伴的资信情况进行评估；其次，需要预测当地的政治、民众态度、商业和社会环境等各种因素对企业发展的影响；最后，做好经营风险预防和管理工作，以确保企业收益。在项目敲定前，企业应当认真研究可行性，并做好各类投保工作，以有效规避经营风险。此外，企业应不断提升贸易技术，完善管理，在国际贸易中要找准市场定位，充分利用企业经营和生产的灵活多样，在遵守贸易法律规定的前提下，积极地进行国外交流合作，稳定旧贸易领域，同时开拓新领域，提升抵抗经营风险的能力和管理水平。

### 6.5.3 健全农业风险补偿机制

"走出去"的农企不断向贸易型转变，信用保证保险产品在现代农业合作中将发挥重要作用。为此，我国应该建立和完善海外农业投资保险制度，创建出能够满足农产品国际化需求的创新产品，以降低海外农业投资所面临的风险。为了更好地保护农业海外投资者的利益，政府应该设立特别保险制度，以应对具有较高国别风险的农业投资，尤其是耕地投资具有的特殊风险。为此，我们建议地方政府采取财税优惠、补贴等政策措施，将符合政策要求的农产品国际化投保商品纳入政策性农业保险，建立一个更加完善的风险分散机制，使金融政策与财政发挥出最大效用。为了促进农产品融资，我国鼓励商业保险机构开展农业投资的保险

支持，扩展保险覆盖范围，增加投保额度，并采取措施降低海外农业投资所带来的经营风险。

## 6.6 向外辐射，构建农业科技合作机制

### 6.6.1 确保技术供给的可持续性

技术是现代农业企业"走出去"可持续发展的基础保障，《共同推进"一带一路"建设农业合作的愿景与行动》所提出的政府、科研机构、企业"三位一体"政策平台，为现代农企"走出去"提供了政策性保障。为了更好地推进现代农业产学研融合，我们应该加强各地农业类专业高校与境外创新机构的协作，搭建创新合作研究平台，进行国内外技术交流与转化，以科技引导，推进农业产业发展，促进"走出去"成为农业产业转型的重要助推器。

### 6.6.2 寻找研发合作对象，共同克服技术障碍

我们应积极促进企业与高校达成合作，购买或进行技术合作研发。这可以通过以下三种方式实现：首先，购置农业生产技术或发明专利；其次，聘用退休专家和技术人员到企业中兼职工作，通过实地考察等方式为企业提供技术咨询和研发；最后，委托各院校、科研院所或者具体专业技术科研人员进行专项定制研究与开发。另外，为了更好地满足企业发展的需求，我们可以尝试成立一个独立机构，"化零为整"进行管理，整合校内资源，避免重复研发，提高科研效率与能力。

### 6.6.3 引进新型农业品种和技术

一方面，我们要因地制宜来选择新型农业品种，结合东道国气候、土壤等条件，并对筛选出来的新型农业品种进行反复多次实验，以实现优质农苗的培育，推动农业品种更新，扩大新品种的种植规模，提高良种对农业发展的贡献率；发展精品农业，以促进农业经济转型升级，进一步加快农业对外合作发展的步伐，获取更多的优良农业品种，扩大农业新品种的推广范围，走绿色、优质、高效、融合的现代农业产业发展之路。另一方面，农业的发展越来越依靠技术的提升，因此我们还需要利用各种平台、引进多国农业新技术，提高农业生产、管理效率，进而形成农业成本优势和提高农业国际竞争力，推动农业对外合作往高层次发展。

第二篇

# 中国与 "一带一路" 沿线国家信息基础设施合作的案例

## 【导论】

　　"一带一路"倡议是中国在新的历史条件下所构建的一种开放共享、合作共赢的区域性经贸发展框架。这项倡议以打造命运共同体为目标，同沿线国家在谋求合作最大公约数的基础之上，创造一种同舟共济、权责共担的新型国际合作模式，使各国经济体之间战略紧密对接、联系日益密切、合作广度不断拓展。截至 2023 年 1 月，中国已经与 151 个国家、32 个国际组织签署了 200 余份共建"一带一路"合作协议，其中既包括"一带一路"沿线国家，也包括参与"一带一路"共建的国家。新时期，"一带一路"的"五通"以及国家发展的每一个战略在具体实施层面上都离不开信息互联。信息基础设施合作将是数字经济时代"一带一路"建设的关键领域和重点方向，以及我国实现从"中国梦"到"命运共同体"的全球化新方案。

　　我国在提出"一带一路"合作倡议之时，便延续古代丝绸之路开放和平的友好合作精神，坚持互利共赢的开放战略，以持续优化信息网络基础设施为基础，加强跨区域、跨边界信息互联互通，并努力促进实体空间和虚拟空间的加速融合。2015 年 3 月，我国发布《推动共建丝绸之路经济带和 21 世纪海上丝绸之路的愿景与行动》，对信息基础设施方面的具体内容进行了明确，要"提高国际通信互联互通水平，畅通信息丝绸之路……扩大信息交流与合作"。2016 年 7 月颁布的《国家信息化发展战略纲要》明确提出要"围绕'一带一路'建设，加强网络互联、促进信息互通，加快构建网络空间命运共同体"。2017 年 5 月，习近平总书记在"一带一路"国际合作高峰论坛开幕式上指出，"要坚持创新驱动发展……推动大数据、云计算、智慧城市建设，连接成 21 世纪的数字丝绸之路"。"数字丝绸之路"建设是对习近平总书记重要讲话精神的贯彻落实，也是推进共建"一带一路"高质量发展的内在要求。

随着"互联网＋"战略的深入实施，我国已形成颇具竞争力的信息化基础水平和支撑能力，具备走出国门的技术实力和服务能力，其中我国的通信领域已成为当前世界科技的领先典范，并有望继高速铁路、核电之后成为我国"走出去"的主要基础设施建设领域。信息基础设施的联通将实现"一带一路"沿线国家在信息化发展战略上的对接与耦合，有助于尽快弥补沿线经济体之间的数字鸿沟、增强东道国海量数据的高效传输能力，是持续深入推进"一带一路"倡议不可或缺的助推器和驱动力，为协同构筑开放创新的合作网络提供有力支撑。本篇在"一带一路"倡议背景下，从信息基础设施互联互通的基本内涵和理论基础等角度出发，结合新时期信息基础设施领域国际合作的新特点、必然性，试图通过对典型企业的跨区域合作案例进行多维度分析，给出推进"一带一路"信息基础设施建设的发展思路和具体路径。

# 1 "一带一路"信息基础设施互联互通的内涵和理论基础

学术界对信息基础设施发展内容的认识与理解呈现出多元化、多面性的发展趋势，将信息基础设施分为三大类：以 5G/6G、未来互联网、光纤、工业网络为代表的通信与互联网基础设施，以云计算中心、物联网服务平台、大数据中心等为代表的信息技术服务基础设施，以超级智能计算中心为代表的、具有较突出技术特点与科技含量的信息基础设施等。

## 1.1 "一带一路" 信息基础设施建设合作的理论基础

根据十年"一带一路"共建的实践经验，我们可以进一步将"一带一路"信息基础设施建设理论体系提炼出一个总的理论框架：立足于信息这种特殊的生产要素禀赋，挖掘"一带一路"合作发展新动力，为畅通国内国际双循环提供有力支撑和强劲动力。

### 1.1.1 赫克歇尔—俄林要素禀赋理论的内涵（H-O模型）

要素禀赋理论是由瑞典经济学家埃里·赫克歇尔和波尔特尔·俄林在大卫·李嘉图比较成本说的基础上进行研究拓展并系统创立的，又被称为赫克歇尔—俄林理论（即H-O模型）。H-O模型将要素分布作为研究的出发点，以经济体之间要素禀赋的不同来解释国际跨区域分工合作产生的原因。国际商品和劳务交换活动取决于各国生产要素的比较优势，经济禀赋会随着一国经济发展水平的不同而发生变化。当一国的产业结构符合生产要素禀赋所决定的比较优势时，不同经济体间的产出函数以及供给能力各不相同，从而导致产品生产成本、相对应价格的差异。这些产品相对价格间的差别能够转换为国家间产品绝对价格的差别，而产品绝对价格的差别则为经济体之间进行交易的最直接核心的问题。结合H-O模型，各经济体的信息资源要素禀赋的不同和信息要素相对价值的不同，则会引起生产成本的巨大差异，那么从信息资源要素中派生出的如云计算、5G、人工智能等先进产品的绝对价格就会不同，这样"一带一路"沿线各国的国际贸易合作就会产生，我国相对于较多"一带一路"沿线国家而言，在信息资源要素市场处于优势地位，要素禀赋理论的延伸，为我国与"一带一路"沿线国家的国际贸易合作奠定理论基础。

### 1.1.2 要素禀赋对国际经贸合作的影响机制

1. 要素禀赋仍然是决定各国国际分工格局的最重要因素之一

赫克歇尔—俄林理论从多个要素禀赋的角度扩展大卫·李嘉图模型，H-O模型认为技术、资源等要素禀赋被认为是决定各国产品出口结构的最核心要素之一，在国际分工中应该遵循比较利益的原则，一个经济体应该密集出口本国相对充盈要素所生产且对本国有较大利益的产品，密集进口使用本国相对短缺要素生产且在本国生产处于劣势的产品。从20世纪初至今的100多年里，这一传统理论在现实世界中遭遇诸如垂直专业化分工、里昂惕夫之谜等多边贸易合作实践中诸多难题和挑战。与纯粹国际贸易研究相比较，它更贴近于现实，克服了大卫·李嘉图比较优势研究中贸易产生因素研究所存在的缺陷，在对这一理论调整修正后，仍可以总体说明国际贸易分工的原理。如用知识层次最高的熟练劳动者与知识层次较低等非熟练劳动者的差别来解释里昂惕夫之谜；用各个制造过程的要素禀赋差别来解释跨国公司的垂直专业化分工，要素禀赋仍然是经济科学研究的主要基础，是确定各国在全球分工中优势的最主要变量之一。

2. 要素禀赋也是跨境基础设施建设等其他国际经贸合作的重要基础之一

随着生产分工专业化、精细化，国际产业链呈现出区域化、网络化发展态势，进行"一带一路"沿线国家信息基础设施建设等领域的国际经济协作较大概率取决于一国的资源要素禀赋状况。经济体创新能力、技术水平、专业人才等国际竞争力能够被理解为高级生产要素，基于 H - O 模型，具有创新、技术、人才等国际竞争力的经济体能最大限度地发挥自身优势，开展国际信息化建设合作，推进宽带网络向"一带一路"沿线国家延伸，而国际竞争力较弱的经济体则有接受技术、资金、人才等优势要素进而共建信息基础设施的需求。基于波特在 1990 年出版的《国家竞争优势》中提出的理论，将信息基础设施视为维持国民经济运行的一种特殊"要素"，那么这一资源要素比较匮乏的地区则会吸引此类相对丰裕地区要素的流入，而其流入往往通过跨区域合作的形式进行。除此之外，在科技创新合作领域，如果能够将基础理论研究、技术研发应用能力、产业化转化能力等作为不同的"生产要素"，基础理论研究、技术研发应用能力水平较高的地区则比较有动力向基础理论研究、技术研发应用能力水平较低、产业化转化能力较强的地区进行输出，进而形成"基础理论—应用研究—产业化示范—新产品生产"产业链延伸和价值链重构的新格局。

### 1.1.3 我国与沿线地区之间的资源禀赋是共建"一带一路"、实现信息化建设合作共赢的必要条件

我国在对外承包工程方面分为两个部分，第一部分是铁路、公路、电网和桥梁等传统意义上的基础设施建设；第二部分是以信息为基础的新基建。我国与"一带一路"沿线国家签订的信息基础设施建设领域的合同逐渐增多，承包工程的合同总金额呈现不断提升的趋势。信息作为一种新的关键生产要素参与一系列经济活动，伴随信息技术的广泛应用以及优化演进，在与实体经济融合发展的过程

中，产生软件服务业、信息通信业等新的产业形态，推动生产部门产出增加乃至效率提升。"一带一路"沿线国家信息要素参差不齐，相比之下，我国信息生产要素资源相对丰裕，在双边贸易、投资合作过程中，具备一定的要素禀赋，可利用要素资源优势深化互利合作、拓展合作模式。"一带一路"赋予"古代丝绸之路"更为多元丰富的内涵，不仅通过优化配置国内外信息资源，推进资源要素跨区域自由流动，使得合作地区获得人才资源开发、创新与技术进步、信息获取途径便捷等新的要素禀赋，而且可以在对外投资中日益展现出我国信息领域强大的韧性和活力，不断开创区域协调发展的新境界，共同将沿线国家打造成全球经济新的"增长极"。

### 1.1.4　我国信息领域丰裕、产能境外转移是缓解经济增长压力、拓展延伸全球产业链的客观需要

在新常态经济形势下，受增长疲软、通胀高企等消极因素的影响，国内信息领域的投资和消费需求增速预期下调。信息化基础建设具有正向外溢功能，对区域经济发展有着长远的促进支撑作用，能够加强与沿线国家之间经济的紧密联系，是沿线国家加快信息化进程并实现经济转型发展的必经之路。中国信息基础设施项目建设规模全球领先，5G技术研发已走在世界前列，庞大的外汇储备和不断提升的技术创新水平，能够引导具有国际竞争力的企业在海外寻求稳健的投资项目与机会。跨境贸易合作的基本条件之一正好为供给与需求的相互匹配，中国迫切需要扩大并延伸高附加值产品的产业链，优化对外投资贸易结构，其他发展中国家则需要在依托自身土地资源要素禀赋的基础上借助中国资金、技术力量实现产业转型。供需匹配以及要素禀赋是共建"一带一路"的根本支撑，也是实现区域乃至全球要素有序自由流动、优化全球产业链、促进价值链升级的客观条件。例如，在双边和多边合作投资建设中，中国对某个沿线发展中国家提供低息贷款以建设信息化设施项目，使得5G等高新技术能够更加顺畅地在沿线国家落地，也就是说，该发展中国家利用中国的资金来购买中国高质量的信息化产品和应用经验。中国企业拓宽了国际市场，助推国内产能和产业链的合理布局；购买产品和服务的发展中国家则用项目在未来市场上获得的利润向中国分期偿还贷款，同时实现区域间信息通信网络互联互通，并最终在"一带一路"合作发展中实现双赢。

## 1.2　信息基础设施的含义和主要内容

信息基础设施是实现国家"一带一路"倡议构想的重要支撑，也是推进我国基础信息通信企业参与"一带一路"建设、拓展信息服务业务、改善沿线国家网络连通性的核心力量。根据《网络空间国际合作战略》，结合信息化建设的主要领域以及信息化发展趋势，信息基础设施建设主要有四个方面内容：网络互连、产业互补、要素互通和安全互助。

### 1.2.1　网络互连

数字经济时代，基于新一代信息技术不断演化、完善而生成的信息基础设施是我国"一带一路"倡议的重中之重，已经从工具变成提升沿线互联互通能力，实现网络快速、高质连通的基础要素，成为我国数字丝绸之路的最为关键的内容之一。一方面以利益共同体为抓手，探索跨境海陆缆建设和运营合作的新模式，不断夯实"一带一路"沿线城市与我国信息基础设施建设的合作基础，形成开放发展、合作共赢、互利互通的网络空间新格局；另一方面把握网络化、智能化方向，推动沿线国家的资源要素集聚和整合，有序推动 5G 网络深度覆盖，共同推进信息领域技术合作向纵深发展，让各国充分共享区域一体化发展的红利。

设施互连具体包括两个方面：

（1）推进信息通信设施全地域、全方位、全空间的互联互通，包括："天"——积极抢占全球空中互联网大市场，推动一批与空中互联网等技术相结合的新业态项目建设，实现北斗导航、卫星通信、天基互联网等对"一带一路"沿线国家和地区的信息化全覆盖。"地"——在相关"一带一路"沿线国家的工业园区、产业集聚区等重点区域推进陆地光纤、通信电缆等网络通信设施规模部署，推动 5G 网络的连片优良覆盖、相互连通，构建"一带一路"沿线国家子节点与我国东南、西南等地区子节点全互联的网络结构，实现沿线国家和我国人与人、人与物、物与物的内外互通、信息交互。"海"——促进"一带一路"沿线国家之间的海底光缆互联网接入，形成覆盖相关沿线国家的高速数字光通信网络。

（2）促进网络和应用基础设施的便利高效使用，以信息资源、知识等为基础要素，在深化合作中更加重视拉动双方经济增长，尽快形成高质、低价的全球信息服务能力，让其更好地服务于沿线国家人民。包括：标准——协同推进通信产品和服务的标准统一或兼容，强化标准、研发、试验、应用等领域的协作创新，实现"一带一路"沿线国家网络设备系统间互联互通。资费——协同"一带一路"沿线国家开展低成本、低能耗新型宽带接入系统研发，持续提升信息技术自主创新能力，不断降低信息化建设和运营成本，共同推进网络通信服务资费"精准降费"。

### 1.2.2　产业互补

信息通信是当前发展最快、最具创新活力和发展潜力的领域之一，正以不可阻挡之势加速渗透经济社会各领域，其发展不仅可以充实和壮大我国既有产业链供应链、拓展延伸市场腹地和发展空间、快速融入世界分工体系，而且有利于支撑引领"一带一路"沿线国家经济社会转型，从现有信息产业领域中叠加衍生出新元素、新环节、新链条。

"一带一路"沿线国家信息化产业互促应当包括以下方面：

（1）投资合作。通过加强政策沟通、创新合作模式等方式，我国进一步深化与各国信息通信领域的互利合作，促进"一带一路"沿线国家信息通信产业投资便利化，推进国内国际市场深度融合，加快信息通信产业的国际化进程。

（2）平台合作。"一带一路"沿线国家合作共建产业园区和高新技术园区，设立"一带一路"海关信息交换和共享平台，依托互联网基础设施积极发挥平台经济、共享经济在"一带一路"推进过程中的作用，推动电子商务、社交网络、网络游戏等领域双边开放，支持消费领域平台充分挖掘"一带一路"沿线国家的市场潜力。

（3）贸易合作。我国与阿富汗、尼泊尔、不丹等"一带一路"沿线国家开展多边、双边政策沟通，保持高频度经贸往来，推动国际合作持续走深走实。协同制定贸易投资便利化法律文件，加强地区之间有关信息领域法规政策的相互衔接，扩展信息技术产品与服务贸易合作新空间，提升商品和服务贸易创新水平，增进沿线国家的沟通和协作能力。

### 1.2.3　要素互通

信息基础设施建设离不开数据、资金、物流等要素，必须践行合作共赢、开放发展理念，开展信息领域多层次、宽领域的深入交流和国际合作，共同推动信息技术合作向纵深发展，着力构建互利共赢的全球相互认可的规则标准体系，为资源要素有序流动构建资源共享、协同发展的良好生态。

（1）数据。数据要素是未来信息基础设施建设过程中的关键着力点之一，是技术、资本、知识要素迭代升级的基础支撑。激活大数据在国家之间安全、有序流动，推动数据要素跨领域应用，一定程度上为数字经济发展提供"石油"。

（2）资金。随着"一带一路"贸易和投融资合作的不断发展和深化，中国和沿线市场之间跨境支付市场规模逐步扩大、需求日趋增长，互联网信息技术成为跨境支付的有力支撑。促进网络支付企业海外拓展，探索建立以数据驱动为核心的跨境支付网络，使其互联互通，为提供安全便捷的网上支付手段、更好地服务"一带一路"建设打造良好基础。

（3）物流。提高跨境物流便利化水平是开展跨境电商国际合作发展的重要组成，也是共同推动与有关国家信息通信领域合作共赢和协同发展的一项重要内容。我国将布局一个辐射全球的仓储物流网络，并将其纳入对外合作的整体框架中，帮助"一带一路"落后国家和企业提升配送时效，降低物流成本，协同打造开放共享、普惠高效的跨境物流网络通道。

### 1.2.4　安全互助

信息化发展在突破传统生产要素的流动限制、提升资源配置效率的同时，也带来不容忽视的信息安全问题。信息安全问题已成为沿线各国实施更大范围的对外深度合作所面临的共同挑战，切实提升网络安全意识、共同维护信息安全成为护航信息发展、筑牢数据安全屏障的重中之重。"一带一路"沿线国家要逆风前行、通力合作，增强关键基础设施安全韧性，提升网络安全合作水平，协同构建共建、共享、共用、共维的安全防护体系，夯实安全底座。

（1）网络设施领域。深化共建"一带一路"国家网络设施合作，包括全面保护和增强网络基础设施的硬件能力，依托新一代信息技术与"一带一路"沿线各国进行全方位合作，持续更新维护网络设施，推进关键信息化基础设施的迭代更新。

（2）网络空间领域。其包括在现有区域性协定的基础上加强"一带一路"沿线国家信息合作，共建网络空间命运共同体。基于共识建立的"朋友圈"式伙伴关系，及时共享网络威胁信息，联合开展网络安全监测与保障，加强跨区域联合执法和跨境执法协作，协同打击网络黑客、恐怖主义和网络犯罪。充分发挥密码在保障信息安全领域的功能，共同推进监管技术创新迭代，提高重要信息系统数据的保密性和安全性。

# 2 "一带一路"信息基础设施国际合作的新特征和必然性

中国提出的"一带一路"倡议,是在东西方力量对比变化的新形势下,对构筑互学互鉴、互促互进的国际发展新局面,推动世界实现共同繁荣的新探索、新创举。其中"数字丝绸之路"的延展,不仅有助于推进网络空间互联互通,还有助于沿线各经济体在合作共赢中找到适合自己的发展路径。

## 2.1 推进 "一带一路" 信息基础设施合作建设的新特征

新形势,国内外环境发生复杂变化,特别是在后疫情时代下,全球经济重塑新活力不仅需要找到经济复苏的"催化剂",以此释放区域内经贸合作潜能,还需要消除各种形式的市场壁垒,增进国际经贸往来的"关键推动力",进而为新时期下深度融入全球供应链和产业链探索实践新模式。中国历经近40载的高速增长时期,向国际社会展示了无数个经济奇迹,在体量上一跃成为世界第二大经济体,国际地位持续巩固,经济发展已由高速增长阶段步入"新常态"战略转型期。正是在这一背景下,中国秉持和而不同、互利互赢的外交视野,独创性地提出了这样一个可信且可行的、伟大的"一带一路"倡议。中国倡导的从"丝绸之路经济带"到新时代"21世纪海上丝绸之路"一系列全球发展理念,顺应了国际社会谋求区域互利共赢的强烈要求,得到许多国家和国际组织的公开认同与支持。从综合方面来看,"一带一路"倡议主要可以归纳为以下几个方面的创新。

### 2.1.1 在合作理念上,依托构建网络命运共同体谋求互利共赢

"一带一路"建设坚持共商共建共享原则,探索共建发展共同体和责任共同体,促进全球合作与发展模式转变。"一带一路"倡议与第二次世界大战结束后由美国所主导提出的新自由主义的国际合作模式存在本质区别,后者视被援助国为弱者,在对外经济扩张中,站在道德制高点上将某些值得商榷的政策强加给发展中国家;也不同于具有明显遏俄色彩的欧盟"东部伙伴关系"战略,以帮助各国恢复经济之名,通过单方面指导和援助来掌控欧洲经济政治格局,实施旨在遏制

苏联和共产主义势力的"马歇尔计划"。中国"一带一路"倡议目的在于创造一个包容性的发展平台,欢迎沿线国家以及域外国家自愿平等地参与,彼此以平等对话、互利共赢等协商方式各取所需,共享经济发展之路。在尊重宗教、文化差异的基础之上,消除彼此之间因政治制度和宗教信仰不同而存在的隔阂、误解和分歧,最终形成共同繁荣发展的"命运共同体"。"一带一路"倡议建立在共同发展繁荣理念之上,显示的包容性和开放性有目共睹,体现了中国为全球信息互联互通提供解决方案的大国担当。参与国通过信息基础设施的合作共建,可以从中国发展成果中寻找适合本国发展的道路。

### 2.1.2 在合作方式上,创造全方位深层次的对外开放新格局

"一带一路"国内段覆盖中国中西部多数省市,实现了由我国东部沿海向内陆城市经济逐步拓展。内陆城市立足自身区位优势和禀赋差异,依托借江出海、借路出境方式深度融入全球产业分工,主动承建国内外信息基础设施,进一步提升中国在国际上的战略地位。亚洲是新时期全球最具有经济活力、未来发展不可小觑的地区之一,依托区域互联互动的发展机遇,创造对内融通东中西部,对外融通欧亚大陆的发展新格局,逐步成为全球大国竞争和博弈的最大变量。面对全球经济复苏乏力、大国博弈、新技术革命等多重交织叠加的复杂矛盾,中国坚持共同、综合、合作、可持续的安全观,凝聚全球共识,激励全球行动,聚焦发展中国家的发展问题,通过加强基础设施共建、信息共享、技术合作,让国际社会及时了解我国的信息通信行业发展,逐步消除因发展滞后造成的安全隐忧,努力走出一条正航向、聚共识、添动力的亚洲信息安全之路。"一带一路"倡议有助于在挑战丛生、危机四伏的世界中,通过与沿线国家和相关地区联合自强,妥善处理分歧和争端,携手走出困境,走上和平发展、合作共赢之路;有利于在全方位的对外开放格局中激活我国内陆城市的要素优势,打开从"内陆腹地"向"开放前沿"进发的新局面。

### 2.1.3 在合作内容上,赋予古代丝绸之路新的历史使命和时代要求

"一带一路"倡议根植于古代丝绸之路的和平友好、开放包容的丝路精神,这一倡议的提出进一步促进了欧亚大陆一体化的进程,赋予了古代丝绸之路在新的历史时期新的历史使命,实现了中国由单向引进资金、技术和知识转变为一定程度双向输出、输入协同发展的新格局。我国顺应区域经济一体化发展趋势,提出并推动"一带一路"建设,并在 2017 年正式提出建设"数字丝绸之路",这将是

中国古代丝绸之路现代化的基石，通过开辟以通信和互联网为核心的新型国际贸易之路，提升国家之间通信全方位、立体化、网络状的互联互通水平，为推动经济一体化和相关国家产业转型创造新机遇。传统基础设施建设对于拉动新一轮经济增长的边际收益已经趋于递减，加快信息基建、提升沿线国家的信息网络"大联接"能力是我国新一轮基础设施建设"走出去"的重点所在，符合"一带一路"沿线国家补短板、强弱项的战略部署。这样不仅能够为经济转型创造新增长点，推动沿线国家新经济新动能的发展，还能够从大数据、新能源、超创新等方面强化信息网络的互联互通，对沿线国家经济全要素生产率提高、结构优化具有强大的赋能效应，并在平等、包容、合作、共赢的基础上，支撑新经济的发展。

### 2.1.4 在合作关系上，是共同利益合作对传统单方利益合作的超越

绝对收益和相对利益是影响国际关系理论合作可持续发展的重要因素，是传统国际关系理论界研究和讨论最多的一个重要主题。新现实主义者更关注相对利益，更强调大国间的相互博弈，一旦对方把增加的实力用于扩张，即使双方在未来可能获得巨大的利益空间，行为体仍会拒绝合作；而新自由主义者则更注重绝对利益，只看重合作可以产生的利益，对合作的态度也是绝对积极的，从理性主义视域看，只要合作能够产生利益，行为体就会考虑合作。事实上，在两种主义的国际关系观里，共同利益都是比较稳定和事先设定好的。而"一带一路"倡议则是在优势互补、资源共享、互助互利的国际合作中，通过分析各自需要的资源以及对资源的饥渴程度，来打造利益共同体和命运共同体，以此带动更广领域和更深层次的发展合作。中国在经济高质量的发展、创新能力的提升等方面是世界上最成功的国家之一，能够为发展中国家提供有益经验。中国对全球包容性发展的贡献，不仅体现在推动沿线国家利用信息化建设发展新经济、培育新动能，构建互联互通、互惠会利的全方位、高层次、多方协同的对外开放新格局上，而且更重要的是，在一系列双边和多边合作过程中，展现了作为崛起国在推动全球包容性合作发展中的大国责任。

### 2.1.5 在合作实施上，是长期合作与短期合作的结合

整体思维和长远思维本质上是一种世界观和方法论，就是要从整体的角度和趋势看待事物，在把握事物发展总体目标和方向的基础上，善于将局部利益放到全局利益中去把握，往往强调顺势而为和长期系统性思考。要把眼前需要与长远谋划统一起来，突出长期性和整体性，做好总体的、长远的打算，有时甚至可以

忽略或牺牲一些短期收益。当前外部环境更趋复杂严峻,我国在推进信息基础设施国际合作过程中,在用好现有优势基础上,要长短结合观大势,注重把握客观规律,既要观发展积蓄之"势",又要察内生动力之"里",在破解难题中增强活力,把握未来发展主动权,协同出力、精准有力、形成合力。从短期的视野看,在沿线布局建设一批面向特定行业的多中心、多层级的高质量的云计算、大数据服务点,开展重要节点传统设施的智慧化改造,加强智能制造、工业互联网等新经济领域合作。把视野放长,在合作中注重将短期目标与长期规划有效结合,对接"一带一路"沿线国家建设规划,全力打造高效信息走廊,以此为基础推动各类平台资源互联互通,鼓励综合竞争力强、国际信誉好的企业走出国门。

## 2.2 新时代推进 "一带一路" 信息基础设施建设的必然性

信息基础设施的推广与应用,不但可以推进"一带一路"沿线国家与地区的协同繁荣发展,而且能够发挥创新基础设施的平台作用,以技术和知识搭建起一座促进"一带一路"沿线国家设施相通、信息互动、沟通交流的友好桥梁。

### 2.2.1 顺应全球化经济发展规律变化趋势

纵观人类发展历史,全球化进程的演变和发展主要分为三个阶段:在第一阶段中,以葡萄牙、西班牙和英格兰为代表的西欧国家,通过"大航海"活动踏出军事国际化的第一步,借助殖民化手段在全球范围内完成第一次全球化;在第二阶段中,以美国为代表的西方国家依托市场力量,以国际贸易新分工方式完成第二次全球化;在第三阶段中,世界各国以信息网络等创新设施为基础,依托信息系统的深度应用、互联互通,实现全新的全球化。在新科技发展浪潮中,信息全球化能够突破地理上的束缚,促进技术、知识、智慧与商品服务的深度交流融合,在更广范围、更大规模和更深层次帮助企业开拓新的增长领域。世界经济逐步向信息化、网络化与智能化方向发展,全球化势头强劲,从形式到内容都发生了新的变化,不断深化跨物理边界融合发展。近年来,全球经济增长乏力,信息基础设施是推进经济全球化的主要载体,信息经济已经成为刺激经济增长、推动经济复苏的关键出发点,能够推动商务、信息、娱乐等跨境业务持续激增,让后发国家充分共享全球化和世界经济增长成果。

### 2.2.2 是共建"一带一路"倡议的重要内容

"一带一路"建设是中国同各国一道,把握新一轮科技革命机遇,按照共商、共建、共享的原则，凝聚更多开放共识，为实现世界和平、稳定、繁荣而提出的重要倡议。在世界进入百年未有之大变局的新阶段，全球经济形势复苏乏力，国际合作共赢的动力增强、合作范围持续扩大。"一带一路"信息基础设施建设并不仅限于为沿线国家提供信息基础设施等现实空间领域的互利共赢，更利用其在信息技术创新、实践、突破方面所积淀的优势，协同发展中国家共同探索构建国际信息大通道，为"一带一路"沿线国家提供支撑智慧城市建设的高效率、低成本的无线网络以及相应解决方案。"一带一路"倡议实施中的信息化建设，在信息互通、增进互信、凝聚共识等方面发挥着不可替代的独特作用。对内有利于扩大我国信息化领域的发展腹地，提升我国信息化水平，推动信息通信产业经济由大向强转变；对外是"一带一路"推进区域之间形成合力、实现经济跨越式发展必不可少的驱动力，有助于加快沿线不同区域信息资源互通，推动沿线国际产业、传统产业和新技术的融合创新。

### 2.2.3　共同开创国际多边经济合作新局面

信息通信技术的创新和智能的到来，能够实现不同区域信息资源互通有无，扭转沿线国家在经济发展空间"单打独斗"的被动局面，以最快的速度建立协同机制，为"一带一路"国家走出低迷的经济形势、解决治理难题提供新路径。信息交流共享是国际区域经济合作发展的重要基础，共享网络能够在更大范围内进行业务运营和资源配置，通过前向、后向关联可以帮助成员国之间更好地实现信息与实体经济的有机融合。以"一带一路"建设为核心推动基础设施高质量合作发展，尤其是加速完善网络基础设施建设、推动网络空间互联互通和共享共治，有利于拓展和延伸信息基础设施产业链发展，冲破经济体物理空间之间的障碍，改善沿线国家信息基础设施薄弱环节，从整体上缩小与发达国家持续扩大的信息化鸿沟，实现"一带一路"沿线地区之间的网络信息自主可控。信息经济的外溢效应为区域包容性合作奠定了良好基础，在信息共享的基础上赋能经济发展，推动服务业在国际产业链中发挥更多衔接作用，提升"一带一路"沿线国家制造业的国际竞争力，助力我国与世界各国共同开创网络空间合作新局面。

### 2.2.4　助推"一带一路"区域经济逆风前行

"一带一路"沿线国家和地区多为经济不发达地区，信息基础设施建设不平衡、不充分，信息设备技术和生产制造能力有限，信息系统应用层次还比较低，总体处于"中等"发展水平，不同国家间网络普及率和信息化水平差异较大，最高和最低水平指数分值相差 6.4 倍之多，信息化建设尤其是打造海陆空全覆盖的网络基础设施体系迫在眉睫。"一带一路"沿线经济体既有信息基础设施普遍存在硬件相对落后陈旧甚至缺失的情况，亟须"更新换代"和"填补缺口"。信息基础设施建设国际合作前景广阔、发展潜力大，"一带一路"沿线国家迫切需要借助 5G 网络、工业互联网、数据中心等信息基础设施为经济赋能，促进"一带一路"技术改造和设备更新，支撑传统产业向网络化、绿色化、智能化方向发展，为其融入全球产业链和价值链提供新的发展契机。信息基础设施对"一带一路"沿线国家和地区经济增长具有十分重要的意义，符合技术重新定义分工发展机遇期，是新一轮国际竞争重点领域。信息基础设施逐步成为全球经济发展的新引擎，通过"一带一路"信息化建设开放合作创新，协调推进各领域释放"系统性创新动能"，有助于推进沿线区域传统产业实现智能化转型，消弭"一带一路"沿线国家和地区之间的"信息鸿沟"，全面实现跨越式发展。

### 2.2.5 为畅通国内外双循环提供有力支撑

新发展格局不是封闭的国内单循环，而是更加开放包容、互利共赢的国内国际双循环。随着中国经济的发展和全球化的加深，国际化发展不仅是世界经济的大趋势，还是提升中国企业全球竞争力的重要战略选择。当前，我国信息基础设施建设水平不断提升，其中信息通信业实现从"3G 突破"到"5G 引领"的迭代跨越，5G 技术在世界上处于领先地位，已经形成了集网络设施、数据设施、新技术设施于一体的信息化基础设施整体体系，主导技术、产品形态颇具竞争力，涌现出一大批如华为、中兴等具有先进技术和全球影响力的信息通信企业，具备走出国门的技术硬实力和服务软实力。在我国信息领域国内市场日趋饱和、竞争愈发激烈的情况下，发挥技术优势，开拓国际市场，扩大合作空间，在大变局下推动信息通信企业进行全球布局，参与产业区域合作与分工，对于统筹国内外两个市场、两类资源、稳定经济大盘具有重要作用。当前，除少数企业外，大部分信息软件技术开发、通信和网络制造以及互联网信息应用服务等领域企业的国际化经营能力普遍不足，"一带一路"倡议的实施，为我国信息通信企业拓展多元化国际市场、融入"双循环"新发展格局提供千载难逢的历史机遇。

## 3 "一带一路"沿线国家信息基础设施的现状

基于已有关于"一带一路"国家信息基础设施水平考量的文献，本篇选取移动蜂窝电话用户数、固定电话用户数、安全互联网服务器数量来初步衡量"一带一路"沿线国家信息基础设施建设水平。

移动蜂窝电话用户数是代表性信息化指标。由图 3-1 可知，在 2000—2022 年中移动蜂窝电话用户数总数保持着增长态势，"一带一路"沿线国家移动蜂窝电话用户数由 2000 年的 261 百万户上涨到 2022 年的 5 537 百万户，实现了 20 倍的数量攀升。增长率逐步下降并趋近零，表明"一带一路"沿线国家的移动电话用户数较为稳定，移动蜂窝电话普及率较为饱和。

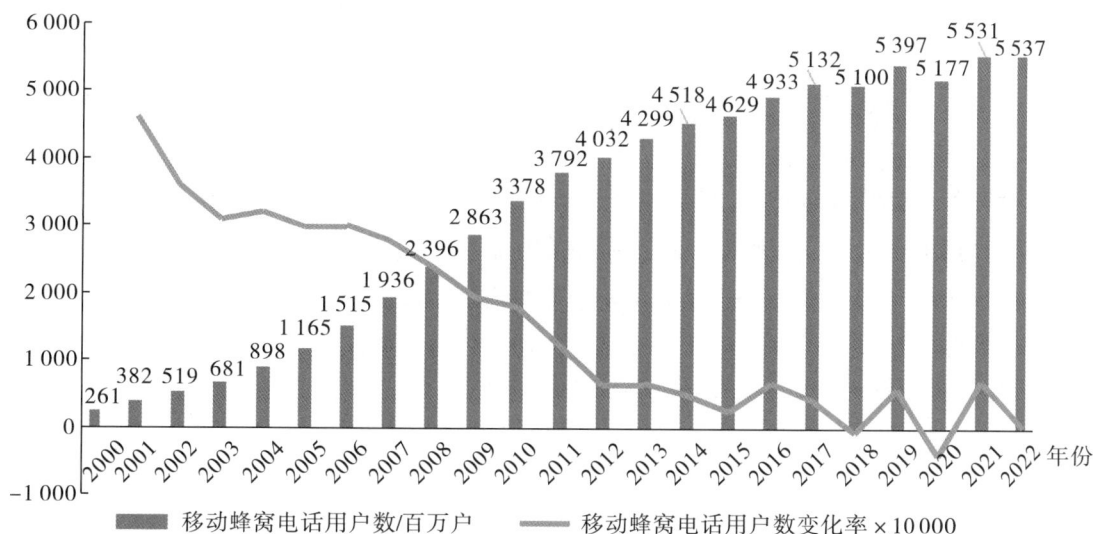

图 3-1　2000—2022 年"一带一路"沿线国家移动蜂窝电话用户总量及变化情况

固定电话用户数代表了传统信息通信技术水平，以其作为衡量信息基础设施的指标能展现一国信息通信技术的变化情况，但不能代表一国整体通信技术的水平。由图 3-2 可知，整体来看"一带一路"沿线国家的固定电话用户数以 2007 年为分界点先增长后下降，同时增长率在 2004 年断崖式下降，并以 2007 年为结点由正转负，之后除 2019 年、2021 年有波动外，均保持负增长。可见自 2001 年 2G 移动通信技术推行后，随着 2G 移动技术的逐步成熟，移动电话在全球包括"一带一路"沿线国家被广泛地使用。

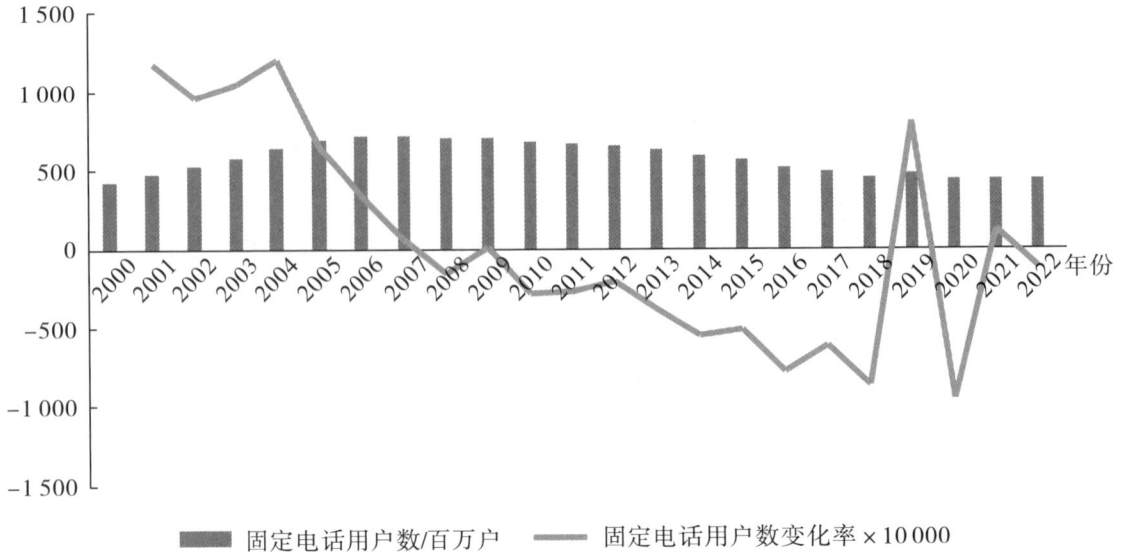

图 3 - 2   2000—2022 年"一带一路"沿线国家固定电话用户总量及变化情况

安全互联网服务器数量用来衡量国家的互联网安全监测水平。如图 3 - 3 所示，"一带一路"沿线国家安全互联网服务器数量自 2016 年后出现激增趋势，展现了"一带一路"沿线国家愈加重视网络安全问题并完善互联网安全管理机制；体现了随着互联网普及，互联网使用安全风险伴随着互联网用户规模的增长同步扩大，"一带一路"沿线国家以强化互联网安全监测治理工具来应对互联网相关风险。

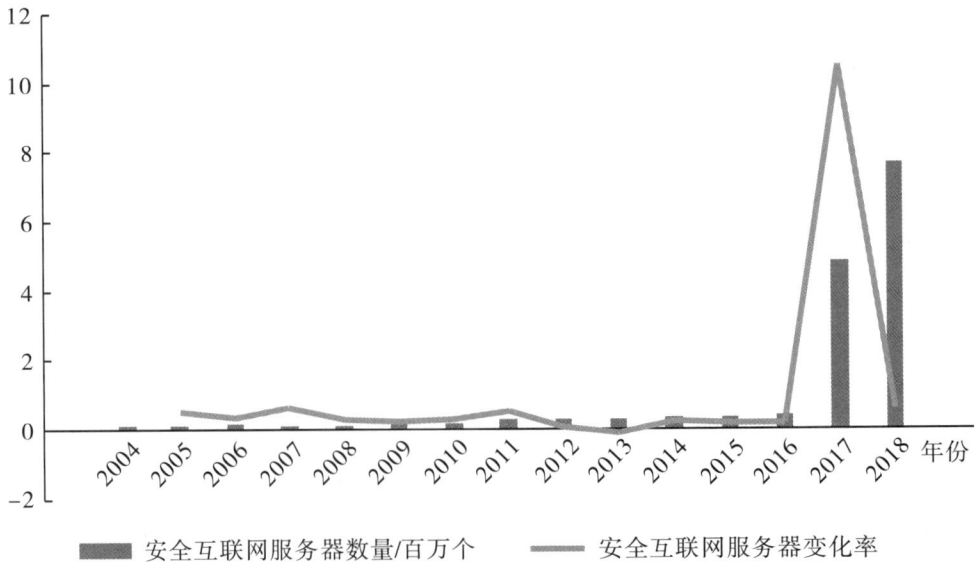

图 3 - 3   2004—2018 年"一带一路"沿线国家安全互联网服务器总量及变化情况

互联网渗透率指标代表互联网渗透到普通民众生活的程度，是衡量国家或地区信息化建设水平的重要指标。互联网渗透率是互联网用户数与总人口之比。如图 3-4 所示，各个地区的"一带一路"国家互联网渗透率快速上升，由 20 世纪初不足一成的渗透率到如今七至九成的渗透率，展现了"一带一路"沿线国家信息化建设的显著成效。从区域划分层面来看，中东欧、西亚北非地区的互联网渗透率一直较高，东南亚和南亚地区互联网渗透率水平较低但保持增长态势。从时间趋势层面来看，东北亚和中亚国家在 2016 年前后出现了激增，这与当地电信公司提供的无线通信资费下降和公共场所逐步开放无线访问互联网入口有关。

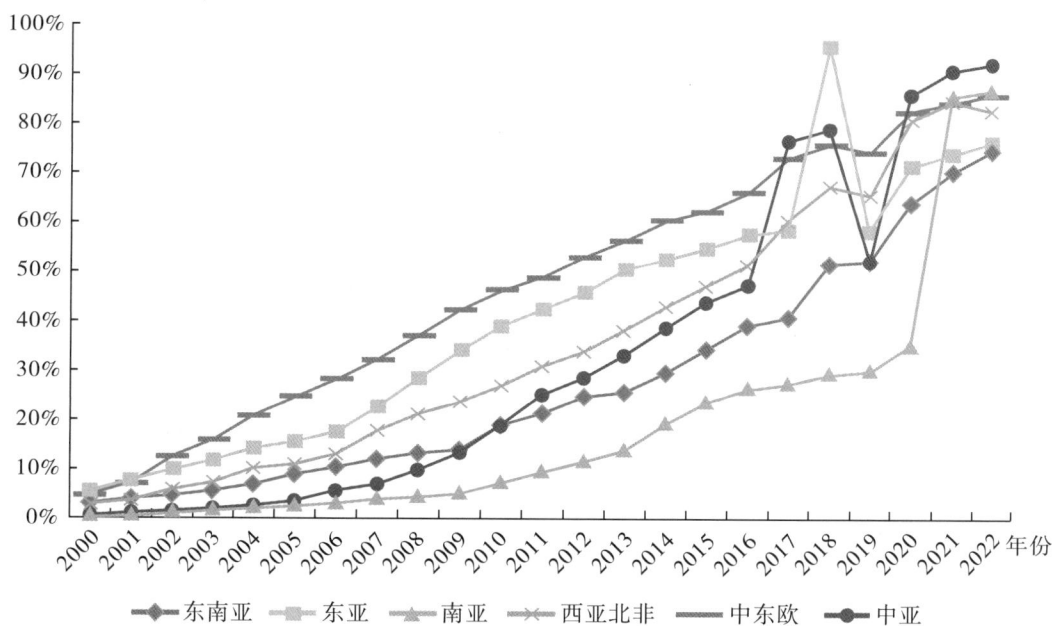

图 3-4　2000—2022 年"一带一路"互联网渗透率分地区数量及变化情况

## 4. 我国"一带一路"信息基础设施建设"走出去"的成功案例

当前，数字化转型和智能升级为"一带一路"建设带来了新的发展机遇，以现代信息网络为核心的信息基础设施"走出去"的步伐不断加快，一批示范带动作用强的中国移动设备企业异军突起，一批可复制、可推广、可持续的发展模式初步形成，为中国"信息丝绸之路"的构建做出积极贡献。

## 4.1　中国企业成为"一带一路"信息基础设施建设的主导力量

我国以新发展理念为引领，大力推进以信息网络为基础的工程设施建设，将信息化贯穿"一带一路"进程的始终，通过光缆、海缆、光纤和基站等建设，与周边国家实现网络互联、信息互通，推动相关国家和地区信息通信产业跨越式发展，聚合各方力量共同助力"信息丝绸之路"建设。目前，我国信息产品和互联网服务已应用于东南亚、中亚、印巴缅等多个国家和地区，逐步实现多层次、零距离的端到端跨域部署。

### 4.1.1　项目：中缅国际穿境光缆（CMI）

1. 案例

中国—缅甸国际陆地光缆工程项目发起于 2011 年，这条由中国企业主导建设的"信息高速公路"以中国云南瑞丽为起点，从北至南分别途径腊戍、曼德勒、内比都、仰光等缅甸主要节点城市，终点到达印度洋口岸城市——威双。该系统长达 1 500 公里，贯穿缅甸全境，开创了中国通信网络直接延伸到印度洋的先例。中缅国际穿境光缆工程，其承建者为具有国际领先水平的中国联合网络通信集团公司（以下简称中国联通），是中国运营商首次全程独立且自主出资在一个主权国家领域内施工完成的境外光缆传输网络工程，同时也是工信部在"十二五"规划发展中的关键项目和重点投资领域之一。新的光缆将汇聚沿路各国的语音、数据通信、互联网等通信信息，形成一条畅通、高速的国际数据传输和通信网络大通道。

新的光缆开通后，沿线地区数据通信、互联网等领域的信息品质大幅提升，实现我国 31 个省、自治区、直辖市与缅甸等东盟各国信息多路径、多系统的互联互通，进一步突出我国面向"一带一路"国家的通信枢纽地位。中国联通开辟的CMI 系统，具有海量高效的数据传输能力，传输能力巨大且延时小，极大缩短"海上丝绸之路"沿线区域至中国大陆的网络时延，丰富网络选择、提高网络安全性，为提升中国与缅甸在内东盟各国之间的网络信息化链接能力奠定了坚实基础。

该工程即将建设二期工程，以往通向北非、中东、欧洲地区的电缆将绕经马六甲海峡。二期工程建成后，光缆可以经波斯湾入海通向北非、中东、亚洲，直接连接中国大陆和非洲以及欧盟，并绕开互联网"新马六甲咽喉"的通讯关口，中国与东盟互联互通水平将达到一个新的高度。

2. 主要做法

中国联通以高度的使命感和责任感、优秀的团队以及优质的服务水平，高质量地完成了项目建设，畅通缅甸经济社会发展信息大动脉。

一是在缅甸成立中国联通（缅甸）运营有限公司。为高质量推进 CMI 项目，中国联通为此专门成立一家参股比例为 43.94% 的子公司，充分发挥我国通信网络技术优势，以光缆基础设施布局为基础，为缅甸客户提供全方位、高品质的信息通信服务，全面推进本地化业务经营。依托境外子公司，中国联通通过集团境外投资方式开辟新的合作发展空间，帮助企业在与东道国政府谈判中获得更大优势，积极争取更多优惠投资政策，进而推动技术、标准、融资等相关配套服务的整体输出，满足面向缅甸国际业务协作的需要。

二是组建符合信息化领域建设的国际化团队。这条光缆为中国联通在海外的关键固定资产投资项目，中国联通立足项目建设需求，围绕物联网、大数据、5G 技术等领域，以协议工资和年薪制等灵活多样、优劳优酬的方式，吸引集聚全球优秀人才赴缅甸服务。中国联通充分利用我国优势教育资源，打造一支不但具备一定网络通信知识，而且熟悉国际规则和谈判标准，更具备全球视野和国际水准的优秀管理、技术、市场创新人才队伍，选派一批高技能人才赴缅甸开展工程建设。中国联通合理布局"一带一路"人力资源，联合东道国的高校、科研机构共同培养信息化创新人才，携手缅甸招聘当地技术性劳务人士。

三是向东道国提供优质的通信技术服务支持。中国联通以世界领先的技术与服务，不断向缅甸提供品质优良、专精特新的数据通信业务。随着 CMI 项目的投入，中国联通已经向缅甸当前的四个运营商用户提供了超过 100G 的全球出口带宽，能够提高互联网速度、降低时延，为我国和缅甸的国际深化合作提供了信息化基础与保障。在互联网信息安全领域，中国联通充分调动企业资源，进一步完善线上线下的一体化服务模式，使得网络稳定性及安全性得到有效提升，切实增强缅甸本地用户对信息通信服务的满意度和获得感。

## 4.1.2 项目：新加坡兀兰数据中心

1. 案例

新加坡兀兰数据中心由中国电信国际 IDC 携手策略合作伙伴英国 Global Switch

（简称"GS"）以及北京德利迅达科技三方合作投建，这是三家具有国际影响力的领军企业在 2017 年年底联合建立香港数据中心后再度合作的项目，也是三家企业携手在亚洲创下的重要里程碑。

中国电信国际 IDC 是中国电信国际有限公司的全资子公司，是全球领先的综合电信服务供应商之一，也是在新一代信息技术发展过程中应运而生的一家新型互联网公司，为全球客户提供高质量的信息系统解决方案、数据整合存储与基础运维等服务，也能根据用户需求，精准为其提供安全灵活、多种连接选项、拥有可扩展性的 IDC 服务。

英国 GS 作为欧洲规模最大、影响力最强的中立数据中心运营公司之一，是拥有世界上最高信用评级的大型第三方数据中心开发商，目前其资产价值较高，拥有 13 个数据中心，凭借云网融合优势，以领先的服务理念和服务能力，为客户提供大容量、大宽带、高性能的一站式云存储服务。

北京德利迅达科技是中国领先的提供信息基础设施服务的开发运营商，以全球战略合作为基础，为电信宽带运营商、服务商、互联网企业等提供包括技术咨询、规划统筹、设计开发、运行维护及其相关服务，并以低成本高效运营及低碳节能环保为中国客户海外拓展提供定制化、高品质的数据存储和信息服务。

新加坡兀兰数据中心坐落于新加坡北部兀兰（Woodlands），占地面积约为 2.5 万平方米，整个工程造价高达 2.8 亿新加坡元（约 16.3 亿港元）。该数据中心如今已基本上全面投入服务，将与中国电信分布在全球各地的海陆光缆资源和其他数据中心互联，为新加坡提供涵盖 AI、物联网、数据传输专线等领域全面、专业、安全的信息通信技术（ICT）服务，满足极低时延的新型业务应用需求，并在"互联网 +"的变革中为客户信息安全保驾护航。

2. 主要做法

一是打造绿色数据中心的领先范例。中国电信国际 IDC 与生态合作伙伴携手合作，以先进绿色技术为核心，着力打造能效水平高、技术先进、绿色低碳代表性强的绿色数据中心，并把建筑的电源使用效率（PUE）视为推进数据中心环境建设的关键参数。其设计的平均 PUE 数值，不仅低于新加坡环境署所规定的平均 PUE 数据中心 1.78，而且低于现存水平最低的 1.34，是当地平均能耗效果最优的数据中心之一。利用液冷、高压直流、智能运维多项崭新智能化创新节能技术推动节能减耗，不断优化数据中心能效指标，在节能、节水、减少碳排放等方面具有较为突出的表现。在设计阶段，数据中心就在践行绿色低碳方面起到带头作用，充分考虑全生命周期的碳排放情况，参照美国能源与环境设计（LEED）认证的要求，建立完善的能源和水资源管理体系，因地制宜利用各种可再生能源，扩大绿色电源接入，将环境影响降到最低。一系列绿色策略的落地实施，为获取全球范围内认可度最高之一的 LEED 金级认证、新加坡绿色建筑标志（BCA Green Mark）白金级认证夯实根基。

二是携手合作伙伴加速数据中心建设。新加坡不仅是国际首屈一指的经济中心，还是能够辐射大洋洲地区和非洲国家的最佳跳板，以及"一带一路"上的重要节点。中国电信国际 IDC 携手生态合作伙伴，共同推进新加坡兀兰数据中心建设，不仅为新加坡地区的用户提供以云计算、大数据为底层支撑的系统集成业务服务，还提供便捷、可靠、低延时、高稳定性的数据服务以及高度自动化的业务流程，更为全球化布局和数码转化计划的发展增添了强劲的动力。

三是行业以抱团出海形式增强主体竞争力和共同抵御风险的能力。面临着越来越大的国际压力，以及不断提高的数据中心市场准入门槛，中国电信国际 IDC 与英国 GS、北京德利迅达科技在尊重市场规律的前提下，发挥三方独特优势，深度整合各方资源，相互借力共同开拓第三方市场，不仅共享前景广阔的数据市场，还扩大了中英企业的经济效益，满足发达城市对信息基础设施建设的投资需求，更将以此为契机协助更多想要进行"一带一路"倡议业务扩张的中小经济体、中小服务商更加便利、快捷、高效、平等地融入全球大环境中。目前，英国 GS 拥有高水平的技术安全保障，以及经验丰富的全球化业务经验和先进的技术理念，三方合作可以大大增强抵御外在风险的能力，更好规避风险，提高发展的可持续性。

## 4.2　中国企业占位 "一带一路" 智慧城市建设布局新蓝海

智慧城市依托新一代先进信息科学技术的支撑，以更精细的方式生产与生活，推动城市逐步形成开放创新的可持续形态。越来越多"一带一路"沿线国家将智慧城市纳入城市发展战略，其中信息基础设施是智慧城市建设的重要领域。我国智慧城市建设取得长足发展，在解决方案研发与技术方面具有后发优势和巨大潜力，为全面推进沿线地区基础设施的信息化管理水平的提升奠定了坚实基础。

### 4.2.1 项目：泰国 5G 智能示范工厂

1. 案例

2021 年 5 月，中兴通讯股份有限公司（以下简称中兴通讯）联合泰国规模最大的移动运营商 Advanced Info Service（以下简称"AIS"）Plc 以及素罗娜丽科技大学，携手共建泰国高水平 5G 智能示范工厂。三方充分发挥各自优势，依托"5G +工业互联网"整体解决方案，协同开展 5G 在工业领域的研究合作，赋能工厂数字化转型，优化生产制造，提高协同工作能力，将普通传统工厂优化升级为信息技术、大数据、区块链等技术与产业链深度融合的一体化智能工厂。

AIS 作为泰国所持频谱资源最丰富、信号覆盖最为广泛的通信运营服务商，致力于通过数据、人工智能、物联网等技术创新为泰国企业提供更好的数据驱动服务和解决方案，以加速数字化转型，推动国家可持续发展。截至 2021 年，AIS 拥有约 3 000 家实体门店，超过 4 400 万用户，占泰国近一半的市场份额。AIS 是泰国领先的数字服务提供商，以数字经济的蓬勃发展助力提高泰国数字基础设施水平。

中兴通讯作为国际知名且具有广泛影响力的综合通信解决方案提供商，2020年，5G 基站在全球市场的发货量排行第二。中兴通讯致力于推动国际信息深化务实合作，以通信网络为基础助力传统产业转型，内容涉及信息服务、通信创新技术以及产品解决方案，对研发、设计、生产、制造等产业链各环节进行全方位、全链条改造，推动 5G 赋能制造向"智造"升级，在沿线国家工业智能化、高效化、安全化转型中发挥重要作用。

此次三方合作，基于工业领域 5G 整体解决方案，旨在通过 5G 更好地共同开发新型技术，协同推进信息技术与制造技术的结合，有效利用云服务平台等资源，助推泰国工业向绿色、低碳和智能的目标不断前进；通过全系列的无线、有线、业务、终端产品和专业通信产品，为制造业提供敏捷、智能的端到端的创新解决方案和业务服务，在超过 15 个关键领域实施 5G 应用创新，形成完整价值链的信息服务体系；通过光纤和基站，泰国在数字经济发展浪潮中抓住机遇，实现高频通用场景信息互联互通。

2. 主要做法

中兴通讯联合合作伙伴，协同推动 5G 技术与传统工厂生产线的集成，共同探索"5G +工业互联网"建设，以 5G 作为核心能力串联工业互联网，利用"5G +AGV"、"5G + AR"远程辅助指导、实时 VR 全景视频监控以及机械臂等技术加强信息管理和服务,实现从生产辅助环节向生产核心环节全流程数字化、信息化、智能化。

一是有效提升全流程使用效率和应用效益。中兴通讯携手合作伙伴,借助5G云化自动导航车(AGV),在通道狭窄的场地内实现生产物料的智能上下料、自动配送、成品入库,从而大幅提高厂区、库房和制造工场的周转效能;以机器人作为人工日常巡查工作的重要辅助,利用5G网络低时延特性,实现昼夜24小时不间断巡视,并依托AI图像识别功能,在不同区域巡逻过程中实时进行人脸识别,对可疑行为及时发布预警;同时利用机械臂赋能制造服务化,积极寻求生产加工模式的转型和创新,通过机械人手臂辅助生产价格合理的优质产品,依托系统智能分析识别挖掘出产品缺陷与历史数据之间的关联,有效减少因生产中错误操作而出现的残次零件损失,提升产品质检效率和可靠性。

二是基于5G+AR远程辅助系统实现资源高效复用。中兴通讯携手合作伙伴,在"AI+智能制造"应用领域抢先布局,基于"5G+AR"等信息增强技术跨越地理障碍,实现精密设备的现场协助装配、机器视觉质检场景的应用。在泰国5G智能设备示范工厂的技术安装施工现场,中兴通讯与合作伙伴利用"5G+AR"等先进技术手段对现场图片、影像、语音等信息进行分类整理,把专业的设备设计资料、技术使用说明书、图纸、文档等信息共享到现场终端,并通过对AR等虚拟信息进行虚实叠加,协助现场安装技术人员远程完成复杂装备的精细化技术安装,有力地促进了专家资源共享与辅助设备安装效果的提高。

三是共同打造"5G+VR"智慧全景监控系统。中兴通讯携手合作伙伴,通过人脸识别、动态捕捉、热成像告警、电力消耗监测等技术,将车间内全景影像生产计划、制造过程、仓储物流、质量检测等流程全方位、立体化、实景化"搬"进屏幕,实时传输至手机、电脑、大屏等终端观看,对工厂实施精准监测、高效管理,实现360度远程5G智能化"云监管",极大地提升车间生产管理系统各环节的精细化、可视化、智能化管理水平。

四是协同构建5G合作伙伴生态系统。多方协作是推动泰国5G智能示范工厂建设最为关键的一环,也是中国企业与泰国企业、研究机构在国际范围内开展创新合作的典型范例。中兴通讯与AIS以及素罗娜丽科技大学本着"优势互补、资源共享、合作共赢"的原则,利用多方产业链伙伴成功经验进行科技交流、技术合作、联合创新,携手共同打造可持续数字经济新赛道、新模式;以先进的连接、计算和 AI 等关键技术，赋能并扩展生态系统，合作引入最新的通信技术，并将新技术应用到泰国 5G 网络建设中；协同研发出了 5G 工业自然导航、5G 机器视觉、5G 全息投影等多项 5G 产品，采用"激光 + 视觉 + 惯性导航"融合系统，实现 5G 技术在设计、生产、物流、销售、服务等环节的广泛应用。中兴通讯携手合作伙伴共同深耕信息技术，加速信息生态系统创新，着力构建更开放、更广泛、更协同的合作生态，实现整个价值链的横向贯穿和协同。

### 4.2.2 项目：沙特红海新城储能项目产业数字化

1. 案例

中国积极参与沙特能源转型计划，2021 年 10 月，在全球数字能源峰会上，由华为技术有限公司（以下简称华为）全资控股的华为数字能源技术有限公司（以下简称"华为数字能源"）与中国电力建设集团的山东电力建设第三工程有限公司，共同签署了迄今为止全球规模最大的沙特红海新城储能项目，与国内资源形成联动之势，携手为沙特提供储能定制化的智能配电解决方案，并助力将其打造成为世界级的清洁能源示范城市和绿色低碳经济中心。

沙特红海新城项目是中沙能源合作的典范，被沙特列入"2030 愿景"规划重点项目，其中红海新城储能项目是其中关于能源供给的分项目，该项目的储能规模达 1 300 MWh，预计每年减少碳排放量约 312 万吨，是目前世界上规模最大的在建离网储能示范项目。沙特启动"绿色沙特"倡议，着力构建新能源技术与应用场景高度融合的新型电力系统，寻求在石油等资源日益枯竭的形势下，改变依赖化石能源的局面，创造新的经济增长点，助力沙特能源结构绿色低碳转型，增强清洁能源供给能力。

沙特阿拉伯国家石油公司（以下简称沙特阿美）是全球极具规模的顶级石油生产公司，是集石油勘探、开采冶炼、储运销售等于一体的产业链完整综合性国际能源公司，油气产业是其核心资产，也是其竞争力和国际化的基石。沙特阿美作为全球排行第六的石油炼制商，以及世界市值最高的上市公司，有着接近 100 年的历史，其业务遍及沙特王国和全世界。

华为是全球领先的 ICT 解决方案开发和供应者，携手各行业产业和生态伙伴共建人、流程、数据和事物万物互联互通、彼此协同的智能世界，其数字化、个性化、信息化产品以及智慧体验在新加坡、新德里、延布、吉赞等多个国家和地区已广泛应用，已在全球范围内落地超过 8 GWh 规模的储能应用，为各国 ICT 以及行业数字化转型提供性能领先的硬件产品和智能服务，获得世界城市管理者的高度信赖。华为数字能源作为华为持股100%的全资子公司，是华为全力开拓能源数字化市场的一项极为重要的发展战略，致力于进行新兴能源高效节能技术研发，提供绿色高效的信息系统集成服务，助力客户累计实现绿色发电4 829亿度。

2. 主要做法

一是助推石油行业绿色低碳化转型。绿色低碳是该项目最重要的目标之一，华为数字能源基于多年储能领域的研发积累，以绿色、低碳和可持续理念，将现代信息通信技术深度融入能源转型步伐，利用信息化技术实现不同场景的个性化、智能化和低碳化运行，驱动石油行业结构性变革。围绕油气行业业务安全高效、绿色低碳的需求，以信息通信技术融合应用为动力，对瓦特技术、电力电子技术、热技术、储能技术等多学科关键技术进行跨界融合创新、交叉创新，打造兼具安全性与经济性的智能储能系统，为油气行业提供极简、绿色、智能、安全的新型、革命性解决方案，加速石油行业产业链数字化转型。

二是重磅推出智能组串式储能解决方案。红海新城建成后要实现全部电力来自新能源，而太阳能、风能等清洁能源具有不连贯性、随机波动性特点，发电缺乏稳定性，导致输电网络能量出现波动。华为数字能源推出智能组串式储能解决方案，该项目以光伏＋储能系统为突破口，基于分布式储能系统架构，创新地采用电池包结构优化、源网荷储、多重安全防护等创新设计，充分发挥数字技术的乘数效应、"蓄水池"和"调节器"作用，为光储项目提供了交付快、易运维、寿命长、安全性高、更优储能度电成本的解决方案，保障储能系统的高效、可靠、稳定、安全。基于华为光储解决方案，整体系统度电成本可被控制在10美分以内，实现储能系统寿命期内更高放电、稳定运行、极简运维。

三是推动储能项目实现智慧化管理。华为数字能源凭借高水平科研基础能力、丰富的行业经验与高品质的客户服务等多重优势，始终秉承"主动安全，更优成本"理念，以数字化转型为主攻方向，致力于将数字信息技术与光伏、储能技术相结合，有效解决传统能源利用效率低、储能电站起火事故频发、储能电池容量衰减等一系列行业难点痛点，全方位助力储能行业增储上产、降本增效。通过大数据、人工智能等手段，对整个储能系统的管理和监测进行提前预警，防患于未然，从"发、输、配、用"各个环节全面构筑能源安全架构，实现储能系统在整个生命周期内从被动安全走向主动安全，携手沙特共建绿色低碳智能城市。

# 5 "一带一路"信息基础设施国际合作发展的建设路径

在"一带一路"框架下，我国本着合作、开放和共赢的原则，切实立足于"一带一路"沿线国家和地区市场需求，全面推动信息化应用向纵深发展，在分享成功经验、推广最佳实践的同时，也为共同推进"信息丝绸之路"夯实新的发展动力源和增长极。从更为广泛的视阈来理解，"一带一路"框架下共建网络空间共同体有路径可循，具体可归纳为三个部分。

## 5.1 加强信息化领域建设的 "顶层设计"，实现新型基建与经济发展相互促进

中国秉持平等、包容、开放和共赢的合作理念，在信息基础设施重点领域和关键环节超前谋划、主动布局，找准参与"一带一路"建设的切入点，加强中国及"一带一路"沿线国家和地区信息基础设施建设，实现双边利益交集的最大公约数，化解地缘政治分歧。

### 5.1.1 转变信息化基础设施建设思路

新时期，我国继续延续以往旧的发展方式和思路观念显然已不合时宜，应逐步改变政府新时代在全面对外开放中的理念与定位，从政府主导到多元联动，从"我要建"、主动帮助转为"要我建"、应邀共建，全面调动运营商、IT 服务商、集成商等各方力量，形成政府、市场、社会互为支撑、紧密融合的多元化合作新模式。以共同关注的基础型应用为抓手，我国通过与各国进一步互利合作，满足"一带一路"沿线国家信息应用技术、产品及服务的需求，提升"一带一路"沿线国家和地区的网络"大联接"能力，进而带动多层次跨区域之间合作，将国家从传统交通、水电、能源传统基础设施建设扩展到 5G 网络、数据中心、工业互联网、物联网等新型基础设施领域建设；加强沿线政府、企业、社会在智慧交通、智慧城市等重点领域开展试点示范、业务协同、数据联动，更精准、更充分打造一批可借鉴、可推广的典型信息化示范应用场景，为全国信息通信企业参与海外市场的本地化运营创造经验、提供样板，助力新业态跑出"加速度"；积极引导支

持多元社会力量主动参与并深度融入共建"一带一路"信息化建设大格局,与国际电信联盟等国际组织加强合作,并充分利用亚投行、金砖银行等投融资机构资源,共同助力有关国家或地方政府在智慧城市、电子商务等信息领域实现互利共赢,共同发展。

### 5.1.2　做好"一带一路"建设发展战略谋划

由于历史和现实原因,"一带一路"沿线经过多个地缘政治破碎带,宗教矛盾复杂,武装冲突频发,政权更替频繁,在多重政治经济利益掺杂下,政策难以保持连续性和稳定性,政治风险较高,对"一带一路"的信息基础设施建设活动构成潜在威胁。我国应以网络命运共同体为目标,加强顶层建设,抓住百年变局、"双循环"的国策发展契机,统筹构建多元层级风险网络治理能力体系,妥善处理好沿线地区信息基础设施建设过程中面临的外部环境的深度不确定性、动态性等多方面的重大问题;更加重视国内区域与国际区域的有机衔接,积极推进建立全球互联网伙伴关系,探索构建"一带一路"有关的国家统一规划、共同合作的新机制,形成优势互补、高质量发展的对内对外、相互支撑的发展格局;以"一带一路"建设为契机,开展与节点国家跨区域的互联互通,通过完善的合作机制和投资机制更好地应对实践中面临的各种风险挑战,逐步消除企业"走出去"的担忧和顾虑。高质量共建"一带一路"信息基础设施是一项长期的系统工程,要全面加强"一带一路"风险预警机制化建设,针对不同类型的风险明确建设分工和发展路径,建立科学的高效统一、协调联动项目风险评价体系和方法,全方位、全过程地动态跟踪、监测与预警项目实施情况。

### 5.1.3　加强与各国信息网络政策法规对接

当前具有针对性和约束力的争端解决机制、广泛磋商机制尚未建立,缺乏有效的利益协调机制和统筹平衡机制,一旦外部条件稍有变化,跨境信息设施区域协作项目可能趋于停顿。我国应坚持共商、共享、共建的基本原则,依托政策沟通对话和多边协商谈判,协商促进中国与"一带一路"各国信息化相关战略规划的对接,消除中国与沿线国家关税、法规、技术和信息等壁垒,携手打造信息经济合作的畅通大道,实现与沿线国家发展战略对接、优势互补;在遵循国际通行规则的基础上,推动中国与"一带一路"沿线国家在云计算、物联网、大数据等新一代技术领域的信息互换、监管互认、执法互助,以一种开放和务实的态度推动与各国在信息基础设施建设领域的合作持续深化;加强"一带一路"倡议与各国的政策规划对接，建立常态化沟通的渠道和平台，以切实行动围绕财税体系、法律法规、基础建设等重点议题进一步探讨区域政策法规协同衔接，建立区域性信息联通的合作备忘录，共同推进形成更加具体的合作路线图。

### 5.1.4 积极参与信息国际规则标准的制定

规则标准"软联通"是推进"一带一路"各级各类信息基础设施内联外通的通行保障，也是经济活动和贸易行动落地的支撑和基础，有助于畅通"一带一路"沿线范围内的信息资源流通。我国应深入参与联合国、世界贸易组织等信息领域议题谈判，积极借鉴国际规则和国际经验，加快推进沿线物联网和工业互联网等信息基础平台间的物理和数字互联互通标准对接，服务共建"一带一路"高质量发展。加强基础设施物理硬件"硬联通"建设，同时注重标准、规则等"软联通"的对接，建立高标准行业规则市场体系，向"一带一路"重要节点国家进行推广。探索境内外机构联合研究机制，积极推进与沿线国家标准对接融合、协调互认，实质性参与下一代移动通信技术的国际标准及规则制定，形成一批可复制、可推广且可促进世界互联互通的引领性标准，进一步加强信息基础设施、互联网融合服务等领域信息技术标准合作以及国际规则互认对接，力争行业标准、地方标准在理念上基本实现与国际规则惯例的全面接轨。推进信息基础设施在技术架构、运营制度等多个方面行业标准化，降低跨领域、跨地域、多类型设施网络的对接成本及风险，实现互联网要素资源的高效流动与有效治理，努力实现国内规则与国际规则的协同。

## 5.2 立足我国新发展阶段和要素禀赋特征，深化务实合作，实现互利共赢协同发展

与"一带一路"沿线国家平均水平相比，我国信息通信已经实现跨越式发展。信息技术、人才要素是相对优势资源。在推进国际经贸合作中，应基于要素禀赋理论，结合沿线国家信息产业发展现状，通过"当地合作伙伴＋技术人才要素赋能"的方式，充分发挥国家之间的比较优势，重点扩大技术、人才密集型产品的出口，大力推进技术优势明显、质量优异的产品出口，形成创新要素跨区域高效集聚、开放共享、优势互补的网络体系。

### 5.2.1 充分发挥我国信息技术创新要素优势

在信息基础设施工程中的底层关键技术要素是促使我国企业"走出去"、深化

融入"双循环"经济格局的基础所在，也是中国当前比较竞争力增长最为迅速的关键要素。中国将主动利用相对于"一带一路"沿线多数国家而言具有比较优势的科技资源，前瞻布局前沿引领技术，并与有关经济体合作建立技术推广型研究中心，以源头技术的突破与共性技术的联合攻关为重点抓手，提升共性技术研究水平。共同掌握信息基础设施所需要的电子元器件、关键零部件、基础软件等各种重大技术和底层技术，重点研发适合发展中国家市场需求的改良型技术，构建从底层硬件、基础软件到上层行业应用全体系"自主可控"的技术支撑体系。鼓励我国承接更多科学技术含量较高的信息类建设项目，在"一带一路"基建领域制高点上，围绕5G、人工智能、车联网等重点领域，聚焦"一带一路"信息建设需求开展联合攻关，破除产业链的"技术阻点"，解决一批"卡脖子"技术问题，打造中国智造高质量发展新示范。布局产学研深度融合的创新信息基础设施体系，统筹技术创新、应用创新与产业部署，引导基础电信企业、互联网企业等多方开展面向信息通信技术领域的核心关键技术"精准研发"。

### 5.2.2　将我国技术要素优势与沿线自然资源优势相结合

从要素禀赋上看，俄罗斯、哈萨克斯坦、沙特、印尼等国的矿产资源要素相对优势非常明显，而我国信息通信技术已达到全球领先水平，网络供给和服务能力显著增强，在主流通信技术领域处于明显要素优势。在与此类资源丰富类型的经济体合作交流过程中，应将5G、人工智能等先进技术与当地的资源类项目相结合，加快建设便捷畅通、衔接有序的"信息高速"，进一步提升国内国际产业制造系统的数字化水平。利用我国在信息基础设施尤其是光网、千兆、IPv6等方面的产业链优势，在东道国优势资源产业链中融入信息技术要素，推进我国和沿线国家在信息互联互通的基础上协同探索终端产品研发和融合应用，推动自然资源开采、生产和深加工实现信息化转型，实现高端装备等领域的技术输出以及产业链和创新链的有效衔接。借助工业互联网建立智能物联体系，以创新的姿态为境外矿产工厂提供光伏云网、工业控制、智慧车联网、虚拟电厂等精益数字化整体规划、工业诊断服务和解决方案，推动传统基础设施、制造园区转型升级，使我国和"一带一路"沿线国家共享合作共建成果。

### 5.2.3　将我国人才要素优势与沿线合作共建的项目相结合

在印度尼西亚、印度、埃及、越南等国家，我国人才要素已经处于相对优势地位，应充分发挥我国人才要素优势，依托高成长性企业和合作的重点项目，围绕"一带一路"国家信息基础设施项目的建设与运营需要，聚焦5G、光通信、人工智能、区块链等重点发展领域发力，吸引国内高等教育机构、研发机构的软件工程师、数学家、物理学家等高端人才投身参与"一带一路"项目建设，实现"以产引才、以才促产"，形成人才和产业互相带动促进发展的良好局面。坚持开放、共享的新发展理念，借助中国与"一带一路"东道国项目合作、项目培训、合作办学等联合项目，实行双向培养、联合培养、融合式培养，协同培育大批具有国际视野的高技能、高素质的，具有跨国信息化管理经验的应用型、创新型人才。跨行业开展沿线国家人才交流合作，加强国际创新网络构建，大力推进与"一带一路"国家和地区在创新型人才开发、培养、引进等方面的交流合作，支持高层次人才（团队）参与沿线重大信息基础设施领域的对话交流与创新合作，为"一带一路"信息基础设施提供智能支持。

## 5.3 携手营造良好外部生态环境，共同构建新时代网络空间命运共同体

以"服务 + 保障"为基本功，努力营造高水平、高标准的营商环境，提升企业"走出去"的国际竞争力，增强企业主动融入"一带一路"的内生动力。发挥牵线、搭桥、造势作用，把好方向、统筹协调，为企业跨越地理限制、突破文化差异提供更为优质、更加高效的服务和支撑。

### 5.3.1 协同构筑全球信息基础建设生态体系

"一带一路"沿线各国区域发展极不平衡，部分成员国之间经济实力差异较大，经济状况差距较大，信息化发展水平"南北失衡"结构性矛盾突出，中东欧国家信息化发展水平整体较高，而东南亚、南亚、中亚地区国家信息化基础和应用相对落后，沿线国家与中国在网络设施建设、应用等方面存在着巨大的合作潜力。我国应坚持在基础设施重点领域和关键环节主动布局，把握信息技术快速迭代趋势，在产业体系由弱向强的发展过程中打造集身份认证、技术交易、网络支付、现代物流等多种配套服务于一体的综合性生态系统，推广"上云、用数、赋智"等技术应用创新，在"一带一路"沿线国家新基建发展中占据先机。依托中国移动、中国电信、中兴、华为、腾讯等龙头企业，针对产业链缺失和薄弱环节，采用引进先进企业与培育当地企业双重措施，加速推进典型场景示范应用，以开展"AI + 5G + 8K"示范应用为契机，促使沿线国家交通、能源、市政等传统基础

设施信息化升级。深化网络空间国际交流合作，推动具有内生安全特性的网络技术和产品创新，采用机器学习、深度学习等共同构建一套完整、有效的数据安全防护体系，提高数据资源安全性和个人信息保护合作水平。

### 5.3.2　携手打造高水平、高层次区域协作样板

跨区域合作与协调机制是"一带一路"对外战略有效贯彻的重要一环，对扩大开放、促进基础设施建设合作具有重要意义。应聚焦"一带一路"倡议需求以及沿线国家的基本国情，在把握当地消费市场的特点和发展规律的基础上，制定并发布信息通信、智慧城市等行业境外投资的国别指导目录。在深入考察研究沿线国家民风民俗、经济基础、政治风险和制度环境的基础上，围绕科研项目联合攻关、园区共建、跨文化人才培养、投资融资等领域开展多层次沟通交流，与沿线地区协同共创互利互惠的共赢局面。发挥商会等中介组织高效整合各类资源与信息的作用，为"一带一路"中小企业在所在国的投资与经营提供资讯、培训、咨询等服务。进一步加强新形势下网络外宣，在构建网络空间命运体中重塑中国友好国际形象，将中国"名片"传递到更广泛的世界领域，以诚信和友谊争取国际社会的信赖和支持。利用国内智库机构和信息机构准确把握当今世界的先进理念，及时掌握 IT 产业发展的信息资源市场态势，结合下一代互联网、大数据、边缘计算、物联网等关键技术和应用及产业发展趋势，开展信息采集、用户数据分析，了解信息化发展相关政策法规的新变化。

### 5.3.3　合力提升中小企业"走出去"国际竞争力

"一带一路"倡议下中国参与信息基础设施的主体多为国家电网、中国建设集团等大型国有企业，多数民营企业在"一带一路"国家的品牌知名度并不高，引领信息基础设施项目"走出去"的民营企业数量极少。多数中小企业在品牌形象维护、知识产权保护等方面力量相对薄弱，尚且不具备海外重大招标项目的承接能力。我国应始终践行互利共赢的理念，加强国际化经验的交流与合作，推动共性经验知识沉淀提炼、剖析总结，以及推广阿里巴巴、中兴和华为等行业巨头"走出去""最佳实践"过程中的典型案例和主要做法，引导和推动广大技术创新型中小企业参与"一带一路"沿线国家城市建设，深度融入全球供应链。开展专精特新中小企业国际化培训，鼓励具有强大国际竞争力的大型跨国企业推广供应链体系平台，培养科技型中小企业在采集、处理、传输等方面跨供应链协同能力。建立企业培育库，重点培育具有核心技术且较强竞争力的信息通信中小企业，提

高其在国际市场的竞争合作能力，搭建双边、区域和国际合作平台，进一步帮助领先制造企业与特色中小企业"走出去"。

### 5.3.4 共同筑牢信息基础设施安全防护屏障

信息基础设施是一项持久、复杂、系统的综合工程，作为一个国家最关键的基础设施之一，无论是陆缆、海缆，还是网络设备服务，往往涉及国家安全、信息安全、数据安全和网络安全等问题。一些国家数字知识产权等相关法律法规还不健全，在网络空间治理、数据保护等方面存在一定的差距，信息保护程度不齐，权责不明确，信息互联互通过程中可能存在着极大的泄密隐患，为 ICT 企业在参与海外信息基础设施互联互通带来"信任危机"。我国应统筹发展与安全，贯彻数字安全理念，采用先进的网络与信息安全理念和技术，建立数字网络空间安全靶场，强化"一带一路"数字基础设施安全应急保障体系，提升在信息领域的健壮性和稳定性；与"一带一路"国家共同探索网络安全治理共建共治共享新模式，推动形成集产品、服务、技术、人才于一体的网络安全产业生态链，加强信息基础设施领域风险应对能力和安全保障能力建设；搭建"一带一路"国家网络威胁数据联盟，建立风险监测感知、研判预警、应急响应、处置打击和溯源能力的全链条闭环机制，构筑网络安全打防管控综合体系，构建高效统一的网络安全联防联控机制。

第三篇

# 中国与 "一带一路" 沿线国家矿业合作的案例

　　"一带一路" 倡议是中国在新时代提出的重大国际合作倡议, 旨在通过加强与沿线国家和地区之间的政策沟通、设施联通、贸易畅通、资金融通和民心相通, 构建人类命运共同体, 实现共同发展和共同繁荣。矿业产业作为 "一带一路" 建设的重要支撑和推动力, 不仅关系到中国和沿线国家的能源安全、资源利用和环境保护, 还影响到区域经济合作、社会稳定和文化交流。《2022 年中国对外直接投资统计公报》显示, 2022 年年末中国对亚洲、非洲、欧洲、北美洲及大洋洲的直接投资存量按行业排名, 采矿业均位于前五, 其中中国对亚洲采矿业直接投资存量最高, 达 1 199.2 亿美元, 占投资总存量的 6.6%; 对大洋洲采矿业直接投资存量占比最高, 达 42.2%, 投资存量达 174.4 亿美元。因此, 中国探索与 "一带一路" 国家间矿业产业合作的模式与路径, 总结案例与实践经验, 对于促进 "一带一路" 高质量共建具有重要意义。

## 1　中国与 "一带一路" 国家间矿业产业合作的模式

　　国家间矿业产业合作模式是指在矿业资源开发、利用和管理方面, 两个或多个国家之间采取的协调、合作和互利的方式。矿业产业合作有利于实现促进资源的高效利用、环境的可持续发展、区域的经济一体化等目标。然而，在实践中也面临着政治、法律、社会、文化等多方面的挑战和风险。构建中国与"一带一路"国家间矿业产业合作模式的分类框架可以从合作主体、合作内容、合作形式、合作效果等不同维度进行分析。一是合作主体，包括政府、企业、社会组织等不同层级和类型的合作主体，以及它们之间的关系和互动方式。二是合作内容，包括矿产资源勘查、开发、利用、保护等不同阶段和领域的合作内容，以及涉及的技术、资金、人才等要素。三是合作形式，包括投资贸易、技术转让、项目承包、联合开发等不同形式和程度的合作形式，以及相应的风险分担和收益分配机制。四是合作效果，包括经济效益、社会效益、环境效益等不同维度和层面的合作效果，以及对双方发展战略和国际关系的影响。

基于上述四个维度，可以将中国与"一带一路"国家间矿业产业合作模式分为政府主导型、企业主导型、社会参与型三种类型。一是政府主导型产业合作模式，以政府间协议为基础，通过政策支持、财政补贴、信贷担保等方式推动矿业产业合作。该模式适用于双方政治互信较高、资源安全需求较强、市场机制不完善的情况。该模式的优点是能够有效促进双方战略对接和宏观协调，缓解企业在海外遇到的各种困难和风险；缺点是可能导致政府干预过多、资源配置效率低下、社会责任缺失等问题。二是企业主导型产业合作模式，以市场竞争为导向，通过投资并购、股权参与、商务合同等方式实现矿业产业合作。该模式适用于双方市场化程度较高、资源开发潜力较大、法律制度健全的情况。该模式的优点是能够充分发挥企业在资源配置中的主体地位和创新能力，提高矿业产业合作的灵活性和效率；缺点是可能引起双方利益冲突或不平衡，造成环境污染或社会不稳定等问题。三是社会参与型产业合作模式，以多元利益相关者为对象，通过公共外交、民间交流、第三方协助等方式促进矿业产业合作。该模式适用于双方文化差异较大、社会需求较多、环境保护意识较强的情况。该模式的优点是能够增强双方社会和文化的互信和互动，提高矿业产业合作的公众认可度和社会责任感；缺点是可能面临多方利益协调和沟通的困难，以及公共外交资源的不足等问题。

## 2　中国与"一带一路"国家间矿业产业合作的案例与实践

"一带一路"倡议是中国提出的促进沿线国家和地区共同发展、共享繁荣的重大战略。矿业合作是"一带一路"建设的有力支撑，也是沿线国家资源优势互补、产业协同发展的重要领域，本篇将选取若干个矿业产业合作的案例与实践进行深入分析。

### 2.1　缅甸莱比塘铜矿项目

缅甸莱比塘铜矿项目（以下简称莱比塘项目）是"一带一路"标志性示范项目之一，也是亚洲最大的湿法冶炼铜矿项目之一。莱比塘项目在推进过程中遭遇到复杂的社会风险挑战，但通过多方共同努力化解冲突、保护利益、促进发展，经历了多次阻工和停工后，于2016年建成投产，2018年达到设计产能。

#### 2.1.1　项目概况

莱比塘项目位于缅甸西北部实皆省南部蒙育瓦县查灵吉镇，该地区主要有四个矿床（萨比塘、萨比塘南、七星塘和莱比塘），其中莱比塘的矿藏资源占整个蒙育瓦铜矿的75%，是缅甸最大的斑岩型铜矿之一。该项目主要由中国万宝矿业公司全资子公司万宝矿产（缅甸）铜业有限公司（MWMCL）负责投资开发和管理，其合作方因缅甸国内政治和社会环境变化，从一开始的与缅甸经济控股有限公司（MEHL）双方合作，变为与缅甸自然资源与环境保护部下属的ME1、缅甸经济控股有限公司三方合作，总投资10.65亿美元，设计产能10万吨/年阴极铜。

1996年至2007年，加拿大艾芬豪公司与缅甸政府合作开发蒙育瓦铜矿，但由于西方国家的制裁、利益分配不均、环境污染等问题，最终将项目权益转入第三方信托基金，2008年4月至2010年8月，萨比塘矿基本停止了生产。2007年至2010年，中国万宝矿业公司考察并确定投资意向，与缅甸政府达成合作协议（草案），并在2010年6月正式签署产品分成协议。2010年至2013年，缅甸政府发生民主转型，原来的协议受到当地民众和社会组织的反对和抗议。项目多次停工并引发冲突。缅甸政府暂停项目并成立调查委员会进行评估。调查委员会建议项目继续实施，并提出整改建议。2013 年至 2018 年，中缅双方重新签订合作协议，将原来的两方合作模式改为三方合作模式，由缅甸自然资源与环境保护部下属的 ME1、缅甸经济控股有限公司和万宝矿产（缅甸）铜业有限公司三方合作开发，增加了缅甸政府部门的参与和收益，其中 ME1 享有 51% 的产品分成，MWMCL 和 MEHL 共享其余 49% 的产品分成。项目在落实调查委员会建议的基础上，在 2015 年 1 月复工，并于 2016 年 3 月建成投产，2018 年达到设计产能。

### 2.1.2　合作模式和路径

缅甸是一个政治环境复杂、社会多元、文化差异较大、环境保护意识较强的国家，在这样的背景下进行矿业产业合作需要考虑到各方面的利益诉求和需求。莱比塘铜矿是缅甸规模最大也是最具争议性的铜矿之一。在缅甸从军政府向民主政府转型期间，该项目遭遇到各种困难和挑战，需要通过多方协调沟通，多方共赢来推动项目顺利开展。中缅双方都希望通过该项目加强两国在经济、政治、文化等领域的友好合作关系，并为两国人民带来实实在在的利益。在面对缅甸国内政治和社会环境的变化，遭遇来自缅甸国内到国际社会，如缅甸民选政府、军方、宗教、当地社区、中缅企业、群众和员工的全方位、多角度的利益诉求和冲突，万宝矿业为应对这些复杂和多元化的困难和挑战，创新性地采用了社会参与型产业合作模式，坚持边开发边治理原则，通过引入多方参与共同治理，充分协调沟通，增强多方在社会和文化上的互信和互动，不断提高公众认可度和社会责任感，主要体现在以下几个方面：

第一，项目合作时按照缅甸方的要求采取了产品分成模式，保证了缅甸方的经济收入和无风险利益，同时因为不需要缴纳大笔矿权费等前期费用，也降低了中方企业的投资成本和风险。第二，建立了联合管理委员会，由中缅双方及实皆省政府代表组成，对项目开发进行监督、协调。坚持边开发边治理原则，降低了矿山开发对生态环境的影响，在矿区生态环境保护方面取得了更好的成效。第三，充分尊重当地宗教文化，通过与佛教僧侣和宗教事务部的协商，完成了佛塔的搬迁，并继续支持当地宗教活动。第四，通过公共外交、民间交流、第三方协助等方式应对来自国内外多方面的压力和挑战，提高了项目的公众认可度和社会责任感。

### 2.1.3　合作效果与评价

莱比塘项目是中缅两国在"一带一路"倡议下的重要合作项目，也是亚洲最大的湿法冶炼铜矿项目。莱比塘项目在具体的合作过程中采取了产品分成模式和联合管理委员会机制，充分尊重了缅甸方的利益和意愿，同时也提高了中方企业的经营管理效率和投资回报。

从经济效益来看，莱比塘项目对中缅双方都有显著的贡献。对于缅甸方来说，该项目不仅为其提供了稳定且可观的产品分成收入，而且为其创造了大量就业机会和税收收入。对于中方企业来说，该项目不仅降低了前期投资成本和风险（无须支付矿权费），而且提高了生产能力和市场竞争力（设计年产 10 万吨阴极铜）。

从社会效益来看，该项目通过多种方式促进了中缅两国人民之间的友好交流和合作。首先，该项目通过公共外交、民间交流、第三方协助等方式积极回应并解决了当地社区在土地征用、佛塔搬迁、环境污染等方面的诉求和担忧。其次，该项目通过支持当地教育、医疗、基础设施等领域的发展，为当地居民提供了更好的生活条件和服务。最后，该项目通过组织当地寺庙僧侣到中国进行参访和佛教交流等活动，增进了双方在宗教文化方面的理解和尊重。

从环境效益来看，该项目坚持边开发边治理原则，在矿区生态环境保护方面取得了更好的成果。与前任铜矿开发者艾芬豪公司相比，中方企业采用了先进的湿法冶炼技术，并建立了完善的废水处理系统、固体废物处置场等设施，有效减少了对周边水源地和土壤质量造成的不良影响。

### 2.1.4　机遇和挑战

莱比塘项目是一个中缅两国合作开发的大型铜矿项目，具有重要的战略意义和经济效益。该项目在建设的过程中面临着一些机遇和挑战。

在机遇方面，莱比塘项目是"一带一路"倡议下的标志性示范项目之一，得到了中缅两国政府的高度重视和支持，在签署合同、审批手续、协调沟通等方面享受了一定的便利。此外，铜是一种广泛应用于电力、通信、交通等领域的重要金属资源，在全球范围内具有较高的需求量和较好的市场前景。莱比塘项目采取了产品分成模式，降低了中方企业的前期投资成本和风险，提高了中方企业的经营管理效率和灵活性；建立了联合管理委员会，完善了各利益相关方之间的沟通协调机制，保障了各方在项目开发过程中的权益；充分尊重了当地宗教文化传统，在佛塔搬迁等敏感问题上与当地僧侣协商达成共识，并通过支持当地宗教活动等方式增进与当地社区的友好关系。

在挑战方面，莱比塘项目刚开始时未能充分征求并满足当地民众对于土地赔偿、就业安置、环境保护等方面的需求和期待，加之缅甸政府的民主转型和缅甸社会环境的变化，在一定程度上引发了当地民众对于铜矿项目环境影响和土地征用问题的不满，并导致了大规模的抗议活动。莱比塘项目在建设过程中受到缅甸国内政治局势的影响，多次遭遇停工、复工的波折。2012 年 11 月，因缅甸民众对铜矿项目环境影响和土地征用问题的不满，发生了大规模的抗议活动，导致项目被迫暂停。2013 年 3 月，缅甸政府成立了由昂山素季领导的调查委员会，对铜矿项目进行了全面审查，并提出了一系列改善建议。2014 年 7 月，经过双方协商，铜矿项目恢复施工，莱比塘项目在建设过程中需要保护和尊重当地社区和民众的利益和文化风俗，其周边有多个村庄和寺院，居住着数千名当地居民。这些居民主要以农业为生，并且信奉佛教。该项目在土地征用、环境保护、就业安置等方面与当地居民存在着利益冲突和诉求差异。为了改善与当地社区和民众的关系，莱比塘项目方通过积极采取各种措施，在遵守法律法规、尊重当地习俗、保障人权等方面做出努力，并在教育、医疗、基础设施等方面为当地社会做出贡献。

### 2.1.5　可借鉴经验与教训

莱比塘项目是中缅两国在矿业领域的重要合作项目，也是中缅经济走廊的重要组成部分。该项目自 2010 年开始以来，经历了多次危机和挑战，但最终得以恢复和发展。在这个过程中，我们可以从该项目中总结出一些可借鉴的经验和教训，以便为今后类似的跨国合作项目提供参考和借鉴。

一是全面落实企业社会责任，加强对当地村民的帮扶，解决他们的生活发展问题。例如，莱比塘项目雇用了大量缅籍员工，同时推进村民建立蛋鸡养殖场，为失去土地的村民提供和创造收入来源。这样做不仅可以增加项目的社会效益和受欢迎程度，还可以促进当地经济发展和就业。二是认真细致地与当地政府、社区、媒体等各方沟通，相互增进了解和信任。例如，莱比塘项目在停工期间积极配合缅甸政府成立调查委员会，并按照其建议进行改进。这样做不仅可以避免项目受到不必要的干扰和阻碍，还可以提高项目的透明度和公信力。

在教训方面，一是在项目推进过程中要充分考虑当地人的文化、宗教、历史等因素，避免引起不必要的误解和冲突。例如，莱比塘项目在用地时没有周全考虑当地人对土地神灵的信仰，导致部分村民不满。这样做可能会损害项目与当地人之间的关系，并引发暴力抗议。二是在项目建设过程中要严格遵守环境保护标准，并及时向公众公开相关信息和数据，消除外界对项目环境影响的担忧。例如，莱比塘项目采用了湿法炼铜工艺，在环境保护方面都经过国际资质认证，并得到多国产品认可。但由于没有及时向公众公开相关信息和数据，外界对其造成废水、废矿石及土壤污染等问题有所怀疑。这样做可能会影响项目的声誉和市场竞争力，对项目的推进造成负面影响。

## 2.2　印尼纬达贝工业园区

青山集团印尼纬达贝（WedaBay）工业园区（IWIP）由中国的永青集团和法国的埃赫曼集团共同投资开发。该项目旨在建设一个从红土镍矿到镍中间品，再到不锈钢和新能源电池材料等产品的镍资源综合利用产业链。项目建成后，纬达贝工业园区将成为世界上第一个实现镍资源全产业链闭环循环利用的工业园区。

### 2.2.1　项目概况

青山集团印尼纬达贝工业园区是一个由中国永青集团和法国埃赫曼集团联合投资开发的跨国合作项目。永青集团隶属于青山集团，专门负责海外项目的管理和协调，涵盖了青山集团在海外的所有项目。埃赫曼集团是一家在金属和矿产加工领域处于全球领先地位的企业，拥有丰富的技术和经验。该项目选址在印度尼西亚马鲁古省北马鲁古县哈马黑拉岛，该岛拥有世界级的镍矿资源，镍当量达930万吨。

纬达贝工业园区是继2015年启动运营的印尼莫拉哇里工业园区之后，青山集团在印尼建设的第二个工业园区。2017年中国永青集团与法国埃赫曼集团签署最终合作协议，共同开发哈马黑拉岛上的纬达贝镍矿，并规划建设纬达贝工业园区。该项目分两期规划建设，一期项目计划总投资50亿美元，包括12条火法（RKEF工艺）镍铁生产线、1个湿法冶炼厂、3个配套燃煤电厂以及1个7.5万吨码头、3个5万吨码头。由于印尼红土镍矿上下层分别适合湿法冶炼和火法冶炼，可以分别生产氢氧化镍和镍铁，因此纬达贝一期项目可以充分利用两种不同层次的镍矿资源，实现高附加值产品转化。目前，纬达贝一期已于2020年第一季度开始运营，并着力建成以镍铁产业链为主导的产业集群。

同时，纬达贝工业园区也吸引了其他企业入驻和投资，形成了强大的产业集聚效应和辐射带动效应。其中一个典型案例是位于纬达贝工业园区内的华科高冰镍项目。该项目由华友钴业控股70%，青山集团旗下公司持有30%股份。该项目投资额约5.2亿美元,设计年处理量约41亿吨红土镍矿,并采用火法工艺生产高冰镍产品。该项目极大带动印度尼西亚当地经济、就业和基建发展,已于2023年实现达产。

### 2.2.2 合作模式和路径

印尼纬达贝工业园区项目采用的是企业主导型产业合作模式,可以充分发挥中国永青集团和法国埃赫曼集团在资源配置中的主体地位和创新能力,有效整合各方资源,实现优势互补,提高项目的整体竞争力以及矿业产业合作的灵活性和效率。由于该项目涉及从红土镍矿到镍中间品,再到不锈钢和新能源电池材料等产品的生产过程,需要多方面的技术和资金支持,通过企业主导型产业合作模式,可以更好地整合各方资源,实现项目的顺利推进。印尼纬达贝工业园区拥有世界级的镍矿资源(约930万吨),具有巨大的资源开发潜力,这也是采用企业主导型产业合作模式的重要原因之一。

产业合作路径上主要采用企业之间合资成立新公司、投资建设基础设施等方式,这些方式具有灵活和高效等特点。通过合资成立新公司,企业间可以共担风险,共同承担投资成本,更好地利用各自的优势资源。同时,投资建设基础设施有助于提高项目的运营效率,为项目的顺利实施奠定坚实基础。此外,印尼政府对外资投资持开放态度,并且拥有完善的法律制度,为企业主导型产业合作模式提供了良好的外部环境,这些因素都促使印尼纬达贝工业园区项目采取这种产业合作路径。

### 2.2.3 合作效果与评价

青山集团是中国最大的民营不锈钢生产商,也是全球领先的镍资源开发者和新能源电池制造商。在其发展历程中,青山集团始终坚持创新驱动,不断提升技术水平和管理水平,在不锈钢、镍和新能源等领域取得了令人瞩目的成就。其中,印尼纬达贝工业园区是青山集团在印尼建设的第二个工业园区,也是其在"一带一路"沿线国家进行矿业产业合作的重要项目之一。

青山集团印尼纬达贝工业园区引入了华友钴业、振石集团等国内外知名企业共同参与合作开发建设,形成了镍矿资源开发、镍铁冶炼、新能源材料生产等完整的产业链,实现了从红土镍矿到镍中间品,再到不锈钢和新能源电池材料等产品的镍资源综合利用产业链,这一产业链不仅提高了镍资源的附加值和利用率,还满足了中国和全球对于高品质不锈钢和新能源材料的需求。该工业园区的建设和运营对于中国和印尼以及全球都有着重要的经济、社会和环境效益。

在经济效益方面，该工业园区为印尼创造了大量的就业机会和税收收入，促进了当地经济发展和增进了当地人民福祉。同时，该工业园区也为中国提供了稳定的镍铁原料供应，并将为新能源汽车产业提供高品质的三元电池原材料。这些都有助于推动中国和印尼经贸合作和共同发展，并促进全球能源转型和低碳发展。在社会效益方面，该工业园区受到了印尼政府和当地社会的高度认可和支持。该工业园区被视为中国和印尼友好合作的典范，并体现了"一带一路"倡议下双方互利共赢、共同发展的精神。该工业园区也积极履行社会责任，参与当地基础设施建设等公益事业。这些都对改善当地民生条件和提高当地人民生活水平产生正面影响。在环境效益方面，该工业园区采用了先进的环保技术和管理措施。在生产过程中严格遵守当地环境法规，并有效控制排放物对周边生态系统的影响。同时，在能源消费方面，该工业园区也致力于开发清洁能源和发展循环经济。该工业园区计划建设风力发电、太阳能发电等新能源项目，并对废热、废气等进行二次利用，减少碳排放和资源消耗。

### 2.2.4 机遇和挑战

青山集团印尼纬达贝工业园区的建设是青山集团全球布局的重要组成部分。青山集团是一家以不锈钢为主营业务的企业，在不锈钢上中下游形成了完整的产业链，并于2017年进入了新能源领域，打造"镍钴矿产资源开采—湿法冶炼—前驱体—正极材料—电池应用"新能源全产业链。青山集团在国内外市场上占据了优势地位，因为它提前布局了印尼镍矿的采掘、出口和镍铁冶炼产业链。

在发展过程中，机遇与挑战并存。机遇方面，在全球经济复苏和新能源汽车需求增长之际，不锈钢和三元电池原材料市场前景广阔；同时，在对外资投资持开放态度并给予了税收优惠和政策支持之外，印尼政府也给予了青山集团在园区建设和运营上极大的政策性倾向。然而青山集团也遇到一些困难和挑战，2022年3月，由于当时镍期货价格短期暴涨，市场一度传闻青山集团被外资逼空，可能产生巨额亏损。但是在短时间内，青山集团回应，用旗下的高冰镍置换国内金属镍板，并且已通过多种渠道调配到充足现货进行交割，顺利解决危机。此外，国内不锈钢行业产能过剩、市场低迷、利润空间逐步被压缩；国外贸易保护主义抬头、出口压力增大；原材料价格波动、市场风险增加等因素，都给青山集团带来了一定的经营压力和管理难度。为应对这些挑战，青山集团积极拓展海外市场，并加强与国内外客户的合作；同时也注重技术创新和环境保护，并积极履行社会责任。

### 2.2.5 可借鉴经验与教训

青山集团在印尼纬达贝工业园区的建设和运营中积累了许多宝贵的经验和教训，为其他企业参与"一带一路"国家间矿业产业合作提供了有益的借鉴。

首先，在基础设施建设方面，青山集团充分考虑到当地环境和条件，并根据实际需求进行规划和投资。例如，在电力、水利、交通等方面，青山集团自主建设了发电厂、净水处理和排污处理系统、码头和机场等设施，保证了工业园区的正常运行，并为当地居民提供了便利。其次，在招商引资方面，青山集团让其下面负责矿业方面的永青集团采取"抱团发展"的模式，与法国埃赫曼集团等国际合作伙伴共同开发该工业园区。这样既可以分摊风险和成本，又可以利用各方的优势互补，实现共赢。再次，在融资渠道方面，青山集团得到了中国政策性银行和国有中资银行等金融机构的大力支持，并获得了中长期资金。这为其海外投资提供了强有力的保障，并体现出中国政府对"一带一路"倡议下矿业产业合作的重视。最后，在创新能力方面，青山集团始终专注于自身核心竞争力，并不断推进生产、科技、经营和管理创新。例如，青山集团自主研发了移动式 AOD 炉、RKEF + AOD 工艺等多项专利技术，提高了不锈钢和镍铁的生产效率和质量，并降低了成本和对环境的影响。同时，青山集团还成立了青拓研究院、广青研究院、瑞浦科技特种钢研究院等几大研究中心，加强了与国内外高校和科研机构的合作，推动了行业的技术进步和标准制定。

青山集团在印尼纬达贝工业园区的建设和运营中也遇到过一些挑战和困难，需要及时总结反思并采取措施改进。青山集团曾因为 2022 年 3 月"青山伦镍事件"而面临巨额亏损的风险。该事件是国内外期货交割制度的不同以及国内外供应链危机所导致的，致使青山集团的空头套期保值策略产生了巨大风险。这为其他企业提供了一个警示，在进行金融操作时要注意风险控制，在面临危机时要保持冷静，及时调整策略以避免损失，并迅速采取有效措施化解危机。

## 2.3 秘鲁白河铜钼矿项目

秘鲁白河铜钼矿是世界级超大型斑岩铜钼矿床，位于秘鲁北部的皮乌拉省东部，与厄瓜多尔接壤。该项目由紫金矿业集团、安徽铜陵有色集团和厦门建发集团联合收购并投资建设，预计投产后每年可实现产铜金属 20 万吨。该项目是中国与"一带一路"国家间矿业产业合作的重要成果，也是秘鲁经济发展的重要支撑。

### 2.3.1　项目概况

紫金矿业集团、安徽铜陵有色集团和厦门建发集团于 2006 年 8 月在厦门市共同设立了紫金铜冠投资发展有限公司（以下简称紫金铜冠），持股比例分别为 45%、35% 和 20%，注册资本为 1.716 亿元，专注于投资开采、加工和销售铜矿及附属矿产，目前主要投资秘鲁白河铜钼矿项目。秘鲁白河铜钼矿项目拥有 741 万吨铜金属资源量和 28 万吨钼金属资源量。矿山设计为露天开采，矿山服务年限 20 年以上，预计投产后每年可实现产铜金属 20 万吨。该项目原为英国蒙特瑞科金属股份有限公司（以下简称蒙特瑞科）的主要资产，后被紫金铜冠全面收购。2006 年 11 月，紫金矿业向国家发展改革委提交了赴秘鲁竞购白河铜钼矿的申请。2007 年 2 月 5 日，紫金铜冠向市场发出全面要约收购蒙特瑞科公告。2007 年 4 月 30 日，紫金铜冠收购蒙特瑞科的股份已达 89.99%，实现了对后者绝对控股的目标。股权变更后，2015 年紫金铜冠持有蒙特瑞科 90% 股权，紫金铜冠间接控制秘鲁白河铜钼矿。白河铜钼矿项目自收购以来一直受到社区问题和当地反矿势力的困扰，迟迟未能有效推进。2016 年，在中方的不断努力下，秘鲁能源和矿业部部长塔玛友与紫金矿业签署了白河铜钼矿项目《矿业及冶炼活动发展推进协议》，白河铜钼矿项目被中国政府列为重点关注的秘鲁中资项目，被秘鲁政府列为秘鲁政府优先发展的大型项目。

### 2.3.2　合作模式和路径

秘鲁白河铜钼矿项目的产业合作模式是紫金铜冠通过收购的方式获得英国蒙特瑞科金属股份有限公司的股权，从而获得秘鲁白河铜钼矿的控制权，实现对矿产的控制。紫金铜冠公司是由三家企业共同出资成立的，它们分别是紫金矿业集团、安徽铜陵有色金属集团和厦门建发集团。该公司主要从事矿业方面的投资、勘探和开发业务。而蒙特瑞科公司则是一家以初级勘探为主的英国公司，它在伦敦股票交易所的备选投资市场上挂牌交易。秘鲁白河铜钼矿的产业合作是由两家具有市场竞争力和资源开发能力的企业通过投资并购方式实现的，符合企业主导型产业合作模式的特点。合作双方所在国家都具有较高的市场化程度、资源开发潜力和法律制度健全性，也适用于该模式。秘鲁白河铜钼矿项目属于企业主导型产业合作模式。在这种模式下，合资公司具有较强的自主权和决策权，可以根据市场变化和自身需求灵活调整合作方式和内容,可以充分利用自身在国际市场上的优势,发挥品牌效应、技术优势、管理经验等,提高合作效率和效益。采用这种产业合作模式的原因有:紫金铜冠收购蒙特瑞科是为了获取白河铜钼矿这一世界级超大型资源,以满足其在海外扩张和保障供应链安全方面的战略需求,希望通过市场机制来实现资源配置效率最大化。秘鲁白河铜钼矿是世界十大未开发的铜矿之一,具有巨大的开发潜力和市场价值,紫金铜冠有兴趣参与其中。紫金铜冠及其股东在国际市场上享有良好的声誉和较高的影响力,有能力与秘鲁政府进行平等对话和协商。

秘鲁白河铜钼矿项目的产业合作路径是紫金铜冠通过收购英国蒙特瑞科公司,间接控制其在秘鲁注册成立的全资子公司白河铜业公司(Rio Blanco Copper S. A.),从而获得白河铜钼矿项目的开发权。紫金铜冠通过对蒙特瑞科和白河铜业公司进行管理重组和技术改造,推进白河铜钼矿项目的勘探、设计、建设和生产等各个阶段。同时,紫金铜冠还与秘鲁政府、当地社区和环保组织进行沟通协调,争取各方支持和理解,解决项目实施过程中遇到的各种问题和挑战。

### 2.3.3  合作效果与评价

秘鲁白河铜钼矿项目是中国企业"走出去"开发境外金属矿产资源的重要案例,体现了中国企业在国际市场上的竞争力和影响力。该项目是中秘两国经贸合作的重要组成部分,有利于促进两国在能源、基础设施等领域的合作共赢。该项目为当地创造了就业机会和税收收入,为当地社区提供了教育、医疗、交通等公共服务。在经济效益方面,白河铜钼矿是世界级超大型斑岩铜钼矿床,拥有741万吨铜金属资源量和28万吨钼金属资源量。项目建成后将年产20万吨铜金属,为中国提供稳定的铜资源供应,降低对国外市场的依赖。同时,项目也将为秘鲁创造大量工作机会和政府税收收入,促进当地经济发展,为秘鲁政府、项目所在地区经济和就业的发展带来重要贡献。

### 2.3.4  机遇和挑战

秘鲁白河铜钼矿项目在开发过程中遭遇了不少困难和挑战。首先,对当地文化背景的了解不够深入。紫金铜冠试图将我国企业文化带到国外,并在秘鲁政府层面取得了当时秘鲁加西亚总统的支持。但是加西亚总统因引进外资的时候忽视环保问题,在民众中失去了支持率。秘鲁北部居民基本反对总统,政府支持越多的项目就遭到越多民众反对。这就使得白河铜钼矿项目难以推进。其次,对当地社会背景缺乏深入了解。白河铜钼矿位于秘鲁北部山区，靠近厄瓜多尔边境，社会情况复杂。近年来，受周边国家和某些势力的影响，该项目所在的亚马逊高地被宣传为脆弱的云雾林气候，矿山开发将对当地气候和耕地造成破坏，遭到了当地社区民众的反对。再次，在人才方面也存在问题。紫金铜冠缺乏国际化经营经验和高水平人才，不了解境外金属矿产资源开发的规律和特点。最后，在前期准备工作方面也存在不足。紫金铜冠并没有认真借鉴首钢在秘鲁的经验教训，没有做好前期准备工作，盲目投资秘鲁铜矿项目。

同时随着"一带一路"倡议的深入推进，秘鲁白河铜钼矿项目也迎来了新的机遇和转折。2016 年 9 月，紫金矿业董事长陈景河与秘鲁新任总统库琴斯基在上海会晤，就加快秘鲁白河铜钼矿项目开发达成共识。秘鲁政府表示将全力支持白河铜钼矿项目，并协调解决社区冲突等问题。这为该项目的顺利推进创造了良好的条件。预计一期工程于 2021 年年底投产，年产铜 16.5 万吨、钼 0.62 万吨；二期工程于一期投产后第 7 ~ 8 年开始建设，年产铜 26.3 万吨、钼 1.3 万吨。紫金矿业等投资方正充分利用资金、技术和管理等优势，提高环境和社区安全水平，努力克服困难，应对挑战。

### 2.3.5　可借鉴经验与教训

秘鲁白河铜钼矿项目为其他想要"走出去"开发海外矿产资源的企业敲响了警钟。从这个案例中，我们可以借鉴一些经验教训。一是在进行海外投资之前，要充分了解目标国家或地区的历史、文化、社会、政治、法律等方面的情况，尊重当地风俗习惯和民意诉求，建立良好的公共关系。二是要建立一支专业化、国际化、本土化相结合的管理团队，培养具有全球视野和跨文化能力的人才，在海外运营中遵守国际惯例和规则。三是要做好前期准备工作，进行全面细致的尽职调查和可行性分析，评估项目所涉及的各种风险，并制定相应的预防措施和应急方案。四是要根据市场变化和实际情况灵活调整投资策略，并与合作伙伴保持良好的沟通协作。

## 2.4　秘鲁拉斯邦巴斯铜矿项目

秘鲁拉斯邦巴斯铜矿项目（以下简称邦巴斯项目）是五矿集团在 2016 年 1 月 28 日正式投产运营的项目。它由五矿集团、国新国际、中信金属 3 家公司斥资 105

亿美元联合收购。

### 2.4.1　项目概况

邦巴斯项目位于秘鲁南部海拔 4 000 米的安第斯山脉上的阿普里马克大区，是一个世界级铜矿项目，收购及后续建设投入累计达 105 亿美元。投资方包括五矿集团、国新国际、中信金属 3 家公司。邦巴斯项目是秘鲁最大的投资项目，也是世界上最重要的铜矿项目之一。中国虽然是全球最大的铜消费国，却面临着铜资源匮乏和品位低的问题。邦巴斯项目的正式投产不仅可以大大增加我国在国际铜市场的话语权，还将引领 1 亿美元的国产装备"出口"。此外，邦巴斯项目还将拉动 300 亿美元的中拉贸易额和 40 亿美元的后续矿山建设投资额。邦巴斯项目的铜金属储量超过 1 000 万吨，产能位居世界前十大铜矿山之列。2014 年，五矿集团联合国新国际、中信金属收购项目全部股权。2017 年年底，项目按期达产。

### 2.4.2　合作模式和路径

邦巴斯项目是五矿集团、国新国际、中信金属联合收购秘鲁拉斯邦巴斯铜矿项目的一次重大海外投资并购行动，是中国企业在海外矿业领域的一次成功突破，也是政府主导型产业合作模式的一个典型案例，主要体现在以下两个方面：

一是邦巴斯项目源于政府。2012 年，全球最大的大宗商品贸易商瑞士嘉能可与大型矿业公司斯特拉塔宣布合并，并向欧洲、南非和中国监管机构申请反垄断审查。邦巴斯项目源于中国商务部对嘉能可与斯特拉塔合并的反垄断审查，商务部认为该收购可能在铜精矿、锌精矿、铅精矿市场上具有排除、限制竞争效果，因此，在批准此项收购时附加了条件，要求嘉能可剥离邦巴斯项目，从而，为中铝、五矿、江西铜业等中国企业能够有机会通过投资并购邦巴斯项目提供前提条件。这是中国政府为保障国内铜精矿供应而采取的一项重要措施。2013 年 4 月，中国商务部发布公告，有条件批准两家巨头合并，但要求在 2015 年 6 月 30 日前完成邦巴斯项目的剥离。嘉能可随即启动公开招标售卖流程。五矿集团立即与国新国际、中信金属"接头"，迅速组成联合体参与国际竞购，并以其融资方案与专业经验从七家国际竞争企业中脱颖而出。

二是邦巴斯项目得到了政府在资金和政策上的鼎力支持。政府为了让该项目投资收购交易顺利完成，提供了诸如项目审批、债务融资等方面的便利。在五矿联合体与嘉能可签署收购协议后，不少国际企业对邦巴斯项目这块"肥肉"依然虎视眈眈，一旦项目审批不顺利、融资难到位，花落谁家并不确定。但仅用 3 个月时间，邦巴斯项目就获得了秘鲁投资促进局和中国国家发展改革委、商务部、外汇局的相关批复，并通过了中国香港联交所的审批，还拿到了国家开发银行牵头的中资银团高达 70 亿美元的债务融资安排。交割期甚至整整提前了一个月。这也消除了收购的不确定性，降低了过渡期的投资风险，仅融资所需的财务费用一项，联合体就节约了 2 000 万美元。

邦巴斯项目的合作路径如下：2012 年 9 月嘉能可与斯特拉塔宣布合并，并向欧洲、南非和中国监管机构申请反垄断审查。2013 年 4 月中国商务部发布公告，有条件批准两家巨头合并，但要求在 2015 年 6 月 30 日前完成邦巴斯项目的剥离。2013 年 10 月嘉能可启动公开招标售卖流程。2013 年 11 月五矿集团立即与国新国际、中信金属"接头"，迅速组成联合体参与国际竞购。2014 年 1 月联合体从七家国际竞争企业中脱颖而出，顺利签署收购协议。2014 年 4 月 14 日联合体与嘉能可签署股权收购协议。2014 年 7 月 31 日联合体顺利完成股权交割，并开始接管邦巴斯项目的运营管理。2017 年 12 月 31 日邦巴斯项目按期达产，成为全球最大的单一铜矿生产基地之一。

### 2.4.3  合作效果与评价

邦巴斯项目是一个成功的合作项目，它在经济效益和社会效益方面都取得了显著成果。该项目位于秘鲁南部安第斯高原，铜金属储量超过 1 000 万吨，产能位居世界前十大铜矿山之列。2014 年，五矿集团联合国新国际、中信金属收购了该项目的全部股权。2017 年年底，该项目按期达产。中国企业收购邦巴斯项目，是一次具有战略意义的"走出去"行动，这不仅增强了中国在全球铜资源市场的保障能力和话语权，而且为秘鲁经济社会发展和中拉友好合作注入了新的活力。该项目投资规模巨大，管理半径广阔，建设运营复杂，是中国企业海外投资的典范。从经济效益来看，这个项目对中国和秘鲁都有很大的好处。对于中国来说，这个项目可以保障国内紧缺资源供应，并提高我国在国际铜市场的话语权。对于秘鲁来说，这个项目可以促进当地经济发展，并带动就业。据统计，该项目投产以来累计缴税约 14 亿美元，每年直接拉动秘鲁 GDP 增长约 1.5 个百分点。此外，这一项目在社会效益方面也取得了良好成绩，对当地社会产生了积极影响。随着邦巴斯项目的开展，村民们的生活得到了巨大改善，贫困率和营养不良率都降低了。同时伴随职业技术培训的普及，村民们的技能水平、识字率和就业率都提高了。该项目创造了 8 000 余个直接工作岗位和 7.5 万个间接就业岗位，并投入资金推动当地物种保护、植树造林等公益事业。总之,邦巴斯项目是一个成功的合作案例,是一个双赢、多赢、共赢的合作范例,在各个方面都展现了卓越的成绩。

### 2.4.4　机遇和挑战

邦巴斯项目是秘鲁最重要的投资项目之一,也是全球最大的铜矿项目之一。它极大地提升了秘鲁在全球铜资源市场的地位和影响力,并为秘鲁经济带来长期的收益。据预测,该项目将在未来 10 年内推动中拉贸易额增加 300 亿美元,并激发 40 亿美元的后续矿山建设投资需求。然而,该项目也不乏风险和挑战。秘鲁政府对"超额利润"的额外征税政策可能会影响该项目的盈利能力。而且,2021 年 7 月上任的左翼总统佩德罗·卡斯蒂略曾承诺要改革矿业税收制度,这也可能对该项目造成影响。尽管如此,邦巴斯项目仍然拥有较大的机遇和优势。它拥有超过 2 000 万吨的铜资源储量,并且还有很大的勘探空间,目前只勘探了全项目的 10%。此外,邦巴斯项目拥有高品位的矿石资源,可以提炼出含铜量达 40%、无有害杂质的高质量精矿。

### 2.4.5　可借鉴经验与教训

在邦巴斯项目中有一些可借鉴的成功经验,如在获得秘鲁投资促进局、中国发改委、商务部、外汇局的相关批复后,五矿集团、国新国际和中信金属组成的联合体仅用 3 个月时间就通过了中国香港联交所的审批,并获得了国家开发银行牵头的中资银团高达 70 亿美元的债务融资安排。这消除了收购的不确定性,降低了过渡期的投资风险。仅融资所需的财务费用一项,联合体就节约了 2 000 万美元,快速获得相关批复和融资安排使得邦巴斯项目能快速建成并投产。同时,团队中有一支熟悉国际市场游戏规则的高效的国际化团队,能使自身企业文化与当地文化加速融合,其"换位思考"也是取得经济、社会效益双赢的宝贵经验。此外,为了确保邦巴斯项目按计划顺利进行,五矿集团加强股东层面对项目的管控力度。同时,在这个项目中也有一些可借鉴的失败教训,例如,该项目曾受到当地反对声音的影响,导致生产受阻。这表明在开展海外投资时,与当地社区建立良好关系并解决利益冲突至关重要。

## 2.5　塞拉利昂唐克里里铁矿项目

塞拉利昂唐克里里铁矿是一个位于西非塞拉利昂中东部的世界级铁矿,拥有赤铁矿和磁铁矿两种类型的资源，是全球规模最大的赤铁矿和磁铁矿之一。

### 2.5.1 项目概况

塞拉利昂唐克里里铁矿项目（以下简称唐克里里项目）是一个位于塞拉利昂共和国中东部苏拉山区的大型铁矿山开发项目，目前已探明储量137亿吨。该项目涵盖了四个矿段，分别是辛比利、马兰庞、南巴拉和卡萨佛尼，采用露天开采方式。该项目还包括一个完全集成的铁路和港口基础设施，用于运输和出口铁矿石。

唐克里里项目最初由英国非洲矿业公司（African Minerals Ltd.）（以下简称非洲矿业）通过其子公司唐克里里铁矿（Tonkolili Iron Ore）开发。2012年3月30日，山东钢铁集团以15亿美元（约合93亿元）收购了该项目25%的股权，并获得每年按优惠价购买1 000万吨铁矿石的权利。此后，双方共同推进了该项目的建设和运营。然而，该项目在2014年遭遇了严重的经营危机，原因是国际市场上铁矿石价格暴跌和西非地区暴发埃博拉疫情。非洲矿业因无力偿还1.67亿美元（约合10.35亿元）的银行贷款而违约，并被迫停止了塞拉利昂地区的所有采矿活动。山东钢铁集团为了保护自己之前投入的资金和股权，并避免该项目被清算或转让给其他方，接手了非洲矿业在该项目上所欠下的债务，取得了剩余75%的股权。2015年4月，山东钢铁集团正式成为唐克里里项目的100%股东，并再投入6亿美元，将该项目产能提高至每年2 500万吨。

### 2.5.2 合作模式和路径

山东钢铁集团是一家由三家山东省国有钢铁企业合并而成的国有独资公司，于2008年3月在济南注册成立，注册资本100亿元。非洲矿业是一家在英国伦敦证交所另类投资市场上市的采矿公司，拥有塞拉利昂规模最大铁矿的勘探和开采许可证，主要业务是开发和运营其在塞拉利昂的唐克里里铁矿项目。该项目拥有137亿吨的世界级铁矿资源，以及配套的港口和铁路设施。

为了参与这一具有战略意义的项目，山东钢铁集团与非洲矿业进行了多轮谈判，并于2012年签署了股权收购协议。按照协议，非洲矿业将其在塞拉利昂的三家子公司（分别是唐克里里铁矿、非洲电力、非洲铁路和港口服务）各25%的股权出售给山东钢铁集团，交易金额为15亿美元。这种合作模式属于企业主导型产业合作模式。在这种模式下，山东钢铁集团通过股权投资的方式进入了塞拉利昂市场，并与非洲矿业建立了长期稳定的战略伙伴关系，能够充分发挥企业在资源配置中的主体地位和创新能力，提高矿业产业合作的灵活性和效率，有效地保障自身在海外市场的资源供应和市场份额。

### 2.5.3 合作效果与评价

唐克里里项目是一个具有全球意义的大型资源开发合作项目,它涉及中国和非洲的政治、经济、社会、文化等多个方面。该项目的产业合作效果和评价可以从以下几个角度来分析:

经济效益方面,该项目为中国和塞拉利昂带来了巨大的经济收益。中国作为世界上最大的铁矿石进口国,通过该项目获得了稳定和优质的铁矿石供应,降低了对其他国家和地区的依赖,提高了自身的能源安全性。塞拉利昂作为一个贫困国家,通过该项目获得了大量的外汇收入,促进了当地经济发展和社会稳定。

资源开发方面,该项目利用了塞拉利昂拥有的全球最大的单体磁铁矿,采用了先进的开采技术和设备,保证了矿石的高品质和开采的高效率。该项目还配有完备的铁路和港口物流运输系统,实现了资源的快速运输和出口。

社会责任方面,该项目在开发资源的同时也注重履行社会责任。山东钢铁集团在与非洲矿业进行合作时遵循"互利共赢"的原则,并在交易完成后积极参与项目公司管理。山东钢铁集团还在 2014 年购买了非洲矿业在塞拉利昂唐克里里铁矿项目剩下的 75% 的股权,保护了前期投资,并在 2015 年重启生产运营。此外,山东钢铁集团还关注当地环境保护、劳工权益、公共卫生等问题,在遵守当地法律法规的同时,也在尊重当地风俗习惯、维护当地民众福祉等方面做出了积极贡献。

唐克里里项目是一个成功的产业合作案例,它展示了中国企业"走出去"的战略能力和社会责任感,并为中非友好关系增添了新亮点。

### 2.5.4 机遇和挑战

唐克里里项目是一个具有巨大潜力的海外投资项目,但也面临着许多困难和挑战。2014 年,由于国际铁矿石价格暴跌和西非地区暴发埃博拉疫情,项目运营成本大幅增加,收入大幅减少,非洲矿业不得不宣布暂停塞拉利昂矿山的生产活动,并出售其在项目中的剩余股权。这给山东钢铁集团带来了一个难得的机会,使其以低价收购了非洲矿业在项目中的全部股权,成为唐克里里铁矿项目的唯一所有者。这样一来,山东钢铁集团就可以完全控制和管理该项目,并享受其未来发展所带来的全部收益。

然而,在取得这一重大进展背后,山东钢铁集团仍然需要应对各种复杂的风险和挑战。首先是政治风险和法律风险。塞拉利昂是一个政治动荡、经济贫困、基础设施落后的国家，在该国进行投资存在着较高的不确定性和变数。山东钢铁集团需要与当地政府保持良好的沟通和合作，并遵守当地法律法规，关注政策变化，防止出现合同纠纷等问题。其次是市场风险和自然风险。铁矿石市场价格受到国际供求关系、汇率波动等因素的影响，存在着较大的波动性和不可预测性。埃博拉疫情等不可抗力也会对采矿生产造成严重影响，增加人员伤亡和设备损坏等风险。山东钢铁集团需要密切关注市场动态和自然环境，并及时调整生产计划和采取应急措施，以应对可能出现的危机情况。最后是管理风险和社会风险。作为一个跨国投资项目，在塞拉利昂进行采矿生产涉及多种文化、语言、习俗等方面的差异，需要进行有效的跨文化管理，并尊重当地员工、社区、民族等各方利益相关者的权益和需求，建立良好的公共关系，积极履行企业社会责任，减少环境污染和社会冲突等问题。

### 2.5.5 可供借鉴的经验与教训

唐克里里项目是山东钢铁集团成功实施的一个海外投资案例，在其过程中展现出了一些值得借鉴和学习的经验和教训。首先，山东钢铁集团在项目前期阶段就进行了深入细致的市场调研和资源筛选，从全球范围内寻找并确定了具有较高价值和潜力的唐克里里项目，并对其进行了现场考察和一手资料收集，为后续的合作奠定了坚实的基础。其次，山东钢铁集团在项目谈判阶段就积极动员并聘请了各方面的专业机构和专家，对项目涉及的法律、财务、技术、环境等方面进行了全面系统的尽职调查和风险评估，并制定了相应的应对措施和方案，为项目合作提供了有力的保障。最后，山东钢铁集团在项目执行阶段就多次与非洲矿业进行了有效沟通和协商，并获得了两国政府部门的支持和认可，在关键时刻做出了及时正确的决策，并与非洲矿业保持了良好的合作关系，在共同应对市场变化和自然灾害等挑战中体现出了互利共赢的合作精神。

## 3 中国与"一带一路"沿线国家间矿业产业合作路径选择

中国与"一带一路"沿线国家间的矿产资源禀赋、需求结构、市场规模等方面存在差异和互补性，在矿业领域有着广泛的合作空间和潜力。为了实现矿业产业的共同发展和互利共赢，需要从多个层面选择合适的合作路径，以促进资源优化配置、产业链协同发展、技术创新转移、社会责任履行等方面的进步。

## 3.1　政府层面的合作路径选择

矿业合作是"一带一路"倡议的重要内容之一，也是促进沿线国家经济发展和区域稳定的重要手段。为了实现矿业合作的顺利进行和高质量发展，沿线国家间需要加强政策沟通和协调，推动建立多边和双边的矿业合作机制，积极参与区域经济一体化进程。

### 3.1.1　加强沿线国家间的政策沟通和协调

政策沟通和协调是"一带一路"建设的重要基础和前提，也是矿业合作的关键环节。各国之间通过政策沟通和协调，可以增进互信与理解，消除疑虑与障碍，形成合作共识与规则，为矿业投资与开发创造良好的环境与条件。在矿业领域，政策沟通和协调主要涉及以下几个方面：

首先，规范矿业投资环境。矿业投资涉及长期、高风险、大规模的资本投入，需要一个稳定、透明、公平的法律制度和监管机制来保障投资者的合法权益。因此，沿线国家应加强在矿业法律法规、税收政策、环境标准、社会责任等方面的沟通和协调，消除或减少政策不确定性和风险，为矿业合作创造良好的外部条件。

其次，保护投资者权益。在"一带一路"建设中，中国企业在海外开展了大量的矿业投资项目，为当地经济社会发展做出了积极贡献。但同时，也面临着各种挑战和困难，如政治动荡、安全威胁、资源民族主义、贸易保护主义等。这些问题不仅影响了中国企业的正常运营和利益回报，而且损害了"一带一路"倡议的形象和声誉。因此，沿线国家应加强在投资保护协定、争端解决机制、信息共享平台等方面的沟通和协调，维护中国企业在海外的合法权益，促进互信与合作。

最后，促进资源共享。资源是人类社会发展的重要基础，也是"一带一路"建设中不可或缺的要素，但资源分布并不均衡，在全球范围内存在着供需错配和结构性失衡的问题。因此，沿线国家应加强在资源勘查开发、市场供求平衡、价格形成机制等方面的沟通和协调，实现资源配置优化与效率提升，满足各国经济社会发展对资源的需求。

### 3.1.2  推动建立多边和双边的矿业合作机制

为了促进沿线国家间的矿业产业合作，中国积极推动建立多边和双边的矿业合作机制，以实现资源共享、利益共赢、风险共担、责任共担。具体而言，主要包括以下几个方面：

首先，以经济走廊为载体，打造区域性矿业合作平台。中国与"一带一路"沿线国家以经济走廊为重点区域，加强规划对接、项目对接、政策对接、标准对接等方面的协调与合作。例如，中巴经济走廊是"一带一路"倡议下最早启动、最具代表性的项目之一，其中包含了多个涉及矿产资源开发利用的重大项目。中蒙俄经济走廊则是联通东亚经济圈和欧洲经济圈的重要通道，其中涉及三个国家在铁路和公路互联互通、跨境输电网、环境保护等领域的深度合作。

其次，以自贸协定为依托，优化投资贸易环境和规则体系。中国积极推进与沿线国家签订自贸协定或投资保护协定，以降低非关税壁垒、提高市场准入水平、加强知识产权保护等措施，营造公平竞争、透明高效、便利畅通的投资贸易环境。例如，在2020年11月15日举行的第四次区域全面经济伙伴关系协定（RCEP）领导人会议上，中国和东盟十国以及日韩澳新等亚太国家正式签署了RCEP。这一协定覆盖了全球近三分之一的人口和GDP，成为目前世界上最大的自贸区。它将通过降低关税和非关税壁垒，促进区域市场的一体化和开放。RCEP将为中国与其他成员国在矿业领域提供更多合作机会和便利条件，促进资源配置优化和产业链升级。

最后，以双边合作为基础，深化沿线国家间的矿业政策对话和交流。中国与"一带一路"沿线国家建立了多种形式的双边合作机制，如战略对话、经贸联委会、能源合作委员会等，通过这些机制，双方就矿业政策法规、投资环境、项目合作等进行定期沟通和协商。

### 3.1.3  积极参与区域经济一体化进程

区域经济一体化是指不同国家或地区之间通过降低贸易壁垒、加强政策协调、促进要素流动等方式，实现经济的融合和协同发展。区域经济一体化可以提高区域内的市场规模、效率和竞争力，增强对外开放和抵御风险的能力，促进共同繁荣和稳定。中国作为"一带一路"倡议的发起国，积极参与区域经济一体化进程，与沿线国家和地区建立了多层次、多领域、多形式的合作关系。具体途径包括以下几个方面：

首先，推动签署高水平的自由贸易协定（FTA）。自由贸易协定是区域经济一体化的重要载体，可以有效降低贸易成本、扩大市场准入、保护投资者权益、促进规则对接等。中国已与许多"一带一路"沿线国家达成了自由贸易协定，并于2020年11月正式签署了《区域全面经济伙伴关系协定》（RCEP）这一全球最大的自由贸易协定。RCEP包括东盟十国和中日韩澳新15个国家，涵盖了全球近三分之一的人口，GDP总额约为26万亿美元。RCEP将为"一带一路"沿线国家提供更广阔的市场空间和更便利的贸易条件。

其次，推动建设跨境经济合作区（CECZ）。跨境经济合作区是指两个或多个邻近或相邻的国家或地区之间，在边境地带建立起具有特殊政策优惠和管理制度的合作平台。跨境经济合作区可以促进边境地区的基础设施建设、产业发展、人员往来等，增强边境地区的活力和吸引力。中国正在积极争取与多个"一带一路"沿线国家共同建设跨境经济合作区。

最后，推动实施重大项目合作。重大项目合作是指在基础设施建设、能源资源开发、产业投资等领域开展具有战略意义和示范效应的合作项目。重大项目合作可以提高"一带一路"沿线国家之间的互联互通水平，增强产业链供应链稳定性和韧性，促进技术创新和转移等。自"一带一路"倡议实施以来，中国与"一带一路"沿线国家开展了一系列重大项目合作，如雅万高铁、中欧班列、中老铁路、中缅油气管道等。这些项目不仅为当地的基础设施建设和经济发展提供了支撑，而且为中国的产业转型升级和对外开放创造了新机遇。

## 3.2 经济层面的合作路径选择

矿业合作不仅涉及资源开发和利用，还涉及产业链布局和结构、产业附加值、生产效率和质量等方面。为了实现矿业合作的优化升级和互利共赢，我们需要优化矿业产业链布局和结构，发展"矿业＋"模式，拓展产业链附加值，加强技术创新和转移，提高生产效率和质量。

### 3.2.1 优化矿业产业链布局和结构

中国与"一带一路"沿线国家在矿产资源禀赋、需求结构、市场规模等方面存在显著的差异和互补性，为矿业产业合作提供了广阔的空间和机遇。优化矿业产业链布局和结构，是实现矿业合作优势互补、效益共享、可持续发展的重要途径。具体而言，优化矿业产业链布局和结构主要包括以下几个方面：

首先，分工协作，实现资源配置优化。各国根据资源禀赋、生产能力、加工水平等方面的差异，建立合理的分工协作机制，使各国在矿业产业链中发挥自身优势，实现资源配置的最大效率。例如，在"一带一路"沿线国家中，有些国家拥有丰富的铁矿资源，但缺乏钢铁生产能力；有些国家则相反。因此，在铁矿开采、运输、加工等环节中，各国可以通过投资合作、贸易往来等方式，实现铁矿资源和钢铁产品的有效流通。

其次，区域联动，形成协同效应。"一带一路"沿线国家根据地理位置、经济发展水平、市场需求等方面的特点，建立区域性的矿业合作平台或机制，促进区域内各国之间的信息交流、政策协调、项目对接等活动；通过区域联动，可以形成规模效应和协同效应，提高区域内整体的竞争力和影响力。例如，建立中亚地区的矿业合作平台。中亚地区有着丰富的矿产资源，如铜、金、铀等，但由于缺乏技术和资金，开发利用水平较低。中国与中亚国家在矿业领域有着良好的合作基础和互补优势，通过建立矿业合作平台或机制，可以促进信息交流、政策协调、项目对接等，实现资源共享、市场共拓、利益共赢。

最后，多元参与，增强合作活力。根据"一带一路"沿线国家在政治体制、法律制度、文化传统等方面的多样性，各国在推进矿业合作时要尊重主权和选择权，并鼓励多元主体参与其中。除了政府之间的对话与协商外，各国还要充分发挥企业、社会组织、智库等非政府组织在促进民心相通和深化务实合作中的积极作用。各国通过多元参与，可以增强合作活力和创新能力，并有效预防或解决可能出现的风险或纠纷。

### 3.2.2　发展"矿业 +"模式，拓展产业链附加值

"矿业 +"模式是指在矿业开发的基础上，适度延伸冶炼加工和贸易业务，形成产业链上下游协同效应，扩大产业规模，提升产业安全，获取增值收益。该模式可以有效解决矿业资源的单一性、周期性和波动性等问题，增强矿业企业的竞争力和抗风险能力。中国与"一带一路"沿线国家间的矿业产业合作可以借鉴"矿业 +"模式，拓展产业链附加值。具体来说，可以从以下几个方面入手：

首先，优化资源配置和市场开拓。中国与"一带一路"沿线国家间可以通过建立合资企业、联合投标、共同开发等方式，在全球范围内寻找优质的矿产资源，并利用各自的市场优势和渠道，实现资源和产品的互补和共享。

其次，推进资本融合和金融服务。中国与"一带一路"沿线国家间可以通过设立基金、发行债券、开展并购重组等方式，在资本市场上进行深度合作，并利用各自的金融机构和平台，为矿业项目提供多元化的金融服务。资本融合不仅可以为中外双方提供稳定的资金来源，而且可以增加投资者的信心和参与度。

再次，适度延伸冶炼产业。中国与"一带一路"沿线国家可以根据各自的资源禀赋和市场需求，在原有的采选环节之外，增加冶炼加工环节和贸易业务，提高产品附加值，并形成稳定的供应链关系，促进产业链上下游协同，实现降本提效。

最后，搭建形成全球性矿业金融服务平台。中国与"一带一路"沿线国家间可以利用各自在国际金融组织中的地位和影响力，推进以人民币为主要结算货币的跨境贸易结算机制，并建立专门针对矿业项目投融资需求的金融服务平台。

### 3.2.3 加强技术创新和转移，提高生产效率和质量

矿业合作不仅涉及资源开发、利用和保护，还涉及技术创新和转移。技术创新和转移是提高矿业合作效益、促进沿线国家经济社会发展、实现可持续发展的重要手段。中国与"一带一路"沿线国家间在矿业领域有着不同的技术水平、需求特点和处于不同的发展阶段，因此有必要加强技术创新和转移，以提高生产效率和质量，降低成本和风险，增强竞争力和抗风险能力。具体而言，加强技术创新和转移可以从以下几个方面入手：

首先，共建科技园区。科技园区是集聚科研机构、高校、企业等创新主体，形成产学研一体化的创新平台。通过共建科技园区，可以促进中国与"一带一路"沿线国家间的科技交流与合作，共享科研设施与资源，推动矿业领域的前沿技术研发与应用。

其次，开展人才培养。人才是推动技术创新和转移的关键因素。中国与"一带一路"沿线国家通过共同开展人才培养，可以提升相互间的人力资本水平，增强双方在矿业领域的合作能力与信任度。具体措施包括：组织专家讲座、学习交流、实地考察等活动；设立奖学金、助学金等资助项目；建立联合培养机制等。

最后，实施开放式创新。开放式创新是指企业不仅依靠自身的内部资源进行创新活动，还积极利用外部资源进行协同创新。实施开放式创新，可以打破信息孤岛，整合各方优势资源，形成多元化的创新网络。具体措施包括：建立跨国公司在沿线国家的分支机构或联合实验室；参与或发起多边或双边的科技项目或计

划；加强知识产权保护与管理等。

## 3.3  社会层面的合作路径选择

矿业合作不仅涉及经济利益，还涉及文化交流、社区参与、环境保护等方面。为了实现矿业合作的可持续发展和社会责任担当，需要尊重沿线国家的文化传统和习俗，保障当地社区利益参与和分享，落实环境保护责任。

### 3.3.1  尊重沿线国家的文化传统和习俗

中国与"一带一路"沿线国家间的矿业产业合作，不仅涉及经济利益和技术交流，还涉及文化交流和理解。由于沿线国家的历史、宗教、语言、风俗等方面存在差异，如果不加以重视和尊重，可能会导致合作中的误解、冲突或抵触。因此，中国在开展矿业产业合作时，必须充分考虑文化因素，采取积极措施，增进相互了解，促进文明对话。具体而言，尊重沿线国家的文化传统和习俗主要包括以下几个方面：

首先，加强文化交流。中国通过举办或参与各种形式的文化交流活动，如展览、演出、讲座、培训等，展示中国的历史、艺术、科技等方面的成就和特色，同时了解和欣赏沿线国家的文化风貌和优秀成果。这样既能够增进彼此之间的友谊和信任，又能够消除偏见和隔阂。

其次，遵守当地法律法规和社会规范。在开展矿业产业合作时，我们要严格遵守当地法律法规，并尊重当地社会规范。例如，在涉及土地使用权、资源开发权等方面时，我们要依法依规进行协商或申请，并保护当地居民或社区的合法权益；在涉及宗教信仰、民族风俗等方面时，要避免冒犯或干扰，并表示尊敬或理解。

最后，培养跨文化意识和能力。在开展矿业产业合作时，我们要培养跨文化意识和能力，并提高跨文化沟通效率。例如，在语言方面，我们要学习并使用当地语言或通用语言，并注意语言表达方式；在行为方面，要注意礼节礼貌，并适应当地生活方式；在思维方面，要理解和接受不同的价值观念，并寻求共同点。

### 3.3.2  保障当地社区利益参与和分享

中国与"一带一路"沿线国家间的矿业产业合作，不仅是资源开发的合作，还是经济社会发展的合作。在矿业合作中，保障当地社区利益参与和分享，是实现互利共赢、可持续发展的重要原则。具体而言，有以下几个方面：

首先，建立利益分配机制，让当地社区享受矿业开发带来的收益。矿业开发是一种对自然资源的消耗性活动，会影响当地社区的生态环境和生活方式。因此，在矿业合作中，我们应该尊重当地社区的所有权、使用权和管理权，并通过税收、就业、股份等方式，让当地社区获得合理的回报。同时，应该加强沟通协商，听取当地社区的意见和诉求，并及时解决可能出现的纠纷和问题。

其次，开展公益项目，提升当地社区的基础设施和公共服务水平。矿业合作不仅要关注经济效益，还要关注社会效益。在矿业合作中，我们应该充分考虑到当地社区在教育、医疗、文化等方面的需求，并通过捐赠、援助、培训等方式，为当地社区提供必要的支持。同时，应该倡导企业履行社会责任，在遵守法律法规的基础上，在环境保护、安全生产、员工福利等方面做出表率。

最后，促进就业创业，提高当地社区的经济收入和发展能力。矿业合作是一种产能合作，在促进中国企业"走出去"的同时，也为沿线国家创造了大量就业机会。在矿业合作中，应该优先雇佣当地员工，并为他们提供培训和晋升机会，并且通过技术转移、市场拓展等方式，帮助当地企业发展壮大。同时，我们应该鼓励多元化经济发展，在保护传统产业和文化遗产的基础上，在旅游、农林牧渔等领域寻找新的增长点。

### 3.3.3 落实环境保护责任，实现可持续发展

矿业开发是一种对自然资源的消耗和利用，同时也是一种对生态环境的干扰和破坏。矿业开发不仅会影响开采区域的地质、水文、土壤、气候等自然条件，还会造成大量的废弃物、废水、废气等污染物的排放，对人类健康和生物多样性造成威胁。因此，中国与"一带一路"沿线国家间的矿业产业合作必须坚持绿色发展理念，落实环境保护责任，实现可持续发展。具体而言，中国与"一带一路"国家间的矿业产业合作应遵循以下几个方面的原则和措施：

首先，遵守环境法规。在进行矿业合作之前，我们应充分了解沿线国家的环境法律法规和标准，并按照最严格的要求进行评估、审批、监督和管理。同时，应尊重沿线国家的主权和管辖权，在不损害沿线国家利益的前提下，积极推动环境法规的协调和统一。

其次，采用清洁技术。在进行矿业开发时，我们应尽可能采用节能、高效、低排放、低碳的清洁技术，并加强技术创新和转移。同时，我们应加大对可再生

能源和循环经济的投入和支持，降低对传统能源和资源的依赖。

再次，加强生态修复。在进行矿业开发后，我们应及时进行生态恢复和治理，并建立长效机制。同时，我们应加强对沿线国家生态系统服务功能和价值的评估和补偿，并参与全球生态安全治理。

最后，深化环保合作。在进行矿业合作时，我们应积极开展多层次、多形式、多领域的环保合作，并建立共享机制。同时，我们应支持沿线国家提高环保意识和能力，并积极参与全球气候变化治理。

## 4 中国与"一带一路"沿线国家间矿业产业合作模式与路径的政策建议

矿业产业合作是"一带一路"建设的重要支撑，也是中外双方共同利益的重要领域，为了推动矿业产业合作实现高质量发展，本章提出以下几点政策建议：

### 4.1 加强政策沟通和协调，构建互利共赢的合作机制

政策沟通和协调是矿业合作的基础和前提，也是解决合作中遇到的问题和困难的有效途径。为了实现矿业合作的高效、规范、可持续发展，本篇建议从以下三个方面加强政策沟通和协调。

首先，整合部门职能，建立矿业合作协调机制。为了推进"一带一路"矿业合作，我们需要建立一个有效的矿业合作协调机制，整合各部门的职责和功能，避免重复和冲突。目前，我国矿业境外投资涉及多个管理部门，如财政、发改、商务、国资委、国土资源等。为了更好地支持国内企业开展境外矿产资源勘查开发，我们可以参考日本等国家的做法，完善境外矿业协调机制，提供全面的保障服务，包括基础地质调查与信息服务、风险监测预警、资源外交、人才培养等，覆盖整个矿业产业链。

其次，加强矿业外交，促进沿线国家的政治互信。矿业合作是"一带一路"倡议的有力支撑，也是促进沿线国家和地区政治互信的重要途径。因此，我们需要加强矿业外交工作，积极参与沿线国家和地区的政治对话和多边机制建设，增

进相互了解和信任。同时，我们要尊重沿线国家和地区的主权，在遵守当地法律制度和规定的前提下开展矿业合作项目，并积极履行社会责任和环境保护责任，保护当地生态环境和人民利益。

最后，制定矿业合作规划和标准，保障投资安全和效益。矿业合作是一项长期的战略性投资，在不同国家之间存在着不同的法律体系、市场环境、技术水平等差异。为了保障投资安全和效益，我们需要制定统一或兼容的矿业合作规划和标准，并与沿线国家进行协商或谈判。在规划方面，我们要结合"一带一路"经济走廊的布局，优化资源配置，在重点区域开展有针对性的项目选址、勘探开发、基础设施建设等工作。在标准方面，我们要参考国际通行标准或最佳实践，在质量管理、安全生产、环境保护等方面提出高水平的要求，并通过监督检查等方式确保执行。

## 4.2 优化资源配置和利用，实现互补互惠的发展战略

资源配置和利用是矿业合作的核心和关键，也是实现沿线国家共同发展的重要途径。为了实现矿业合作的优势互补、效益最大化、风险最小化，本篇建议从以下三个方面优化资源配置和利用：

首先，推进"一带一路"矿业合作与经济走廊有机融合。"一带一路"倡议为我国与沿线国家展开矿业合作提供了难得的机遇，各国期待借助中国在矿业领域的技术、装备、资金、人才等优势促进矿产资源的勘查开发。我国应积极参与沿线国家的基础设施建设和产业发展规划，将矿业合作纳入经济走廊建设的总体框架，实现资源、市场、资金、技术等要素的有效对接和协同。同时，要加强与沿线国家在矿业政策法规、标准规范、环境保护等方面的交流合作，促进矿业管理水平和行业规范化程度的提高。

其次，发展"矿业＋"模式，联合其他产业"走出去"。"一带一路"倡议提倡与沿线国家开展产能合作，推动我国钢厂在海外建设生产基地，这既可以帮助国内减轻产能过剩的压力，又可以利用国外丰富的矿产资源降低成本。除了钢铁产业外，我国还可以将其他相关产业如电力、水泥、化工等与矿业相结合，形成"矿业＋"模式，在沿线国家开展多元化投资和贸易合作。这样既可以提高我国企业在当地市场竞争力和影响力，又可以促进当地经济社会发展和就业创收。

最后，实施资源共享和转移，促进沿线国家的经济增长。我国是世界上最大的矿产品消费者和进口者之一，在全球资源配置中具有重要地位。在"一带一路"框架下，我国应充分发挥自身优势，在保障自身需求安全的前提下，积极推动资源共享和转移。例如，在某些稀缺或战略性资源方面，可以通过引进外资或技术来增加本土供给；在某些过剩或低效率资源方面，可以通过出口或转移来减少本土消耗；在某些新兴或可再生资源方面，可以通过开发或投资来拓展本土潜力。这样不仅可以优化我国自身资源结构和效益，还可以为沿线国家提供更多选择和机会，并促进区域内贸易平衡和经济增长。

## 4.3　深化技术交流与创新，提升整体水平与能力

技术是矿业合作的重要保障和驱动力，也是实现绿色低碳发展的关键因素。为了提高沿线国家的矿业开发管理水平和环境保护水平，本篇建议从以下三个方面深化技术交流与创新：

首先，提供基础地质调查与信息服务，支持沿线国家的资源勘查。为了推进"一带一路"矿业合作，我国需要加强与沿线国家的基础地质调查和信息共享，为资源勘查提供科学依据和技术支持。我国在基础地质调查方面具有丰富的经验和优势，为了更好地支持国内企业开展境外矿产资源的勘查开发，可以建立境外矿业协调机制，提供全面的保障服务，包括基础地质调查与信息服务、风险监测预警、资源外交等，覆盖整个矿业产业链。我国还可以通过开展多边或双边合作项目，帮助沿线国家提高基础地质数据的质量和覆盖率，建立统一的标准和规范，促进区域地质信息互联互通。

其次，加强技术培训和人才培养，提高沿线国家的开发管理水平。矿业合作不仅是资源利用的合作，还是技术和人才的交流。我国应该积极开展技术培训和人才培养项目，传授先进的勘查开发技术、管理理念、环境保护措施等知识和经验。我国可以通过建立矿业合作专项基金、设立奖学金或助学金、增加留学生名额等方式，支持沿线国家矿业教育事业的发展，培养更多具有国际视野和专业能力的矿业人才。我国还可以通过组织研讨会、论坛、展览会等活动，增进与沿线国家在矿业领域的政策对话、经验交流、文化互鉴。

最后，推动技术创新和转化，引领沿线国家的绿色低碳发展。矿业合作要符

合可持续发展理念，在保障资源安全供应的同时，也要注重环境保护和社会责任。我国应该加强与沿线国家在绿色低碳技术方面的创新合作，可以利用自身在清洁能源、节能减排、循环利用等领域的优势，在"一带一路"沿线建设示范工程或试点项目，推广先进适用的技术解决方案。我国还可以通过设立专项资金或搭建平台机制等方式，鼓励企业间或院校间进行科技创新与转化合作，在"一带一路"区域形成以中国为引领的绿色低碳产业链。

第四篇

# 中国与 "一带一路" 沿线国家清洁电力行业合作的案例

## 【导论】

自 2013 年习近平总书记提出"一带一路"倡议以来,中国的对外贸易和沿线国家的经济发展迎来了新的机遇。"一带一路"倡议不仅使中国国内的经济市场更加活跃,而且为周边国家的经济发展注入活力;不仅推动中国市场经济改革,还为国际经济秩序健康发展添砖加瓦。"一带一路"倡议是建设高水平开放型经济新体系中的一种全新的空间开放观,在国际产业双向合作的背景下,"一带一路"倡议为中国带来重塑全球价值链治理体系和增强国际竞争力的重大战略机遇。此外,中国与"一带一路"沿线国家的经济发展具有良好的协调性,产业互补性强、合作前景广阔,"一带一路"倡议也将给沿线国家的产业发展注入全新的能量,因此越来越多国家认同"一带一路"倡议。

电力行业属于我国发展较为成熟且较早走出国门的行业,"一带一路"背景下中国电力行业开拓了许多新的对外投资项目,建设了许多优秀的对外投资项目。同时电力发电站投资金额大、项目周期长、对外投资风险高,本篇对电力行业的部分案例进行分析,以总结经验、减少电力发电行业对外投资过程中的风险损失。

# 1 中国清洁电力行业对外投资案例分析

## 1.1 中核集团—巴基斯坦卡拉奇核电项目

### 1.1.1 项目基本情况

卡拉奇核电站位于阿拉伯海沿岸，毗邻巴基斯坦卡拉奇市，与巴基斯坦首都伊斯兰堡相距约900公里。卡拉奇核电项目总金额为96亿美元，其中中方提供贷款金额达65亿美元，项目最终实现220万千瓦发电能力。

核电是技术密集型的高新战略产业，是国家综合实力和核心竞争力的重要体现。作为中国自主研发、具有完全自主知识产权的第三代核电技术，"华龙一号"成为中国创新的一张新名片。"华龙一号"在巴基斯坦顺利建成投产，向世界展示了中国核电方案的成熟性和先进性。卡拉奇2、3号发电机组构成了巴基斯坦目前规模最大的核电站，是巴基斯坦首个单机组达百万千瓦级电力的工程。卡拉奇2、3号发电机组全部投产后，每年将为当地提供近200亿千瓦时清洁电力，能够满足当地200万人口的年度生产和生活用电需求。相当于每年减少624万吨标准煤消耗，减少1 632万吨二氧化碳排放，相当于种植1.4亿棵树，这对于巴基斯坦优化能源结构、推动实现全球碳达峰碳中和目标具有重要意义。

卡拉奇2、3号发电机组由中核集团全资子公司——中国中原对外工程有限公司负责建设，其中2号发电机组已经在2021年5月投入实际应用，3号发电机组则在2022年4月完工，并成功通过检验，最终在2023年2月移交给巴基斯坦方。

### 1.1.2 项目主要经验

1. 防患于未然，进行核安全培训和管理

在核电站的建设和运营过程中，核安全生产十分重要，核安全无小事，尤其是海外核电站。卡拉奇核电项目的实践过程证明核安全的重要性不可低估，卡拉奇核电项目贯彻"任何事故都是可能发生的，一切事故都是可以预防的"安全理念，严格遵守现行的安全生产法律法规标准，项目还特别编制了重大危险源和重大安全风险控制措施，以确保核电项目顺利安全平稳实施。项目根据"圈地式管理、人盯人防范"的管理措施和考核手段，严格执行"无差别"管理，严格落实施工负责人、技术人员、班组长、安全员等各级人员对项目建设的管理责任，真正实现协作队伍的班组化、标准化。

2. 依托现代化网络信息处理技术搭建物流协调管理平台

由于巴基斯坦当地物资匮乏，卡拉奇核电站建设的大多数材料都需要从国内采购。从国内采购物资的运输周期长达四个月，严重制约和影响项目的建设。为确保卡拉奇核电项目顺利建设并在合同期内完成，卡拉奇核电项目成立了一个特别专项攻关组，利用先进的现代化网络信息处理技术，建设一个卡拉奇核电站项目物资采购和海运物流协调管理平台，平台涵盖物资运输的全过程、全环节、全信息：从物资需求的统计规划，到安排国内的采购周期、国内码头集港、报关、海运、国外码头卸货、清关以及国外陆运等物资采购环节。物资采购和海运物流协调管理平台将项目物资的所有信息进行整合，从而方便项目管理人员对所需物资进行合理、及时、准确的安排，实现项目物资运输过程透明化管理，极大地提高了项目的管理效率。

## 1.2　中国电建—老挝南欧江水电项目

### 1.2.1　项目基本情况

南欧江发源于中国云南与老挝丰沙里接壤地区，是湄公河左岸老挝境内最大支流，全流域面积达 2.56 万平方公里，总长度为 475 千米，自然落差达 430 米，拥有极其丰富的水能资源，是老挝政府极力推进开发的水能资源基地之一。南欧江水电站在南欧江流域规划七个梯级水电站，分两期开发，总装机容量达 127.2 万千瓦。其中一期项目为二、五、六级电站，总装机量为 54 万千瓦，已于 2016 年 4 月全部发电；二期项目为一、三、四、七级电站，总装机量为 73.2 万千瓦，已于 2021 年全部投产。

老挝南欧江水电项目是"一带一路"倡议下实施"澜湄合作"的重点项目，也是中资企业"走出去"背景下首个全流域水电开发项目。项目采用 BOT 模式进行开发建造，是中国电建集团集规划设计、投资建设和运营管理于一体的全生命周期、全产业链项目。项目总装机容量占目前老挝全国电力总装机的 40%，年平均发电量高达 50 亿度，对老挝打造"东南亚蓄电池"、改善老挝北部民生具有重要意义。

项目总投资额达 27.35 亿美元，于 2021 年全部建设完成并进入梯级联调联运发电期，为老挝提供全国12%的电力供应。2022年7月南欧江全流域梯级水电站累计发电突破100亿千瓦时，为老挝经济社会发展提供源源不断的清洁电能支持。

**1.2.2 项目主要经验**

1. 根据项目地生态环境及环境保护法律法规提出适宜的开发方式

项目实施前中国电建按照老挝的环境保护相关法律法规及项目特许经营协议，根据可研、环评、社评等报告内容，充分识别项目物理环境影响、生物环境影响、社会环境影响、生态环境影响，建立重要环境影响因素清单，明确分级管控措施，制定实施《生态环保工作整体实施方案》。

根据南欧江流域的生态环境状况以及《生态环保工作整体实施方案》，中国电建充分利用自身的技术优势，替代高坝大库方案提出"一库七级"分两期开发的方案。该开发方案不仅能最大限度减小对当地生态环境的破坏，还能有效避免原居民的搬迁问题以及土地（尤其是耕地、林地）的淹没损失。南欧江水电项目"一库七级"分两期开发的方案实现了对水资源的合理利用，赢得了老挝政府以及社会各界的肯定和赞赏，打造了中国电力能源企业具有社会责任感的国际形象。

2. 全面推行绿色施工，坚决杜绝环境污染

南欧江水电项目将绿色发展理念融入项目开发建设的全要素、全过程，全面提升绿色施工水平。各梯级电站在前期规划中，不断优化布置方案，最大限度地保持原有树木、植被，保留稀有树种，合理避让动植物保护区。南欧江水电项目按照"生产废水零排放、生活污水达标排放、固体废弃物集中地埋式焚烧、危险废弃物安全处置、粉尘噪声达标控制"的原则，在主体工程开工前制定《环保设施标准化图册》，通过示例图规范各电站施工区域废水、污水、垃圾、粉尘、噪声等污染物处置工艺和流程，有效地解决了生活垃圾处理、有毒有害废弃物处置、污水沉淀、废水直排等问题。

项目为确保各项环保措施落地，坚持环保费用专款专用，通过年度预算、合同管理、日常监督等方式，严格督促施工单位足额投入。在南欧江三级电站砂石加工湿法生产过程中，项目利用地形地貌合理改造附近排水沟，加设潜水泵进行抽水再沉淀，通过在排水沟内设置多个平流式骨料堆积过滤池，旱季废水综合循环利用实现零排放，雨季经当地环保局监测达标后排放。南欧江一级电站在骨料破碎加工过程中，实施全封闭处理，同时采用大型除尘设备，全过程传送带增设喷淋系统，粉尘控制率达98%以上。

3. 采用"政府＋企业＋移民"的安置模式，深度开发属地资源

项目的移民补偿工作遵照老挝的移民安置标准开展，严格执行公开、公平、公正的原则，充分考虑移民安置涉及的各方。首先移民安置补偿协议需要由移民对象、村民委员会、项目所在地移民委员会、项目移民办等多方签字确认。在这个过程中，项目对移民监理进行严格审核，并经纪检监察员监督审查，最后由项目公司审批。其次引入纪检监察员监督拆迁安置补偿协议的谈判，确保安置补偿协议条款合规合理。项目最大限度上保证移民的利益，降低了引发社会冲突的风险，也降低了项目移民安置资金的管理风险和后期的审计风险。项目成功完成移民安置一万两千多人，并先后建成三十个集中移民新村。移民安置的顺利完成不仅有助于推动老挝当地经济的发展，而且有助于老挝的城市化建设。

4. 采用纯项目贷款融资隔离母公司和项目公司的风险

中国电建集团海外投资集团在海外多个 BOT 项目实践中，均已成功实现纯项目贷款融资。纯项目贷款融资即融资责任完全由 SPV（Special Purpose Vehicle，特殊目的实体，为项目实施专门设立的项目公司）承担，母公司不再提供担保，使得资金池完全封闭运行。由于项目还款来源仅限于项目未来产生的收益与项目公司自身的资产，因此隔离了母公司与项目公司的风险，大大降低了母公司担保带来的风险，从而确保了资金的安全性和可持续性。

南欧江项目就由中国电建集团旗下子公司中国电建集团海外投资集团负责融资和建设，不仅隔离风险，而且使得项目能探索更多元化的融资渠道，如基于电费收费权益按实际融资需要设立融资工具、提前回收现金流等。在项目的有效财务管理下，纯项目贷款融资既能保持项目整个生命周期现金流的稳健充足，又能使投资的沉淀资金得到充分有效的利用，极大地提升了财务的运作效率。

5. 从生态环境、经济发展和社会民生全方位进行公共信用建设

在生态环境保护方面，项目秉承"保护为先、预防为主、综合治理、损害担责"的理念，坚持执行国际环保标准，成立专门的环保水保管理委员会。保护南欧江河段的水生生物资源，减少对南欧江流域渔业发展的影响，并且多次向南欧江流域投放鱼苗、虾苗。

在促进当地经济发展方面，项目为支持移民新村及当地社会经济发展提供了8 000 余个工作岗位，累计搬迁安置移民 2 300 余户，成功安置人口 12 600 多人。同时，项目积极支持当地农业生产发展，帮助修建改造机耕道路，推广最前沿的

种植技术，助力当地农业转型成为"科技农业、设施农业"，极大地提升了当地的农业生产效率。

在社会民生方面，项目为移民新村修建了学校、医务室、卖场、码头、寺庙等公共服务的基础配套设施，积极开展社会帮扶和社会救助活动，实现移民"搬得出、稳得住、能发展"的目标，以满足移民需求为出发点，获得当地民众的广泛认可和一致好评。

## 1.3 中国电建—越南油汀光伏项目

### 1.3.1 项目基本情况

越南油汀光伏项目位于越南西宁省，处在南部最大湖区油汀水库的丰浸没区水域。项目由三期项目组成，总装机量为 500 兆瓦，占地 580 公顷。越南油汀太阳能发电系统已成为越南乃至东南亚地区当前装机规模最大的太阳能发电组，也是全球最大的半浸没式光伏项目。同时，该项目也是"一带一路"倡议下中国企业在海外签约的最大的光伏项目 EPC 合同，标志着越南乃至东南亚地区光伏装机规模的历史性突破，对于中国电力企业拓展越南清洁能源市场、越南实现能源结构调整与推动东南亚地区新能源市场发展更是具有里程碑意义。

项目由越南当地的春桥公司和泰国投资人 B. GRIMM 电力公司共同开发，中国电建通过国际竞标以 EPC + F 的合作模式签约项目，并委托华东勘测设计研究院负责项目的建设。

越南油汀光伏电站项目于 2019 年 6 月竣工，截至 2021 年 10 月项目累计发电量达 18.85 亿千瓦时。越南油汀光伏电站能够改善越南乃至缅甸长期电力供应不足的问题，实现越南电力的绿色清洁发展。同时越南油汀光伏电站的独特之处在于采用了半浸没式建造结构，有效节约了大量可耕地面积。越南油汀光伏电站已经成为中国企业向境外推广光伏新技术、新产品的标杆项目，对于越南的光伏产业发展和电力市场建设具有重要意义。

### 1.3.2 项目投资国情况

越南位于中南半岛东部，与中国接壤。越南自 1986 年革新开放以来经济发展取得显著进步，并且基本形成了多元化的、以国有企业为主导的经济发展结构。近年来，越南的对外开放不断深入，对外贸易的活跃度越来越高，目前越南已与

150多个国家和地区建立了良好的贸易伙伴关系。在对外贸易中,越南的制造业取得了飞跃式的发展,越南成为近年来亚洲增长最快的经济体之一。越南快速的工业发展使得本国的电力供需矛盾愈发突出,电力结构亟待转型升级。

越南拥有丰富的化石能源,原油开采规模排名世界第36位,石油出口在东南亚排名第4位。但随着越南经济的快速发展,本国的内部能源消耗远远超过了化石能源供应量,近年来,越南已从能源净出口国成为能源净进口国,一次能源对外依存度较高。但同时越南的水能、风能、太阳能资源丰富,清洁电力尤其是太阳能、风能具有发展潜力。

越南的风电发电潜力巨大,风能资源理论蕴藏量高达20.99亿千瓦。同时越南拥有3 000千米长的海岸线,沿海地区风能资源较为丰富,部分地区年均风速超过8.0米/秒。同时越南位于热带地区,具有丰富稳定的太阳能资源。越南平均年日照时间达1 200~1 900小时,光电潜力大。越南水电资源技术可开发容量约3 100万千瓦,可开发水力资源主要集中在红河流域和湄公河流域,但目前越南大中型水电资源已基本开发完毕。

面对本国增长的电力需求和电力结构转型压力,越南政府对电力发展进行多次规划调整。根据2021年10月越南工贸部提交的PDP8草案,越南的电力总装机容量预计在2030年达到146吉瓦,在2045年电力总装机容量将超过352吉瓦。其中2030年可再生能源(含水电)发电占比将增加至31.5%,到2045年将进一步增加至36.3%以上,太阳能、风能发电的占比预计在2030年增加至11%,并于2045年增加至27.2%。

### 1.3.3 项目主要经验

**1. 深度整合项目环节,发挥产业链一体化优势**

越南油汀光伏项目规模体量巨大,总占地面积达580公顷,光伏组件超过149万块。项目建造需要在短时间内完成,施工建造和组织管理难度大,项目建设规模大、建设难度高。为克服种种难题,越南油汀光伏项目使用数字信息技术进行高效管理经营,联合国内外优秀清洁能源企业保障项目供应。项目采用中国资金、中国总承包商、中国标准以及中国设备,通过引入中国的设备、技术、管理、质量控制等,发挥产业链一体化优势,成功完成项目建设。

项目克服浸没区最高2.4米水深,完成了2 000多名工作人员的调配和组织,2万吨支架、150万块电池板、20余万根桩基的采购、运输和施工,经过精心策划和有序执行，中国电建最终优质、高效地完成了各项工作，且于 2019 年 6 月提前实现了项目并网发电。

2. 强化项目质量和进度管理，坚守安全红线

越南油汀光伏项目融资模式十分复杂，项目涉及多个投资方，因此项目需要面对国际化业主和欧洲监理团队的严格标准要求和监督压力。中国电建在项目建设过程中采用先进的技术管理，对项目所有环节的资源进行整体安排，始终遵循"安全第一"的建设原则，同时注重项目的质量与进度，安全建设时长超过 210 万小时。项目为亚洲区域内能源领域取得突破性和开拓性的成就，荣获亚洲能源 2019 年优质项目奖、2020 年中国电力优质工程（境外）奖以及 2020—2021 年度中国建设工程鲁班奖（境外工程）。

## 1.4 中国电建—埃塞俄比亚阿达玛风电项目

### 1.4.1 项目基本情况

阿达玛风电站位于埃塞俄比亚的中部地区，距离首都亚的斯亚贝巴约 95 公里，项目海拔在 1 741～2 173 米之间。2009 年中国电建与埃塞俄比亚签订阿达玛风电项目的项目总承包合同，2011 年 6 月阿达玛风电站正式开工。2012 年 8 月一期项目试运合格并投入运行，同年 10 月签订二期项目承包合同。2015 年 5 月二期项目竣工并开始发电。

阿达玛风电项目是埃塞俄比亚的第一个风电项目，也是中国和埃塞俄比亚在风电领域的第一个合作项目，成就了中国和埃塞俄比亚两国在风电领域的第一次友好交流。该项目是中国第一个风力发电整体"走出去"的风电项目，工程采用中国标准进行设计、施工和验收。阿达玛风电项目的装机规模巨大，一期装机容量 51 兆瓦，二期装机容量 153 兆瓦，两期合计 204 兆瓦。项目由中国电建和中地海外建设集团共同承建，项目建成后平均每年可提供超过 6.3 亿千瓦时的电量。

### 1.4.2 项目投资国情况

埃塞俄比亚是非洲经济增长最快的非石油经济体，埃塞俄比亚人口约 1.21 亿。[①] 截至 2020 年，埃塞俄比亚总发电量约为 4 330 MW，其中水力发电占比 92%，

---

① 数据源自 2022 年。

但电力连通率只有45%。埃塞俄比亚是人均用电量最低的国家之一，是一个严重缺电的国家。随着经济的快速发展和全球气候的日益极端多变，埃塞俄比亚的水利设施已无法满足其大规模的发电需求，电力短缺的形势十分严峻。

埃塞俄比亚位于非洲东北部，高原占全国面积的2/3，平均海拔近3 000米，素有"非洲屋脊"之称，并且该国的风电资源较为丰富，是理想的能源宝库。据有关统计数据，50米高度风速7.5~8米/秒的可装机储量18 645兆瓦，8~8.8米/秒的可装机储量4 925兆瓦，8.8米/秒以上的可装机储量2 005兆瓦，具备建设大型风电基地的条件。风电项目具有建设周期短、收益迅速的显著优势，成为埃塞俄比亚解决电力短缺、改善电力供应的首选方案。

### 1.4.3　项目主要经验

1. 采用门到门物流方式加强项目的采购物流管理

项目的关键零部件均从中国进口，包括风机、塔筒、发电机、变压器等，风力发电的零部件大多形状巨大。零部件的包装、装卸、绑扎加固、运输、进出口清关等都比较复杂，造成物流运输难度增加。而且从中国到埃塞俄比亚阿达玛的物流运输过程不仅包括国内的陆运、海运，还包括境外陆运（含第三国卸船和陆运），运输路线长，涉及运输方式多，项目管理组织面临着很大难题。阿达玛风电工程总承包项目工期一年，项目所在地风电场建设所需的配套资源匮乏，项目工期非常紧张。因此加强项目采购物流管理，抓好大件设备的运输工作，采用门到门物流方式能减少项目物资运输费用，降低项目成本风险，有效地提高项目物流运输效率，从而实现项目物资按期到货，保障项目的工期。

2. 针对风场情况确定项目工程设计，实现成本控制

在风电场建设之前，公司仔细分析了风场的风力数据，综合评估考虑气象条件、环境因素、工程项目等因素后开始规划发电机组。公司通过比较不同型号的发电设备，选择适合风场的机组安排，从而提高整个风电场的经济效益和运营效果，正确的风场选址和风电设备的机型选择成功控制了项目的风险，并降低了项目维护成本。结果表明，项目的收益较好，能满足经济财政要求。阿达玛风电项目具备良好的经济效益和稳健的项目财政，以及较强的抵御外部风险能力，在控制了项目成本的同时，取得了良好的收益。

3. 带动中国风电制造全产业链"走出去"

为了有效带动中国风电制造优势产能的出口，提升中国风电行业的国际竞争

能力，中国电建和中地海外建设集团共同负责阿达玛风电项目的建设工程。项目采用中国贷款、中国技术、中国标准和中国设备，从规划设计、土建施工、设备供货、安装调试到运行维护都由中国企业负责。阿达玛风电项目不仅带动了大规模中国风电产品的出口，累计带动中国风电机组、塔筒和电气设备的出口超过 3 亿美元，还帮助埃塞俄比亚建立和形成其民族风电工业，同时也为中国风电产业树立了优质的产业形象，使中国风电标准和技术在海外生根发芽。

# 2 中国清洁电力行业对外合作经验总结

## 2.1 创新国际业务经营模式

针对"一带一路"沿线国家清洁电力项目投资需求大、资金短缺的情况，清洁电力行业在进行对外合作时应创新国际业务模式。受大国地缘政治、种族冲突、恐怖主义等多重因素影响，许多"一带一路"沿线国家面临着复杂的外交、宗教、社会、文化、历史背景和各方面的政治挑战。同时，部分国家没有规范的电力市场，当地的法律法规、监管规范以及政策支持并不完善，"一带一路"沿线国家的电力投资和工程项目经营具有较大的困难。因此，在风险可控的前提下，对外合作项目可以探索和优化海外工程项目建设运营一体化模式，从而稳步推进装备制造企业在海外设厂、投资并购海外企业、构建售后服务网络。

## 2.2 鼓励电力企业以合作姿态对外投资

中国电力企业应努力提升国际化水平，加强海外协同合作，"编队出海"以合作的姿态开展海外投资项目。在国家层面，电力企业应合作参与国际市场竞争协调机制，电力公司间应建立良好的合作关系，避免内部恶性竞争，从而维护好中国电力企业的国际品牌形象，有效应对国际市场的挑战。在行业层面，电力行业协会应当教育、督促成员企业合法合规经营，确保行业成员间的正当、有序竞争，维护电力市场的公平性和公开性，同时以行业形式积极与其他国家电力行业展开合作交流，扩大中国电力行业规范标准的国际影响力。在企业层面，鼓励民营企业与国有企业建立混合所有制企业作为海外投资平台，电力企业"编队出海"有助于充分发挥中国产业链整体优势，助力对外投资项目。

## 2.3　遵守国内和海外投资规范和法律法规

对外合作项目应高度重视海外投资过程的合规管理，完善项目的海外风险防控体系。电力企业在开展海外投资过程中应严格遵守中国和投资国的法律法规，规范开展项目审批和交易，项目的建设运营过程都应该在法律法规的框架下进行。同时，为了规避海外投资带来的经营风险，项目管理者应当仔细研究了解项目涉及的当地法规和国际规范，明确投资国法律法规的内涵，对于潜在的投资风险进行识别防范。

## 2.4　注重项目的社会责任和公共关系管理

项目运营中应注重海外社会责任管理、与利益相关方的沟通和公共关系管理，积极维护良好的企业公共形象，提升中国企业海外建设经营的口碑和国际声誉。中国电力企业应秉承"本土化"经营原则，尽可能使用属地劳动力作为项目的员工，协助解决当地劳动力就业岗位短缺的问题。加强与本土具备竞争优势的企业的联系，拓宽其市场份额。在多层次、多方面、多领域与全球非营利机构展开深入合作，共同处理项目所在国或地区面对的社会及文化问题，以期在国际清洁电力发展领域有更加深入的探索。同时，项目不仅应注重经济效益的获得，还应重视社会责任的承担，处理好和投资国当地政府、企业、民众、媒体的关系，形成良好和谐的相互信任关系，从而更加全面把握"一带一路"倡议的宗旨，推动全球可持续发展的进程。

# 3　"一带一路"背景下清洁电力行业对外合作展望

## 3.1　共生理论视角下清洁电力对外合作分析

"一带一路"倡议强调中国与沿线国家互利共赢，形成平等包容的贸易关系。这就要求各国在"一带一路"背景下突破国际产业合作的传统模式和路径时，需要构建国家间产业发展"共生体系",以包容性增长机制实现共同繁荣。中国与"一带一路"沿线国家存在广泛的共同利益,产业互补性强。共生理论为理解中国与"一带一路"沿线国家间产业合作以及分工位势,进而完善包容性的全球价值链治理体系提供了不错的理论视角。

### 3.1.1 推动中国清洁电力行业与国际接轨

当前,中国的清洁电力技术标准的国际认知度仍然较弱,削弱了中国清洁电力行业的国际竞争力。随着中国清洁电力行业加快对外合作的步伐,中国清洁电力的技术标准也随着对外投资项目走出国门,在"一带一路"沿线国家形成较高的技术标准认可度。通过在海外进行电力投资建设输出中国特色的清洁能源标准,不仅能使中国标准与国际清洁电力的技术标准接轨,还能推动中国清洁电力行业国际化、标准化,提升中国在全球能源结构调整转型中的治理能力和竞争力。

清洁电力行业对外合作项目的顺利建设与运营也提升了中国电力行业在国际上的形象,以及中国在清洁电力领域的话语权和影响力。清洁电力行业的对外合作项目大多实现了属地化运营,在规避海外投资风险的同时,也完善标准化的管理体系,从而实现项目的盈利目标和社会责任。"一带一路"倡议提出以来,清洁电力行业做了许多成功的项目,受到许多投资国的盛赞,为清洁电力行业更大范围、更深层次的对外合作创造条件。

此外,在清洁电力行业对外合作项目中,许多关键部件和设备均从中国进口,一些项目更是实现了电力行业的全产业链出口。通过与国际伙伴的深度合作,中国的清洁能源技术得到了广泛的推广,并且拉动了配套的产业链出口,比如阿达玛风电项目累计带动中国风电机组、塔筒和电气设备的出口超过 3 亿美元。并且在对外合作项目的经营中,清洁电力行业也将中国的企业管理模式和企业文化带到国际,为其他企业对外投资提供宝贵的海外项目经营经验。

### 3.1.2 帮助沿线国家建设清洁电力行业

毋庸置疑,清洁电力对外合作项目对于投资国的电力行业基础设施建设有着重要意义,缓解了投资国电力供应紧张的问题。许多对外合作项目都是投资国的重点电力工程,项目改善了投资国当地的电力能源结构,降低了当地的发电成本。

同时,对外合作也推动投资国当地电力行业的完善和发展,为投资国当地引进先进的清洁电力技术和行业标准。对外合作项目带动投资国当地电力行业规范和监管体系的建立,完善的监管法律不仅保障了海外投资项目的经营,而且为投资国当地的电力行业发展提供了健康的制度环境。

清洁电力行业的海外投资项目也成为投资国当地清洁电力产业链建设的"样本"，对外合作项目为投资国带来成套的清洁电力设施和运营模式，在项目的属地化运营中培养投资国当地的专业技术人才。通过引入海外投资项目，"一带一路"沿线国家构筑起自己的清洁电力产业链，对于沿线国家产业结构转型和经济发展具有重要作用。

## 3.2　"一带一路"沿线国家清洁电力发展趋势与合作前景

"一带一路"沿线国家的电力发展水平较低，但仍有望在未来二十年内成为全球电力需求增长最快的地区之一，特别是清洁能源的发展潜力巨大。"一带一路"沿线国家正在努力推进电网建设，以满足当今世界电力的低碳化和清洁化发展趋势，清洁电力是"一带一路"沿线国家最为关注的领域，中国在清洁电力行业的合作空间广阔。

### 3.2.1　"一带一路"沿线国家清洁电力发展趋势分析

"一带一路"沿线国家的居民使用的电力总额明显低于全球的平均水准，尤其南亚地区的使用率更是极低。2019年，"一带一路"沿线国家的居民使用的电力总额只有全球平均水平的一半，其中南亚地区的人均每年用电量仅为790千瓦时，远远低于"一带一路"沿线国家平均水平。随着"一带一路"沿线国家经济发展的加速，未来"一带一路"沿线国家的电力需求将迎来快速增长。国网能源研究院课题组预测，2019—2040年，"一带一路"沿线国家的电力需求增长率将超过全球平均水平（2.0%），其中南亚、东南亚的增长率将超过4.5%，非洲的增长率将超过4.0%，而中东欧和中亚的增长率将只有1.2%。

国网能源研究院数据显示，2019—2040年，"一带一路"沿线国家的清洁能源发电投资将大幅增加，预计新增清洁电力发电投资约1.81万亿美元，占新增发电投资的51%，这一数字远远高于传统的化石能源发电，预计2019—2040年，"一带一路"沿线国家新增清洁电力发电投资将比化石能源发电投资多37%。国网能源研究院的数据表明，这一趋势将会持续下去，为我们的能源环境带来更多的可能性。

近年来，风力发电和太阳能发电的设备技术愈发成熟，规模化生产下风电和光伏设备的价格也越来越低。而建设水利工程需要解决流域的环境保护和当地居民的转移安置问题，相比风电和光伏发电，水电项目工程更大、面对的社会影响更广，因此未来风力发电和光伏发电将替代水电成为清洁能源发展的重点领域，"一带一路"沿线国家的风力发电和光伏发电规模将大于水力发电。预计2019—2040年，"一带一路"沿线国家新增清洁电力发电的装机规模约8.8亿千瓦，其中光伏发电新增3.0亿千瓦，风力发电新增2.7亿千瓦，水力发电新增2.2亿千瓦。

### 3.2.2 "一带一路"沿线国家清洁电力对外合作前景分析

风力发电和光伏发电将是未来中国和"一带一路"沿线国家清洁电力合作的主要方向。近年来，中国的风力发电技术和光伏发电技术有了快速的发展和提高，且中国目前风电和光伏发电产业出现产能过剩情况。"一带一路"沿线国家已和中国形成良好合作关系，是风电和光伏发电产业转移过剩产能的不错投资对象。风力发电和光伏发电项目相比水力发电项目投资金额较小、项目建设周期较短、投资风险较低，适合企业适应和了解投资国电力发展状况和政策，以决定是否进一步合作。

非洲地区将是未来中国清洁电力合作的主要地区。非洲大约有14亿人口[①]，人口规模和中国相当，但超过一半的非洲居民无法使用电力，非洲居民的人均电力消耗量在全球范围内最低。但相比南亚和东南亚，非洲地区清洁能源资源丰富，拥有大量的风力资源和太阳能资源，是理想的清洁能源投资地区。同时光伏发电等清洁电力的成本随着技术的改善不断降低，非洲地区有机会越过化石燃料而直接使用清洁能源。随着非洲人口的不断增加和经济发展的不断加速，电力短缺问题也变得越来越突出，为了应对这一挑战，非洲政府正在大力投入电力行业的基础设施建设，以期在2030年前实现电力装机容量的翻倍。因此，许多非洲国家出台相关政策，如降低进口关税、增加立法等，以促进本国电力行业发展，这为中国清洁电力在非洲进行投资合作创造良好的政治环境和需求。

## 3.3 "一带一路"背景下中国清洁电力行业对外合作重点

### 3.3.1 与欧洲国家进行第三方合作

第三方市场合作是共建"一带一路"倡议的新形式，"一带一路"倡议是开放

① 数据源自2024年。

包容的发展倡议，有合作意愿的国家均可参与对外合作项目。中国和"一带一路"沿线国家的合作不只面向两国，其他第三方国家也可参与共建。中国、法国与非洲国家在第三方市场合作方面已形成典范，成功开展了一批合作项目。比如中广核欧洲能源公司、法国电力能源公司和法国依诺桑公司联手开发的纳米比亚500兆瓦太阳能及风电项目，将成为纳米比亚可持续能源发展的有力支撑，从而改善当地的环境质量。

中国和欧洲国家在清洁电力行业的对外合作是促进双方清洁能源转型的共赢之举，通过与欧洲国家在第三方合作中进行清洁电力技术等方面的交流学习，推动中欧在清洁电力行业的理解和合作，从而促进清洁电力行业的技术合作研发，一同助力全球低碳转型和绿色复苏。

### 3.3.2　非洲地区分散式光伏发电站建设

尽管近年来非洲的电网在不断完善扩建，但绝大部分的缺电地区远离城市中心，交通网络和电力基础设施不发达，想在短时间内改善这些地区的电力网络、接通公共电网十分困难。因此非洲要想实现可再生能源（SDGs）2030年全部民众通电的目标，建设分散式光伏发电站就显得尤为重要。非洲的光照辐射强度高，而且近年来光伏发电成本不断降低。分散式光伏发电站既能满足基本的生活电力需求，又能改善分散的居民区电力供给不足的状况。同时为了促进可再生能源的发展，当地政府向经济紧张的家庭提供补贴，帮助其安装离网分布式光伏。未来，光伏技术将成为非洲人民获得电力的重要手段，为他们带来更多的便利。

第五篇

# 中国与 "一带一路" 沿线国家油气能源合作的案例

## 【导论】

作为国家战略性矿产资源保障能力的重要组成部分，油气资源在"一带一路"建设中发挥着重要作用。油气资源是国家能源安全的基础，也是国家工业发展的支撑。我国与"一带一路"沿线国家在油气领域开展了广泛而深入的合作，实现了互利共赢、共同发展、共生共荣的目标。

在油气方面，"一带一路"沿线国家的油气资源丰富，沉积盆地发育使得地质条件优越，而我国对油气的需求仍处于持续上升的阶段，且拥有成熟的勘探技术与较为雄厚的资本。因此"一带一路"倡议为中国与沿线国家的油气合作提供了有利的契机，在满足双方经济利益的同时也体现出了合作的共生性、互补性与互惠性。当前，"一带一路"油气合作已成为"一带一路"倡议中的重要支点、全面分析油气合作的基础，合作的成功案例能够为我国后续与沿线国家之间油气合作迈向更深层次、更高水平、更高质量发展提供重要启示。

综上所述，本篇从共生视角分析了"一带一路"沿线国家与我国在油气能源领域的合作现状、合作成效和合作启示，旨在为我国进一步深化与"一带一路"沿线国家的能源合作提供有益参考，将"一带一路"推向互利共生的更高层面。

# 1　我国与"一带一路"沿线国家油气合作基础

## 1.1　"一带一路"沿线国家拥有丰富的油气资源，但油气资源转换率低

据国际知名咨询机构 Wood Mackenzie 数据，到 2022 年年底，"一带一路"沿线的 30 个拥有原油资源的国家，已探明可开采的原油储量总计达到 2 368.62 亿吨，占全球同类储量的 54.61%。其中，储量超过 100 亿吨的国家的原油总储量为 2 093.90 亿吨，占"一带一路"沿线国家已探明可采储量的 88.4%，显示出极高的集中度。此外，"一带一路"沿线资源国家在 2022 年年底的剩余油气资源量为 2 275.03 亿吨，占全球的 52.39%；产量达 22.72 亿吨，占世界总量的 50.3%。这些数据充分证明了"一带一路"沿线资源国家的油气资源丰富，以及其勘探开发的潜力巨大。按地区划分，石油资源主要分布在中亚、西亚、俄罗斯与中非等地。按国家划分，则是集中在沙特阿拉伯、伊朗、伊拉克、俄罗斯、科威特、阿拉伯联合酋长国 6 个国家（见图 5 – 1）。

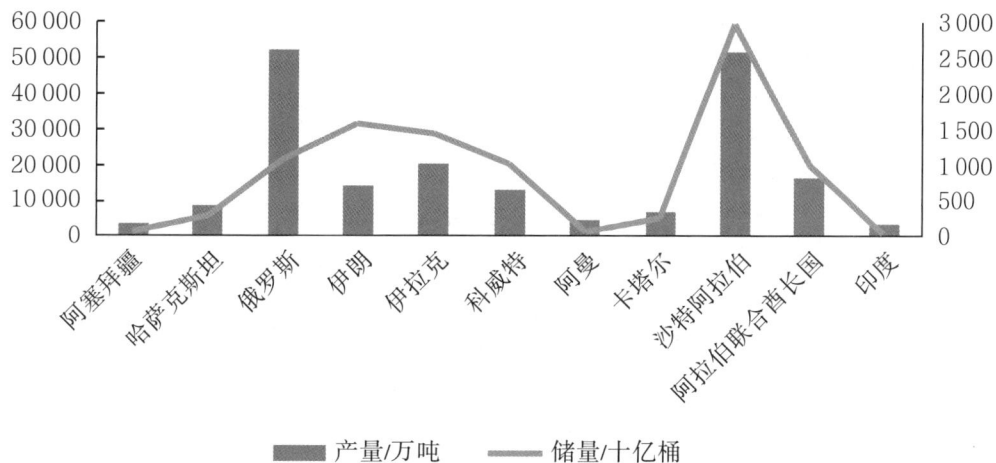

图 5 – 1　"一带一路"主要油气国的石油产量与储量

《BP 世界能源统计年鉴（2018）》的数据显示，2017 年年底，"一带一路"沿线国家和地区已探明全球 80.35% 的天然气储量，达到 150 万亿立方米。其中，世

界排名前四位的天然气探明储量国家均为我国在"一带一路"沿线能源合作伙伴，包括俄罗斯、伊朗、卡塔尔、土库曼斯坦。"一带一路"沿线国家和地区天然气产量约1.98万亿立方米，占全球总产量的53.7%。除了中国以外，产量排名前四的国家是"一带一路"沿线的俄罗斯、伊朗、卡塔尔、沙特阿拉伯（见图5-2），占世界总产量超30%。"一带一路"沿线国家和地区天然气资源虽然丰富，但是资源分布不均衡。从地区来看，西亚地区与俄罗斯的资源最为丰富，中亚主要依赖土库曼斯坦和乌兹别克斯坦两国生产天然气。图5-2显示了各个国家的潜在天然气资源储量，其中较高的是俄罗斯、伊朗、卡塔尔、土库曼斯坦、沙特阿拉伯、阿拉伯联合酋长国、伊拉克、阿塞拜疆和哈萨克斯坦。这些数据表明"一带一路"沿线国家有着丰富的油气资源，这也是我国与"一带一路"沿线国家合作的重要基础。

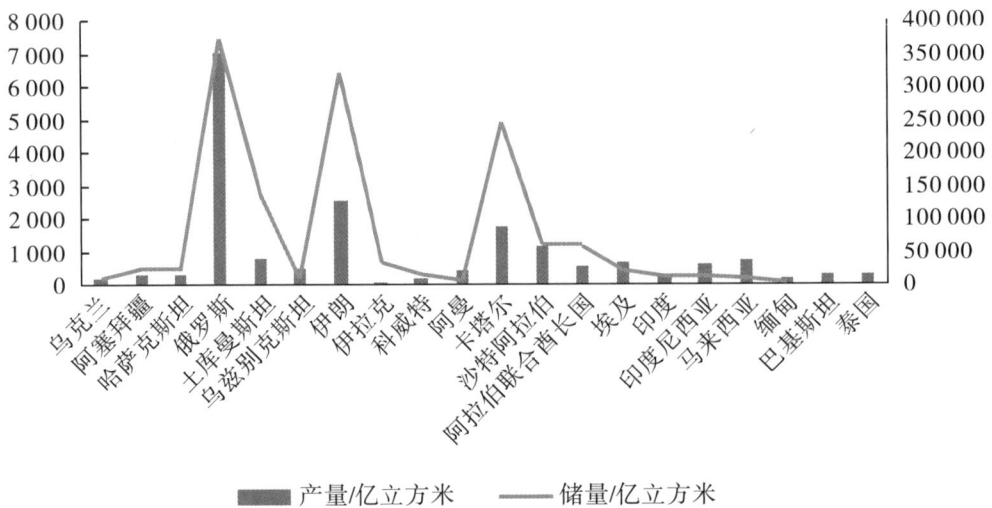

图5-2 "一带一路"主要油气国的天然气产量与储量

虽然"一带一路"沿线国家的石油、天然气产量占全球的比重过半，但是油气的利用程度较低，分别约占其已采储量的24.2%、12.3%，油气资源转换率低的主要原因可以从油气开发的基础设施建设、资金支持、国际政治等角度分析。

油气勘探与油气管道建设是投资成本高、沉没成本大、经济效益较差的项目，大部分是由国家提供资金牵头组织的，但中亚、中东与非洲地区的国家经济硬实力不足、财政赤字高、缺乏长期稳定且充足的资本用于油气的勘探开发，导致油气开发量占已探明量的比重较低，产销量也较低，因此"一带一路"沿线油气资源充沛的国家面临油气行业基础设施投资建设不足、行业集中度不高与专业化水平有限等问题。而且"一带一路"沿线国家与地区政治体制差异大，大多属于政治转型中国家，国家内政不稳定，形势复杂，政局变化性大，甚至内战与冲突频发，均不利于进行油气的勘探开发与贸易。

对于油气资源国而言，油气在国家财政中占有较高比重，也是国家财政的重要来源，但是前提是资源国需要将油气已采储量转换为产量，并寻找市场将其出售。因此通过借助"一带一路"沿线国家和地区的油气资源开发，不仅可满足这些国家建设油气基础设施的资金、技术需求，还能使油气资源国在获得资源禀赋带来的收入的同时，增加就业、提升国家经济实力。

## 1.2　我国对油气的对外依存度仍将保持高位，急需寻求与"一带一路"沿线国家进行油气合作

中国是"一带一路"倡议的发起国，也是能源消费和进口的主力（见图 5 - 3 至图 5 - 6）。2021 年，中国的石油消费量近 7.2 亿吨，比上年增长了 6.3%（见图 5 - 3），进口依存度高达 72%（见图 5 - 5）；天然气消费量约为 3 787 亿立方米，比上年增长了 12.5%（见图 5 - 4），进口依存度为 46%（见图 5 - 6）。"一带一路"沿线国家和地区是中国的主要油气进口市场，根据海关总署的数据，2021 年，中国从"一带一路"沿线国家和地区进口原油 1.18 万亿元，同比增长了 44%；进口天然气 1 854.5 亿元，同比增长了 38.9%。在原油进口来源国方面，中国有约 50 个供应国，其中前五位都是"一带一路"沿线国家，分别是沙特阿拉伯、俄罗斯、伊拉克、阿曼和安哥拉，它们占总进口量的 61%。在液化天然气进口来源国方面，中国有 27 个供应国，其中前五位是澳大利亚、美国、卡塔尔、马来西亚和印度尼西亚，其中"一带一路"沿线国家占总进口量的 50%。在管道天然气进口来源国方面，目前由于受基础设施的限制，中国只有 5 个供应国，都是"一带一路"沿线国家，其中土库曼斯坦是中国的主要供应国，2021 年进口量占总进口量的 56%，俄罗斯进口量也从 2020 年的 9% 大幅提升至 18%。

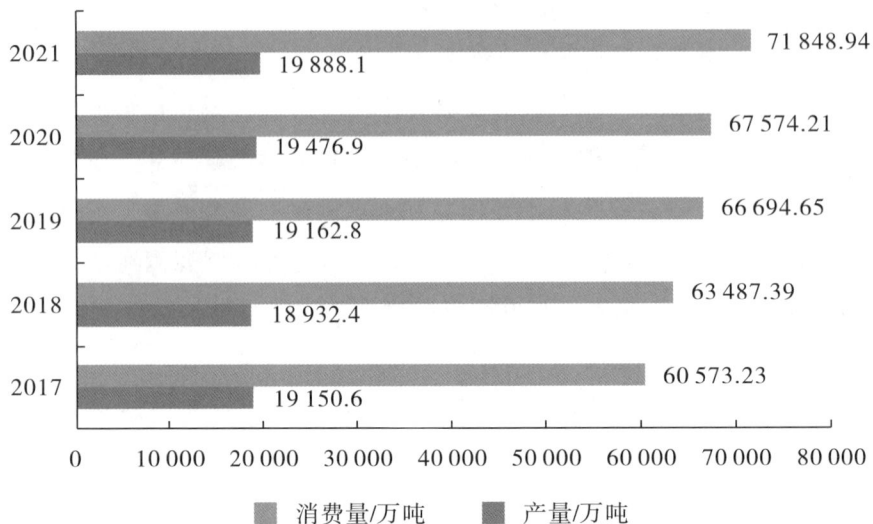

图 5 - 3　我国 2017—2021 年石油消费量与产量

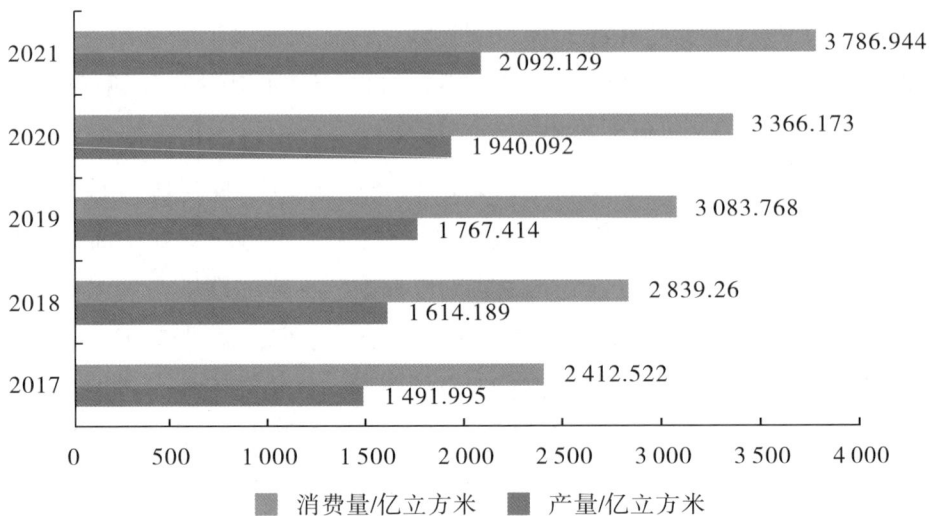

图 5 - 4　我国 2017—2021 年天然气消费量与产量

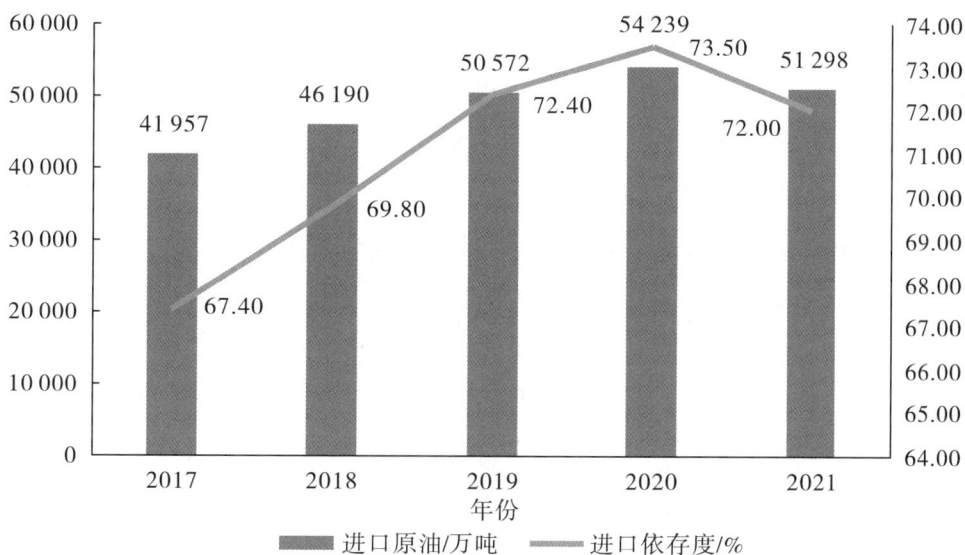

图 5-5 我国 2017—2021 年原油进口量与进口依存度

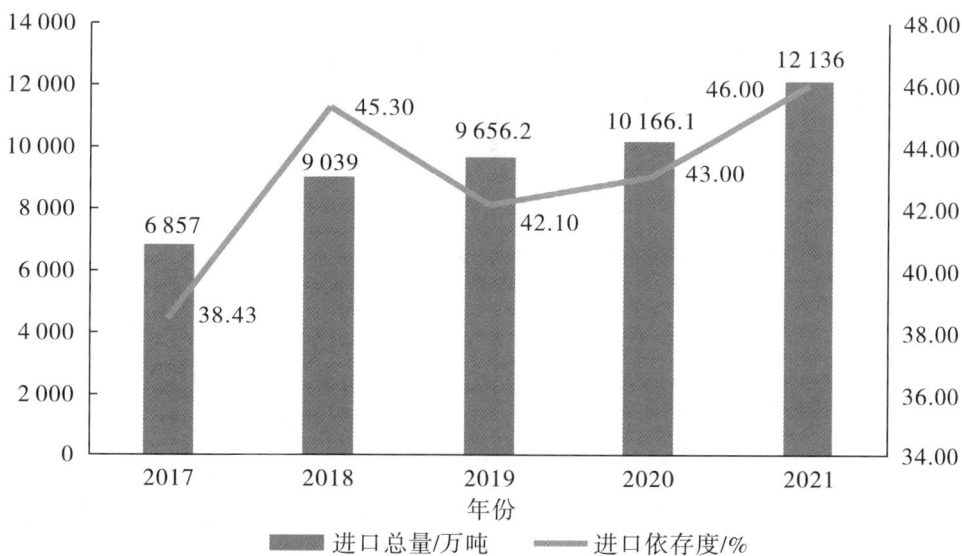

图 5-6 我国 2017—2021 年天然气进口量与进口依存度

我国积极响应"一带一路"倡议，加强与沿线国家的能源合作，提高了我国在"一带一路"区域的权益油气量。但是，我国石油的进口依存度仍处于高位，天然气的进口依存度也在不断上升，因此，中国与"一带一路"沿线国家和地区的油气合作对于缓解我国的能源压力至关重要。目前，我国海外石油权益产量占国内总产量的三分之二，海外天然气权益产量占国内总产量的三分之一。我国在

"一带一路"区域的权益油气区主要分布在中东、东亚和俄罗斯。具体到"一带一路"国家,我国的权益油产量主要来自哈萨克斯坦和伊拉克,而在"一带一路"沿线国家的权益气产量相对较少,主要来自土库曼斯坦、哈萨克斯坦和印度尼西亚。

就具体措施而言,我国主要通过鼓励企业"走出去",与"一带一路"沿线国家合作以获得权益油气资源,从而减少对进口石油与天然气的依赖。"一带一路"区域已经成为中国石油企业,尤其是石油央企的主要油气合作区域,也是海外油气产量和效益的重要贡献地。截至 2017 年年底,我国有 34 家能源企业投资海外油气项目,项目共计 210 个,在中国石油企业的海外资产、油气产量、利润和贸易量中,有一半以上份额来自"一带一路"区域。绝大多数权益油气产量还是源于三大国有的油气公司:中国石油、中国石化与中国海洋石油。中国石油天然气集团公司 2021 年海外权益油气产量达 10 139 万吨,其中 83% 产量来自"一带一路"沿线国家,并且与"一带一路"沿线国家合作勘探开发合作的项目多达 50 个,目前落地投产了一批包括亚马尔 LNG 项目、中俄东线、阿布扎比陆上和海上项目等"一带一路"沿线重点油气合作项目,将持续不断地为"一带一路"能源合作倡议注入发展动力。因此,通过加强与"一带一路"资源国的合作,推进油气领域的对外投资,既有利于本国企业参与国际油气勘探开发与油气贸易,提升企业国际竞争能力,又有利于改变以往能源合作止步于能源输出的局面,获取更为稳定的国际油气资源,满足国内对油气资源的需求。

## 2 我国与"一带一路"沿线国家油气合作现状

"一带一路"沿线国家是我国获得油气的重要渠道,也是我国海外油气合作的优先选择对象与重要合作平台。作为"一带一路"倡议的发起国和推动者,中国是消费增长、贸易流向、资本投入、技术输出、基础设施建设的主力,既有与沿线各国合作的机遇,又有多维度的风险挑战。

2021 年,中国对"一带一路"沿线国家的非金融类直接投资继续增长,达到 203 亿美元,同比增长 14.1%。美国传统基金会发布的《中国投资全球追踪》显示,2021 年我国在"一带一路"沿线国家投资的行业中,能源行业投资额最高,为 489 亿美元,占总投资额的 25%。在区域分布上,东盟、南亚和西亚是我国投资比重最大的地区。"一带一路"研究与决策支撑平台的数据表明，我国对"一带一路"沿线国家的能源投资规模有较大的波动，投资额较高的年份区间为2015年至2017年（见图5-7）。其中一部分原因是国际油价与天然气价格在2014年维持高位后，于2015年开始快速下降，直至2017年后才回升，表明我国油气投资与国际能源价格负相关，"一带一路"能源合作减缓了能源价格震荡带来的投资波动。此外，我国油气对外投资80%以上集中在油气上游的勘探开发，这与"一带一路"倡议中提出的"加强对油气等传统能源的勘查开发合作"相符。

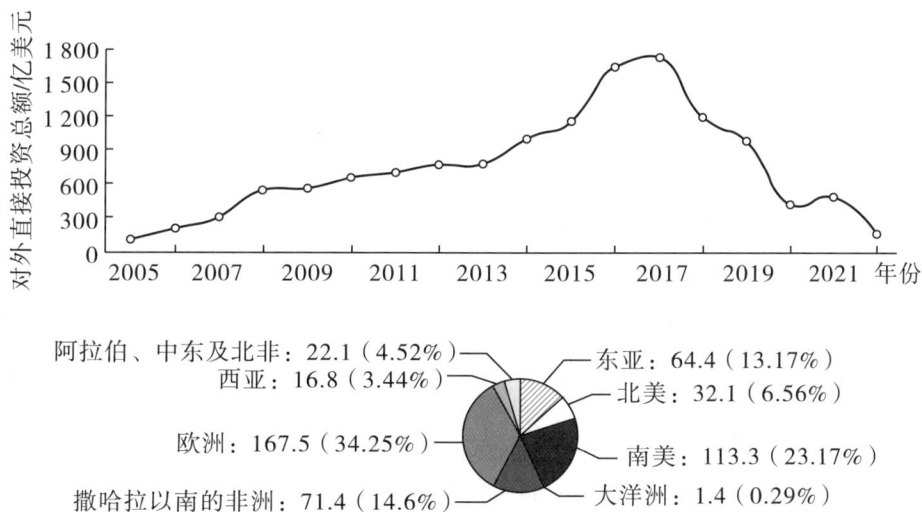

图5-7 中国能源行业对外直接投资总额年度变化趋势及投资国情况

为了获取战略性资源，我国从单一的资源贸易进口向多元化的利益模式发展，如风险勘察、股权参与和并购等，这就对资源勘探和利用技术提出了更高的要求。我国对"一带一路"沿线国家的能源投资起步较晚，而中亚、中东及非洲油气质量较高且开采条件较好的油田已被发达国家的跨国石油公司占据。剩余的油气合作区块面临开采较为复杂、含水量较高且油气产量增产潜力不足等问题，因此我国的对外油气合作有较高进入壁垒。我国的油气勘探开发技术虽然相比国际石油巨头公司有一定差异，但是也掌握了一批地球物理勘探、随钻测井等特色技术，以及一些适用于老油田的采收技术，既能对老油田进行"精细化管理"，又能推动新油田的勘探开发。

"一带一路"连接了中东—北非—俄罗斯油气资源供应国与东亚油气消费中心，原油、天然气以及成品油气管道拥有联系油气消费国与生产国的重要使命。

但油气管道的建设复杂度高、建设综合性强,当前"一带一路"沿线国家的油气基础设施建设严重不足,潜在的油气管道建设需求大。来自 Infrastructure for a Seamless Asia(2017)的数据显示,亚洲 45 国在 2016—2020 年的基础设施建设需要投资 26 万亿元,远高于世界银行和亚洲开发银行每年能提供的资金,能提供的资金远远不能满足这些国家的需求。为了解决这个问题,我国和 21 个意向创始成员国在 2014 年 10 月建立了亚洲基础设施投资银行(以下简称亚投行),注册资本为 1 000 亿美元,并且亚投行的前两笔贷款都是与能源相关的。我国又于同年出资 400 亿美元设立了丝路基金,2017 年增资 1 000 亿元,截至 2022 年年底,丝路基金投资项目遍及 60 多个国家和地区,承诺投资金额超过 200 亿美元,其中有 25% 的资本投资于能源领域。我国在油气管道建设方面有着强大的工程能力,在建设中俄原油管道、中缅油气管道和西气东输等长距离管道的过程中,积累了丰富的经验。"一带一路"油气管道建设也有利于推动中国的工程技术和服务输出。

综上所述,中国作为油气消费大国,当前以及未来的一段时间内油气对外依存度只增不减,并且我国对石油和天然气的进口大部分都来自"一带一路"沿线国家。对于"一带一路"沿线国家而言,剩余可勘探的油田开采条件不佳,缺乏充足的资金与先进技术的支持,此外,"一带一路"沿线国家能源基础设施建设不足,导致油气运输的管道支撑力不足,油气资源带来的经济收入还有较大的增长潜力。"一带一路"这一平台有助于我国通过加大与资源国的合作,获得稳定的油气资源,保障能源供应的安全性;"一带一路"沿线资源丰富国能够得到油气金融、能源装备制造与能源全产业链技术支持,为合作双方在油气开发、管道运输等合作中保驾护航。因此,与"一带一路"沿线国家一同强化油气合作能力和水平,是实现合作共赢、推动地区发展理念的重要举措。

## 3 我国与"一带一路"沿线国家油气合作案例

自"一带一路"倡议提出以来,我国能源对外合作由"被动应对"转为"主动作为",沿线国家积极参与,企业积极响应,遵循开放包容、互利共赢、市场运作的原则,构建了以政治信任为合作根本,以国有企业为合作主力,以上游协作为合作核心,以管道工程为合作纽结,以双方协作推动多方协作的发展方向和发展局势。近

100 个国家和地区与我国建立了政府间能源协作机制，30 多个能源类国际组织和多边机制与我国建立了协作关系，能源国际合作取得了积极成效。因此，"一带一路"能源合作伙伴关系是以共商、共建、共享为基本原则开展能源治理的重要平台。

"一带一路"的能源合作正朝多样化、包容化发展，合作机制正在不断推陈出新，正从松散型向紧密型转变；合作方式不断更新，主要包括贷款换石油、市场换资源、项目换项目等；合作方式由独立勘探开发逐步演变为与国际大石油公司或资源国国家石油公司协作开发、联合多家国际石油公司一起开发大型项目。我国企业借助自身的核心优势，积极推动本土化合作与创新，在海外的经营投资中取得丰厚成果。截至 2017 年年底，我国 31 家石油企业已经参与到 210 个油气项目投资中，覆盖油气全产业链，上游的合作项目占总项目的 70% 以上，中下游项目偏少（见表 5 – 1）。因此拟从上游的油气勘探、中游的通道建设中选取代表性合作项目作为成功的合作案例，分析并总结经验与不足。

表 5 – 1　我国与"一带一路"沿线国家油气合作项目

| 合作领域 | 区域 | 国家 | 合作年份 | 合作项目 |
|---|---|---|---|---|
| 上游 | 北亚 | 俄罗斯 | 2014 | 亚马尔 LNG（液化天然气） |
| | | | 2022 | 帕亚哈油气田 |
| | 中亚 | 哈萨克斯坦 | 1997 | 阿克纠宾 |
| | | | 2003 | 北布扎奇 |
| | | | 2005 | PK 石油 |
| | | | 2009 | 曼格什套 |
| | | | 2017 | 哈萨克斯坦石油化工一体化 |
| | | 土库曼斯坦 | 2007 | 中土阿姆河右岸天然气勘探开发 |
| | | | 2021 | 复兴气田（天然气） |
| | | 阿曼 | 2002 | 中石油阿曼项目 |
| | | 乌兹别克斯坦 | 2005 | 咸海气田 |
| | | | 2017 | 卡拉库利气田 |
| | 中东 | 伊拉克 | 2008 | 艾哈代布油田 |
| | | | 2009 | 哈法亚油田 |
| | | 伊朗 | 2009 | 北阿扎德干油田 |
| | | | 2017 | 南帕尔斯油气田 |
| | | 阿拉伯联合酋长国 | 2017 | 阿布扎比 ADCO 油田 |

（续上表）

| 合作领域 | 区域 | 国家 | 合作年份 | 合作项目 |
|---|---|---|---|---|
| 中游 | 北亚 | 俄罗斯 | 2010 | 中俄原油管道 |
| | 中亚 | 哈萨克斯坦 | 2004 | 中哈原油管道 |
| | | | 2017 | 哈南线天然气管道 |
| | | 土库曼斯坦 | 2008 | 中亚天然气管道 |
| | 南亚 | 巴勒斯坦 | 2015 | 中巴油气管道 |
| | 东南亚 | 缅甸 | 2010 | 中缅原油管道 |
| 下游 | 北亚 | 俄罗斯 | 2013 | 西布尔炼厂 |
| | 中亚 | 哈萨克斯坦 | 2014 | 奇姆肯特炼厂现代化改造 |
| | | | 2017 | 哈萨克斯坦石油化工一体化 |
| | | 伊朗 | 2018 | 阿布扎比原油管线 |
| | 中东 | 沙特阿拉伯 | 2012 | 延布炼厂 |

## 3.1 我国与"一带一路"沿线国家上游油气合作项目——亚马尔 LNG 项目

### 3.1.1 亚马尔 LNG 项目借"资源与资金"东风破浪行，带动中俄产能合作

从当前"一带一路"区域内我国与沿线国家形成的油气合作区来看，上游合作项目遍布北亚俄罗斯、中亚三国、中东四国、非洲三国与亚太的缅甸。其中，与我国毗邻的北亚俄罗斯地区油气资源丰富，是"一带一路"油气合作的优先级区域，也正在向"资源、供应、效益、品牌"四合一的"一带一路"核心合作区迈进。2017 年，中俄两国就打造"冰上丝绸之路"达成了共识，积极开展北极航道合作。亚马尔 LNG 项目作为其中的旗舰项目，也是全球最大的液化天然气项目之一，不仅为中俄的北极资源开发开创先河，还为中俄提供了更大的经贸合作平台，共同促进两国共建"冰上丝绸之路"。

资源禀赋是中俄能源合作的重要基础，俄罗斯的亚马尔半岛探明天然气储量占全俄 70%，亚马尔 LNG 项目有能力年产 6 000 万吨天然气，其中 54% 将输送到亚太地区。亚马尔 LNG 项目实现了从项目投资决策到第一条液化生产线投产仅用了 40 多个月的快速进程，并且第三条生产线也提前了 7 个月开始生产。2019 年，

亚马尔液化天然气项目已全部完工,三条液化生产线每年能够向中国稳定供应400万吨液化天然气,2021年6月,亚马尔液化天然气项目第四条生产线投产,目前,亚马尔液化天然气运输量成为北方航道运输之冠。

亚马尔LNG项目显现出了大型油气项目的投资引领作用,极大地推动了中国制造、中国设计与中国服务"走出去",带动了国际的产能合作。亚马尔LNG项目的天然气能源位于北极地区,开采环境较一般环境恶劣,气田开发和液化天然气工厂建设施工难度大。而俄罗斯在开采极寒地带大陆架油气所需的基础设施与技术经验不足,因此俄罗斯引入了中国制造,助力油气开采的基础设施建设。亚马尔LNG项目的主结构钢材中,中国制造占比超90%。共有45家中国企业为该项目提供设备和零件,其中包括中国石油、中国海油、宝钢和武昌船舶重工集团等。中国企业也成功掌握了LNG核心的工艺模块建造技术,承揽了85%的LNG项目模块建设和7艘LNG运输船的建造。此外,为了将液化天然气销往国际市场,俄罗斯主动邀请中国的LNG运输服务商加入海运服务,并与中远洋、招商局、中国海运和中外运等中企签订了长期租赁14艘抗冰级液化气运输船的合同。

### 3.1.2 亚马尔LNG项目稳固俄罗斯在国际能源市场的核心地位,扩展亚太市场

中俄合作的亚马尔LNG项目满足了俄罗斯北极能源战略需求,《2030年前俄罗斯能源战略》指出俄罗斯为巩固在国际能源市场上的核心地位与获取经济利益,将不留余地地发挥北极地区天然气能源潜力,融入全球能源市场一体化进程。亚马尔LNG项目不仅为中俄两国的油气勘探提供了保障,还促进了亚马尔地区的经济发展。亚马尔的萨别塔机场已于2015年2月投入运营,并开通了多条国内外航线。此外,项目所属的萨别塔港也已建成6个物资卸载泊位。

同时,俄罗斯对亚太市场尤其是中国这个能源消费大市场的增长潜力充满信心。俄罗斯之所以对开辟东方市场具有迫切性,是因为近年来不断受到欧美制裁、美国页岩气冲击能源市场以及俄乌冲突的影响。2020年6月,俄罗斯政府批准了新版《俄罗斯2035年前能源战略》,战略不仅指出要扩展能源出口的多元化,扩大亚太市场,还表明要大力发展液化天然气,保障能源的可持续发展。

### 3.1.3 亚马尔LNG项目保障我国油气资源安全,带动中国制造走出国门

中国是全球进口天然气第一大国,2021年进口天然气12 136万吨,同比增长了19.9%。俄罗斯作为重要的天然气出口国与我国的能源合作伙伴,在中国的液化天然气来源国中排名第五。随着我国对进口油气的依存度不断提高,能源进口

渠道多元化是我国缓解能源紧张的重要措施,因此北极也就成为油气进口的新方向。亚马尔 LNG 项目首批三条液化生产线建成后,每年将生产 1 650 万吨液化天然气(折合 280 亿立方米),其中近 1/4 的液化天然气将运往中国,可以有效缓解我国天然气需求增长带来的供给压力。

亚马尔 LNG 项目是我国首次走入俄罗斯油气上游领域的项目,也是我国对俄首个集上游勘探开发、管道、天然气液化、海运于一体的大型项目。俄罗斯作为我国的全面战略合作伙伴,不仅在能源合作的稳定性方面优于中东国家,还带动了中国制造业"走出去"。亚马尔 LNG 项目的建设成本达 210 亿美元,其中有价值 155 亿美元的合同是中国企业的。我国宏华钻机制造股份公司设计的北极钻机首次实现在极寒环境下工作,打破了俄罗斯、美国以及加拿大的技术垄断,中国制造也成为北极新名片。我国 LNG 项目模块产业因此项目而发展,使得中国成为国际 LNG 项目模块市场的重心,而非韩国、菲律宾和印度尼西亚。中国运输商也与亚马尔 LNG 项目签订了 28 年的 LNG 运输协议。另外,国内多家生产保冷材料和低温阀门等的厂商也积极加入了亚马尔 LNG 项目建设。总而言之,亚马尔 LNG 项目推动了我国极低温环境能源勘探和开采的发展、LNG 工厂的建设与海运涉及的多产业的技术突破与转型升级。

作为"一带一路"倡议后实施的首个海外特大型项目,亚马尔 LNG 项目有坚实的合作基础与合作经验,开展了"一带一路"合作的全新模式。我国企业第一次深入北极内部勘探能源、开发、运输与运营,提升了中俄战略合作的高度,也为"一带一路"能源合作提供了强大动力。未来,亚马尔 LNG 项目的"油气搭台、投资牵头、产能合作"的方式可以推广到中国油气企业与"一带一路"沿线国家的海外合作中。

## 3.2 我国与"一带一路"沿线国家中游油气合作项目——中哈原油管道

### 3.2.1 中哈原油管道直通油气产地与消费地,构建中哈能源安全链

"一带一路"倡议实施以来,中国不断加强与哈萨克斯坦高层交流的频率,加深政治互信与产业合作,合作目的是两国能够顺利推动"一带一路"建设,其中最重要的是建立能源合作的安全链。我国与哈萨克斯坦构建能源安全链的基础不仅

包括能源供需结构互补，还包括地缘优势与长期以来建立的战略合作伙伴关系。中哈原油管道作为能源安全链的重要载体，实现了哈萨克斯坦原油出口的多元化，带来可观的油气外汇收益，同时开拓了我国的原油进口的陆路渠道，保障了我国能源供需平衡，被称为中哈能源合作互利共赢的典范。

哈萨克斯坦油气资源富庶，是中亚油气运输至中国的重要陆上枢纽站。兴建于 2004 年的中哈原油管道是我国在中亚地区投资兴建的首条陆路跨境原油运输管道，全长超过 2 800 公里，它起点位于哈萨克斯坦的石油兼港口城市阿特劳，途经肯基亚克、库姆克尔和阿塔苏，最终止于阿拉山口至独山子输油管道首站，被誉为"丝绸之路第一管道"（见表 5 - 2）。自 2006 年 5 月中哈原油管道全线通油以来，中哈原油管道已累计安全运行超 7 000 天。中哈原油管道总体规划年输油能力为 2 000 万吨，其中超过一半的原油运往中国，截至 2022 年 5 月，中哈原油管道实现累计向中国输送原油超过 1.5 亿吨。

表 5 - 2　中哈原油管道具体情况

| 项目名称 | 所属企业与股份构成 | 管道名称 | 投产年份 | 长度/km | 运输能力/（万吨/年） | 运输费率/（美元/吨） |
|---|---|---|---|---|---|---|
| 中哈原油管道 | Kazakhstan – China Pipeline LLP；哈国油 50%、中国石油 50% | 阿特劳—肯基亚克管道 | 2003 | 448 | 1 200 | 17.93 |
| | | 肯基亚克—库姆克尔管道 | 2009 | 794 | 1 000 | 23.42 |
| | | 库姆克尔—阿塔苏管道 | — | 626 | 1 000 | 14.10 |
| | | 阿塔苏—阿拉山口管道 | 2006 | 965 | 1 000 | 24.82 |

由于中哈原油管道是一条直接沟通原油产地与消费市场的内陆管道，管道在新疆阿拉山口进入中国境内之后与我国的新疆独山子炼厂连通，因此，管道的建设不仅要考虑上游资源输出地的原油供应量，还要匹配消费低的原油消化能力。

中哈原油管道一期的规划建设旨在充分利用哈萨克斯坦中部库姆克尔油区的资源和中国新疆地区的原油加工能力，解决库姆克尔油区原油出口运输通道不畅的问题，提升新疆地区原油和成品油市场供应能力。它改变了库姆克尔油区过去只能依赖铁路运输原油的局面，提高了运输便利性，降低了成本，有效地满足了我国独山子石化、乌鲁木齐石化、玉门石化、兰州石化和四川石化等炼厂的原油加工需求，提升了中国西部地区的能源供应能力。

另外，哈萨克斯坦与我国新疆的阿拉山口、霍尔果斯接壤，因此中哈两国的能源合作尤其是管道运输方面的合作具有很强的地缘优势。中哈原油管道途经国家较少，能够减少沿线的政治风险与摩擦，并且降低运输的成本。

### 3.2.2 中哈原油管道助推哈萨克斯坦获得能源运输自主性，共促经济与产业繁荣

由于地处欧亚大陆腹地，最大内陆国哈萨克斯坦原先的油气储运主要通过过境俄罗斯地区实现，出口渠道较为单一以及出口配额油气量有限，导致了哈萨克斯坦无法将能源最大化地运往市场，不利于哈萨克斯坦的经济发展。中哈原油管道作为哈萨克斯坦唯一一条不经过第三国直达市场的油气管道，使得哈萨克斯坦获得油气运输的自主权，也实现了多元化的渠道出口。

哈萨克斯坦是中亚的能源大国，油气资源出口是哈萨克斯坦外汇收入的主要来源。中哈原油管道的建成，开辟了哈萨克斯坦原油向中国出口的战略通道，也为当地经济持续注入了新鲜血液。自2008年起，中哈原油管道的原油出口贸易额占哈萨克斯坦对中国出口贸易总额的50%以上。

中哈原油管道还以设施联通为纽带，推动中哈产业合作，促进产业结构、产业组织优化，能源通道形成的交通经济带又影响着产业布局演进。中哈两国的管道合作项目促成了哈萨克斯坦油气资源的重大基础设施及项目配套设施的建设，并且在项目的基础上延伸至下游的炼油厂合作。多年来，中国石油积极参与哈萨克斯坦油气项目的现代化改造，加速了哈萨克斯坦石油工业的现代化进程。目前，中国石油在哈萨克斯坦已从上游延伸至包括中游储运、下游炼化等在内的油气全产业链，并为当地提供了超过3万个工作岗位，本土员工率超过98%。

### 3.2.3 中哈原油管道提升我国能源供应安全性，为后续陆上管道合作提供宝贵经验

为了保障我国能源进口的多元化和稳定性，我国目前已建成7条原油进口通道，这其中包括了传统的3条海上进口通道（中东航线、非洲航线、南美航线）和4条陆地进口通道（中哈原油管道、中缅原油管道、中俄原油管道、中巴油气管道），进口能力达7 000万吨/年。在中哈原油管道等陆地进口通道建成之前，中国进口石油很大部分还是依靠海运，并且80%以上由外国船东承运。海上进口通

道除了南美航线，其他的海上石油运输线路都要经过马六甲海峡，这也就导致了我国石油进口严重依赖马六甲海峡，马六甲海峡也因此成为我国石油进口的"咽喉水道"。此外，受中东与非洲进口国政治局势长期动荡的影响，我国能源供应的安全性与稳定性受到威胁。因此，我国为了扭转进口原油通道的被动局面，积极与相邻的战略合作伙伴国合作共建陆路运输的油气管道。综上所述，中哈原油管道的建设同时实现了寻求稳定的能源供应来源和降低运输过程中的风险。

作为中国第一条跨境陆路原油管道，中哈原油管道的建设、投产和运营为后续我国其余三条原油管道的建设和运营提供了丰富而宝贵的经验，并提供了一整套成熟的管理经验。项目启动之初，由于我国是第一次跨国修建陆路管道，国内缺乏专攻这方面的人才，因此就调配了许多具有陆上管道建设及运行经验的国外管理和技术人才，或者原先参加过哈萨克斯坦管道工作的相关人员。运营方面，项目负责公司中哈管道有限责任公司是我国中石油与哈萨克斯坦国家石油运输（KTO）股份公司各参股50%设立的，合资公司能够减轻项目的政治风险并引入先进的管理体系。KTO公司是哈萨克斯坦的国有企业，熟悉哈萨克斯坦的法律政策，能在哈萨克斯坦油气法律不断变动的情况下缓解项目的政策冲击。另外，中哈管道有限责任公司充分调动中哈两国员工的积极性，建立了一套先进的管理体系——集约型一体化管理体系，以效益为中心，以保障管道本质安全为目的，追求内涵式增长模式，通过对不同体系的相似管理过程进行整合优化以及相互补充完善，给中哈管道安全管理带来积极成效，提高管理效率，实现了中哈管道本质安全和高效运行。综上分析，中哈原油管道的合资合作模式较单一地提供服务或完全跨国收购彰显出了更大的优势，并且中哈原油管道作为海外跨国管道建设人才培养摇篮，已先后为其他海外项目输送建设和管理人员。

中哈能源合作奠定了两国共建"一带一路"的基础，而"一带一路"又不断深化了两国之间的能源合作。首先，中哈原油管道深刻体现出了"一带一路"合作中蕴含的互利共赢的思想，不仅实现哈萨克斯坦的能源出口多元化，推动"能源大国"战略的实现，还扭转了我国在海上进口方面的被动局面，确保了我国西部原油加工需求以及中国原油供应平衡。其次，中哈原油管道的成功建设为我国后续开拓三条陆路原油管道提供了宝贵经验，将中国与"一带一路"沿线国家的能源合作推向了新的高度。

## 4 我国与"一带一路"沿线国家油气合作中存在的问题与经验总结

"一带一路"倡议的实施,使我国能源对外合作从"被动应对"转变为"主动作为",由单点式向协同式转变,这不仅为我国油气行业的发展开辟了新的空间,还构建了以政治互信为基础,以国有企业为主体,以上游合作为重点,以管道项目为纽带,以双边合作带动多边合作的发展思路和局面。

然而"一带一路"倡议是一项长期、复杂而艰巨的系统工程,目前,中国与"一带一路"沿线国家和地区开展深度油气合作的挑战主要源自大国之间的资源战、油气国的恶劣投资条件以及与合作伙伴之间的政治民心互信问题等。我国必须充分认识到合作面临的风险和挑战,才能更好地挖掘与沿线国家合作的潜力,实现彼此的互利共赢,共建油气共同体。

### 4.1 大国间地缘博弈加剧,需积极建立多边机制实现多边发展

"一带一路"沿线的中亚、中东、北非地区具有优越的战略区位、丰富的油气资源,一直以来都是美国、日本和欧盟等大国或组织地缘政治博弈的热点地区,这给中国"一带一路"倡议的推行造成了一定的阻力。美国地区计划实施"新丝绸之路计划"以整合中亚地区的经贸网络,推动《跨太平洋战略经济伙伴关系协定》(TPP)谈判,借此打开亚太市场围堵中国。欧盟着眼于通过"全球门户"战略对抗"一带一路"倡议,战略指出到2027年为欧盟以外基础设施项目投资高达3 000亿欧元。日本于2015年指出要提供1 000亿美元的基建基金用于亚洲国家的基础设施建设,此举意在与我国的亚投行展开投资主导权之争,从而争夺对"一带一路"沿线国家基础建设的优先权。

为此,我国应关注"一带一路"沿线国家参与的其余组织,积极与其余组织建立多边合作机制,实现多国共赢,避免陷入"单边主义"的陷阱。例如,俄罗斯于2015年启动的欧亚经济联盟中的成员国均是与我国共建"一带一路"的重要

伙伴。若与欧亚经济联盟恶性竞争只会使得双方成员国利益受损，因此我国积极与欧亚经济联盟建设对接合作，并于2017年10月首次达成双方的经贸制度合作安排。目前我国与联盟的经贸合作不断深化，联盟对我国出口油气等能源，我国向联盟出口机械设备、交通工具、纺织品和鞋类产品，并且双方的相互投资额增幅明显，"一带一路"建设与该联盟的合作对接取得重大成就。在能源合作方面，我国应加强与国际能源组织的合作，完善区域能源合作机制，建立"一带一路"多边能源合作模式与信息交流平台，以发挥中国在"一带一路"能源合作中的重要作用。

## 4.2　部分合作项目投资风险高，需借助多方金融主体力量保障投资活动平稳进行

"一带一路"沿线国家自身内部存在着不稳定因素，这也极大地影响了我国在"一带一路"沿线国家的投资环境。中亚、中东、北非等地区政治局势不稳，民族与宗教问题错综复杂，宗教极端主义、民族分裂主义势力和恐怖主义事件时有发生。近些年，中国在利比亚、伊拉克、乌克兰和叙利亚等国家所面临的投资难题和风险损失值得我们高度关注。美国企业研究所和传统基金会的数据显示，2005年至2018年，中国在"一带一路"沿线国家中成功投资的项目共有472个，而投资失败的项目共有38个，成功和失败项目的总金额分别约为274亿美元和148亿美元。这些国家政治局势的不稳定不仅增加了我国企业开展国际油气合作的难度，而且对石油公司海外项目建设的投资安全与回报产生不利的影响。并且，"一带一路"沿线国家经济发展不平衡，各国市场发育程度也极为不同。市场发育较差的国家会形成对外的隐形进入壁垒，这增加了企业投资评估的复杂性。

企业作为投资主体，要注重利用我国政府与各类金融机构在"一带一路"建设方面推出的一系列融资、保险和税收政策，通过基金投资、信贷支持、保险保障等方面深入结合，将投资风险与成本降至低点的同时提升投资效益。在融资政策方面，我国政府一直以来都注重对油气资源的融资，习近平总书记在2017年的"一带一路"高峰论坛上宣布，为支持"一带一路"的发展建设，国开行和中国进出口银行将分别提供2 500亿元和1 300亿元的专项贷款。此外，我国还将通过评审制度，强化项目现金流和风险管理，为"一带一路"的共建提供可持续、风险

可控的金融服务。除了丝路基金以外，部分金融保险机构也设立了不同类型的"一带一路"基金，用于支持"一带一路"重大项目建设。西亚、北非地区传统和非传统安全风险均较集中，为将投资风险降到最低，企业应该合理地使用各种风险保障工具。2017 年，银保监会发布了《关于保险业服务"一带一路"建设的指导意见》，提出要建立"一带一路"保险支持体系，承保范围覆盖交通、能源、电信等所有重大基础设施建设领域，为"一带一路"的贸易顺畅与安全提供服务。在税收方面，国家应带头与沿线合作伙伴进行税收政策沟通，避免双重课税。我国企业也应该深入了解相关税收政策，明确是否存在重复征税，以及各种不合理的税收税率。既要合法纳税，又要避免多交税，尽可能提高企业收益。相应地，在"一带一路"油气投资合作中，金融组织、金融机构与金融服务能够积极对接油气合作开发的项目，以及围绕油气开发的配套项目，通过产融结合推动对外油气投资合作开发。

另外，企业间形成海外投资的合力，中石油、中石化、中国海洋石油三家石油巨头国企可以强强联合或资源与经验共享，民营企业也需"走出去"，参与众多大型油气开发项目中，齐心攻破"一带一路"建设中的难题。此外，企业可以采取与跨国石油公司或资源国国家石油公司合作的方式开展油气投资，实现共赢。跨国石油公司往往在多年前就在资源地占据较大市场份额，技术与管理经验丰富，而我国在资金与成本控制方面有一定优势，与其合作能够减少在当地投资的阻碍，实现"借势发展"。与资源国国家石油公司合作对提升审批效率、加速账款回收、获取更多市场份额具有重要作用。

### 4.3 政治互信、民心互通程度不够，需要合力打造油气共同体

首先，政治互信是我国与"一带一路"沿线国家政治交往中的前提条件，也是影响中国与沿线国家能源合作的障碍之一，主要是因为较其他合作项目来说油气项目敏感程度更高，项目合作与否受到政治互信的影响更大。其次，部分国家对待中国的心理比较复杂，潜在地认为中国的崛起对自己存在威胁。最后，我国仍与部分"一带一路"沿线国家存在领土争端问题，例如我国与菲律宾、越南等东盟五国间存在南海主权之争，历史问题羁绊将不利于我国深入当地参与油气的勘探与运输方面合作。

　　因此，面对这些挑战，我们必须采取积极的对策。首先，政府间应加强往来和保持良性沟通，及时解决分歧，以此为双方的油气合作奠定基础。我国应在"一带一路"背景下，以"共商、共建、共享"的建设原则，充分地利用高层外交平台，向外阐述"一带一路"国际油气合作的宗旨与内涵，做好顶层设计，还需要利用如上海合作组织、亚洲相互协作与信任措施会议等组织，做好"一带一路"油气合作的思想工作，减轻合作国与项目当地对我国参与勘探油气的顾虑。其次，完善文化分享沟通交流机制，利用民间协会、企业商会等加强与合作国的文化、科技、教育交流，宣扬"一带一路"国际油气合作所带来的潜在经济效应与社会效应，奠定人文基础。最后，以"一带一路"建设为契机，努力在油气进出口国间打造油气合作共同体，构建互惠互利、安全可靠、长期友好的油气战略合作关系，以及进行油气合作机制的创新，建立预警机制，在共同保障中国及沿线国家的油气进口与出口安全的同时，使合作更有效率，实现互利共赢。

# II 国内区域篇

第六篇

# 福建省与 "一带一路" 沿线国家产业合作的案例

## 1 福建省在"一带一路"倡议中的重要地位

### 1.1 福建省在 "一带一路" 倡议下的产业发展

"一带一路"指"丝绸之路经济带"和"21世纪海上丝绸之路",是中国为推动经济全球化深入发展而提出的国际区域经济合作新模式。"一带一路"旨在打造政治互信、经济融合、文化包容的利益共同体、命运共同体和责任共同体,通过连接亚、欧、非三大洲,进行资源的优化配置,实现经济的相互促进,同时提高中国对外贸易的潜力以及加深中国与沿线国家的贸易往来。中国通过"一带一路"倡议的提出,加深与沿线国家的合作和贸易往来,最终达成互利共赢的"共生"局面。

2015年3月,经国务院授权,国家发展改革委、外交部、商务部发布了《推动共建丝绸之路经济带和21世纪海上丝绸之路的愿景与行动》,并支持福建省建设21世纪海上丝绸之路核心区。福建省位于中国东南沿海地区,是连接台湾海峡东西岸和途经太平洋西岸航线的重要通道,也是著名的古代海上丝绸之路起点。同时,福建省作为广大侨胞的主要祖籍地之一,具有文化底蕴深厚、地理位置独特、海洋经济发达、资源丰富等优点。除此之外,福建省与东南亚国家有着悠久的经济往来历史，这种具有地理特色的文化优势和长期形成的对外开放合作形式是福建省作为建设 21 世纪海上丝绸之路重点区域的重要因素。因此，福建省被确立为建设 21 世纪海上丝绸之路核心区。

《福建省 21 世纪海上丝绸之路核心区建设方案》提出，海上丝绸之路核心区的建设将以泉州市为 21 世纪海上丝绸之路先行区，以福州、厦门、平潭等港口城市为海上合作战略支点，以三明、南平、龙岩等城市为海上丝绸之路腹地拓展的重要支撑，形成整体参与和引领国际合作的新优势。同时，以东盟国家为重点，积极拓展与东南亚、南亚、西亚、中亚、东北非等地区的经贸合作和人文交流，并将合作与交流延伸到欧洲、北美、东亚等地区，努力构建福建省全方位对外开放新格局。随着各种建设方案的提出，福建省与"海上丝绸之路"国家的贸易与合作逐渐增多、合作关系逐渐加深，同时各国之间的政策沟通也在不断深化，双多边的贸易与合作使得福建省与沿线国家都得到了较好的经济发展。

福建省近几年对外贸易的程度不断加深，其中与"一带一路"沿线国家的贸易量也在稳步增长。由表 6-1 可知，2022 年福建省的贸易总额为 1.98 万亿元，其中对"一带一路"沿线国家进出口额为 7 337.3 亿元，对东盟进出口额为 4 226.6 亿元。近几年，福建省与"一带一路"国家的贸易额在对外贸易总额的占比由 2017 年的 30.7% 上升到了 2022 年的 37.1%，对东盟进出口额在对外贸易总额的占比由 2017 年的 54% 上升到了 2022 年的 57.6%。

表 6-1　2017—2022 年福建省进出口总额

| 年份 | 货物进出口额/万亿元 | 对"一带一路"沿线国家进出口额/亿元 | 占比/% | 对东盟进出口额/亿元 | 占比/% |
|---|---|---|---|---|---|
| 2017 | 1.16 | 3 565.4 | 30.7 | 1 925 | 54 |
| 2018 | 1.24 | 3 947.2 | 31.8 | 2 136.75 | 54.1 |
| 2019 | 1.33 | 4 551 | 34.2 | 2 485.7 | 54.6 |
| 2020 | 1.41 | 4 881.9 | 34.6 | 2 831.1 | 58 |
| 2021 | 1.84 | 6 646 | 36.1 | 3 753.9 | 56.5 |
| 2022 | 1.98 | 7 337.3 | 37.1 | 4 226.6 | 57.6 |

数据来源：中华人民共和国福州海关官网，由作者整理所得。

由表 6-2 数据可知，2021 年福建省对亚洲和美洲国家进出口总额较大，对欧洲国家相对较少，其中福建省对美国、日本、马来西亚及拉丁美洲和非洲的进出口额较多，分别为 3 541 647.4 万美元、1 321 261.8 万美元、1 240 181.8 万美元和 3 865 246.5 万美元。由于福建省与东盟商品交易的互补性较高、依存度高、地缘相近并且人缘相亲，再加上东盟各国也积极响应共建 21 世纪海上丝绸之路的各类政策，这使得福建省与东盟的经贸交流与合作更加密切。目前，东盟已超过欧盟与美国成为福建省第一大进口来源地和出口地，表 6－2 中菲律宾、马来西亚、泰国和新加坡都是东盟国家，与福建省的进出口贸易金额也十分可观。

表 6－2 2021 年福建省按主要国家（地区）分类进出口商品贸易额

单位：万美元

| 国家（地区） | 出口总额 | 进口总额 |
| --- | --- | --- |
| 日本 | 816 711.6 | 504 550.2 |
| 菲律宾 | 1 043 314.0 | 132 928.6 |
| 泰国 | 470 215.5 | 186 874.6 |
| 马来西亚 | 825 373.0 | 414 808.8 |
| 新加坡 | 203 080.6 | 104 119.6 |
| 阿拉伯联合酋长国 | 195 154.9 | 80 623.0 |
| 德国 | 654 245.2 | 209 207.9 |
| 法国 | 186 034.2 | 105 959.0 |
| 意大利 | 177 037.1 | 57 241.0 |
| 芬兰 | 15 940.3 | 19 065.4 |
| 英国 | 743 062.8 | 54 842.7 |
| 丹麦 | 50 954.9 | 9 878.6 |
| 瑞典 | 54 509.8 | 13 570.7 |
| 瑞士 | 16 271.0 | 241 391.8 |
| 西班牙 | 249 049.2 | 50 653.9 |
| 加拿大 | 376 290.7 | 355 944.2 |
| 美国 | 2 892 551.2 | 649 096.2 |
| 澳大利亚 | 345 288.5 | 1 257 856.9 |
| 拉丁美洲和非洲 | 1 678 470.3 | 2 186 776.2 |

数据来源：《福建统计年鉴 2021》和《福建统计年鉴 2022》，由作者整理所得。

除此之外，福建省在"一带一路"倡议下的"引进来"规模和范围也在逐渐扩大。2021 年，福建省外商投资企业在增加了 508 家后，共达到了 2 742 家；实际使用外资总量为 369.1 亿元，比上期上涨了 6.1%，且比 2019 年上涨了 17%。其中，高技术产业吸引外资同比增长了59.1%，服务业吸引外资同比增长了27.5%。而在东盟地区的侨商努力下，东盟对福建省的实际投资提高约42.3%。除此之外，福建省自贸试验区重点创新平台的建成也大大增加了外资和外资企业的进入。到2021年，该平台外资企业共增加4 800多家，占全省累计外资企业的28.3%；签订的外资合同共364.8亿美元，占全省外资合同的35.1%，进一步为物联网和高新技术等产业提供了广阔的成长空间。由表6-3可得，2021年外商对福建省直接投资合同金额为1 669 898万美元，其中外商对批发和零售餐饮业、工业及其他服务业投资合同金额占比较大；且可以看出近几年的外商直接投资合同金额除了2020年有所下降之外，其他年份均呈现出上涨的趋势。从表6-4和表6-5可看出，在列出的国家中外商对福建省的直接投资合同数虽然大多有所减少，但是外商直接投资合同金额有较大的提高，其中，亚洲和北美洲对福建省外商投资合同数与金额较多。这可能与福建省经济高质量发展，资本密集型和技术密集型产业开始蓬勃发展并对外输出，由此吸引了较多外资投入有关，外资的投入同时促进了福建省各行业"走出去"与"引进来"战略的发展，扩大了产业贸易和生产范围，使福建省各行业实现了自身的产业链突破。

表6-3　各行业外商直接投资合同金额　　　　　　　单位：万美元

| 行业 | 2018 年 | 2019 年 | 2020 年 | 2021 年 |
|---|---|---|---|---|
| 农业 | 52 312 | 22 265 | 85 889 | 23 034 |
| 工业 | 492 241 | 310 031 | 241 623 | 191 922 |
| 建筑业 | 33 099 | 4 758 | 9 272 | 58 611 |
| 交通运输仓储及邮电通信业 | 25 668 | 17 487 | 44 789 | 845 |
| 批发和零售餐饮业 | 211 578 | 348 630 | 239 634 | 207 068 |
| 其他服务业 | 776 916 | 902 227 | 713 882 | 1 188 418 |
| 总计 | 1 591 814 | 1 605 398 | 1 335 089 | 1 669 898 |

数据来源：《福建统计年鉴2021》和《福建统计年鉴2022》，由作者整理所得。

表6-4　各国家（地区）外商直接投资合同数　　　　　　单位：份

| 国家（地区） | 2015 年 | 2020 年 | 2021 年 |
|---|---|---|---|
| 日本 | 21 | 16 | 11 |
| 菲律宾 | 7 | 4 | 6 |
| 泰国 | 2 | 4 | 1 |

**(续上表)**

| 国家（地区） | 2015 年 | 2020 年 | 2021 年 |
|---|---|---|---|
| 马来西亚 | 14 | 23 | 17 |
| 新加坡 | 37 | 36 | 38 |
| 印度尼西亚 | 10 | 10 | 7 |
| 德国 | 11 | 6 | 7 |
| 法国 | 2 | 4 | 3 |
| 英国 | 13 | 7 | 11 |
| 加拿大 | 10 | 16 | 22 |
| 美国 | 52 | 36 | 44 |
| 澳大利亚 | 27 | 15 | 7 |

数据来源：《福建统计年鉴 2021》和《福建统计年鉴 2022》，由作者整理所得。

表 6-5　各国家（地区）外商直接投资合同金额　　　　　单位：万美元

| 国家（地区） | 2015 年 | 2020 年 | 2021 年 |
|---|---|---|---|
| 日本 | 4 676 | 3 027 | 7 795 |
| 菲律宾 | -421 | 2 047 | 1 635 |
| 泰国 | 53 | 9 527 | 53 |
| 马来西亚 | 6 675 | 5 130 | 23 744 |
| 新加坡 | 27 949 | 89 533 | 148 072 |
| 印度尼西亚 | 462 | 2 327 | 2 757 |
| 德国 | 1 428 | 146 | 559 |
| 法国 | 31 | 2 287 | 219 |
| 英国 | 3 246 | 14 877 | 2 246 |
| 加拿大 | 2 292 | 1 178 | 5 749 |
| 美国 | 28 221 | 10 003 | 12 242 |
| 澳大利亚 | 73 995 | 4 840 | 14 509 |

数据来源：《福建统计年鉴 2021》和《福建统计年鉴 2022》，由作者整理所得。

## 1.2　福建省参与 "一带一路" 经贸的优势与不足

### 1.2.1　主要优势

1. 历史悠久和文化相似优势

福建省是海上丝绸之路的起点和核心地区，在古代海上丝绸之路的悠长历史中，也具有重要的地位。唐代，地处江海之交、拥有优良港湾的泉州成为与扬州、广州、交州并列的南方四大贸易港之一；宋代，海上丝绸之路空前繁盛，而泉州作为海上丝绸之路的起点之一，成为世界最大的港口之一，与其往来的国家和地区达到 70 余个，海上交通畅达东、西二洋，东至日本，南通南海诸国，西达波斯、阿拉伯和东非等地。可见，福建省早在千年之前就通过海上丝绸之路与海外开始了漫长的贸易往来之路，这使得福建省在如今建设 21 世纪海上丝绸之路的政策中具有很大的对外贸易经验优势。

福建省是十分出名的侨乡，据统计，分布在世界近一两百个国家或地区的约 1 600 万闽籍侨胞，其中大部分都集中在东盟地区。闽籍侨商由于历史原因南下东南亚定居或经商，其大多经济实力雄厚且贸易技能丰富，这也使得福建籍的企业有许多入选了东盟全球 500 强华人企业。因为福建省与东盟之间地理位置毗邻且文化风俗大体相似，而且民间自发的交流范围也较广，所以福建省对外 "引进来" 和 "走出去" 都有十分方便的环境和较大的优势。因此，在世界各地经商的闽籍侨胞成为福建省与外国贸易往来的重要纽带，也为福建省成为 "海上丝绸之路" 的核心区提供了较大的文化优势。

2. 地理位置优势

福建省是中国地形最崎岖的省份之一，其最大的优势是靠海。福建省的海岸线长达 3 752 公里，并且十分曲折，这使得福建省拥有大量的天然良港，如泉州、漳州、厦门、莆田等，它们都具有十分丰厚的海洋资源。生物种类多样、海洋旅游资源得天独厚、利用天然海港进行海洋运输贸易等使福建人民靠海吃海，合理利用海洋资源优势大力发展海洋经济和海洋交通运输。福建省位于我国东南沿海，地处长三角和珠三角之间，与东盟地理距离近，是中国向东盟国家开放的重要窗口。宋元以后，特别是明清以后，随着海上交通和海外贸易的发展，大量中国人，主要是福建人、广东人下南洋，到南洋各国谋生甚至定居，形成中国与南洋割不断的历史关系，其中，福建省与东南亚诸国的历史关系尤为密切和牢固。基于临近的地理位置和相近的文化背景，福建省与东盟国家的贸易量逐渐增长，现在东盟已成为福建省对外贸易的重点区域。

3. 政策倾斜优势

2015 年发布的《推动共建丝绸之路经济带和 21 世纪海上丝绸之路的愿景与行动》支持福建省成为 21 世纪海上丝绸之路核心区，政府对福建省的政策帮扶持续不断；同年的《福建省 21 世纪海上丝绸之路核心区建设方案》也形成了一系列建设方案和发展规划；2018 年 6 月 5 日，福建省政府结合福建省的实际经济实力和国家政府的要求，提出了《福建省开展 21 世纪海上丝绸之路核心区创新驱动发展试验实施方案》。而且随着 2010 年中国—东盟自由贸易区的正式建立，福建省与东盟的交易有了更大的市场、更方便的贸易环境，福建省也迎来了更多的发展机遇。各成员国之间贸易关税的降低，极大地促进了双方经济贸易的增长和资源的交流，增强了各区域具有比较优势的产业，并加深了双方的投资和融资交流。

4. 民营企业优势

福建省民营企业是福建省拓展国际市场、深化合作交流、扩大贸易规模的重要力量，也是构建"丝绸之路经济带"的主力军。福建省作为民营企业发展的摇篮，其民营企业发展历史悠久，2013—2015 年福建省民营经济在全省 GDP 中的占比均在六成以上，并且在福建省进出口总额中占比 48.6%。自"一带一路"倡议提出后，福建省民营企业的再次快速成长和高质量发展为福建省对外贸易交流提供了强有力的经济基础支撑，民营企业也逐渐将自身经营策略从本土化策略改为"走出去"。2022 年，福建省民营企业的对外贸易额为 1.11 万亿元，占当年福建省进出口总额的 55.9%。由此可看出，民营企业长期带领福建省的外贸活动，承担了福建省至少一半的对外贸易进出口量，可见民营企业在福建省"一带一路"经济中的重要作用。

### 1.2.2 不足之处

1. 产业结构急需优化

2021 年福建省第三产业占比较低，为 47.2%，低于全国第三产业占比；而利用外资则集中在制造业上，以低端加工和组装产业为主，对技术的开发与创新能力较为不足。2021 年福建省的出口产品中，机电产品占比为 36.8%，7 类劳动密集型产品占比为 33.8%，两者占比之和为 70.6%，截至 2022 年 11 月，这两类产品出口仍约占总出口量的70%。可以看出,福建省的总出口额中机电和劳动密集型产品出口占比较大,而高新技术产品和资本密集型产品出口较少,出口产业结构较为不平衡。除此之外,福建省市场无法合理地配置资源,这导致福建省的部分传统产业产能过剩,而且战略性新兴产业在市场中的占比也较低。因此,为了能够更好地进行市场竞争,产业结构优化和改进是必不可少的。

### 2. 产业发展压力大

中国经济的快速发展使得中国社会少子化、老龄化不断加重,人口红利也不断下降。据预计,福建省将于2050年进入重度的人口老龄化阶段,这将导致社会劳动力减少、要素成本上升,从而导致产品价格上升,使得福建省国际竞争力被削弱。随着国际贸易和要素的流动增强,国际分工形式变化使得附加值低的劳动密集型产业规模在包括越南、孟加拉国、柬埔寨等在内的东南亚国家内逐渐壮大。这样一来,劳动密集型产业在国外蓬勃发展的现状使得福建省在出口产品中的竞争力被大大削弱。由于周边国家劳动密集型产业的蓬勃发展,福建省的传统产业如纺织鞋服等都将遭受较大的产业发展压力。因此,福建省面临着出口竞争和省内产业发展的双重压力。

### 3. 人才缺乏

在人才培养方面,福建省面临对外交流合作的技术型人才和研发设计等复合型人才的培育力度较为不足,使得该类人才的供给难以满足发展要求的问题。相较于高质量经济发展和成为"海上丝绸之路"核心区的要求,福建省目前的人才建设和人才供给相对不足,无法实现对高新技术的研发与突破和对核心技术的掌握,这在一定程度上制约了福建省经济高质量发展。除此之外,福建省仅两所高校上榜双一流高校,因此高水平高校数量与其在对外贸易的重要地位和高质量经济发展不匹配。而且,福建省毗邻经济发达的广东省、浙江省,一定程度上导致福建省培育的高精尖人才外流。培养高质量、高精尖人才,减少高端人才流失是福建省增强国际竞争力、实现高质量经济发展的必要举措。

## 1.3　主要成就

福建省为实现其"海上丝绸之路"核心区的建设制订了"21世纪海上丝绸之路"核心区的建设方案,大力发展运输互通、海洋经济、文化交流等经济和文化项目；推进高质量经济建设，扩大经贸合作范围，扎实推进了一系列合作项目，不断加深与"海上丝绸之路"沿线国家和地区的经济、文化交流。2021 年，东盟、美国和欧盟成了福建省的前三大贸易对象，对上述贸易伙伴的进出口额分别为3 753.9 亿元、2 288.6 亿元、2 065 亿元，分别增长 32.5%、25.5%、29.5%。同期，对"一带一路"国家的对外贸易额为 6 446 亿元，增长 31.8%，占 34.9%。自从《区域全面经济伙伴关系协定》（以下简称 RCEP）在 2022 年提出并生效后，在该协定与"一带一路"倡议的引导下，2022 年福建省进出口额为 1.98 万亿元，同期增长 7.6%；同期，福建省对东盟贸易总额为 4 226.6 亿元，上涨了 12.5%；对"一带一路"国家贸易总额为 7 337.3 亿元，上涨了 13.8%。

1. 经贸范围扩大

目前，RCEP 签署成员国共计 13 个，经贸覆盖范围约占全世界的 30%，已成为全球最大体量的贸易区。该贸易区的生效极大地促进了各成员的经济交往，更进一步推进了福建省对"一带一路"倡议的发展。厦门在 RCEP 生效后，扩宽了航线布局的范围和密度，辐射范围远至欧亚各个地区，立志成为国际交易枢纽之一。厦门港目前开通的航线已基本覆盖了"一带一路"国家，例如一共开辟了约160 条集装箱班轮航线，航线涉及国家和地区的多至 140 个港口。除此之外，阿拉伯国家也成为福建省在东盟、欧盟、美国等传统贸易伙伴之外的新兴贸易伙伴。2021 年，福建省与阿拉伯国家贸易总额为 1 100.5 亿元，同比增长 37.5%，占全省贸易额的 6%。截至 2021 年年底，福建省经备案在阿拉伯国家投资的项目累计73 个，阿拉伯国家在福建省累计投资项目 153 个。

2. 海陆运输能力跃升

福建省通过打造海路与陆路运输通道使全世界重点区域联通，实现"海上丝绸之路"和"陆上丝绸之路"的相互连接，推动福建企业的对外贸易，抓住全球产业链重构的重要机遇，以期福建省经济的高质量发展。福建省 2022 年沿海港口货物吞吐量达 7.14 亿吨，较上年上涨了 3.2%，增速较全国沿海港口平均增速约高 2 个百分点。港口逐渐变成了福建省发展海洋经济和对外贸易交流的有力支撑。截至 2022 年，"丝路海运"联盟成员超过 270 个，命名航线 94 条，中欧（中亚）班列覆盖厦门港、福州港、泉州港三个主要集装箱港口，2022 年"丝路海运"命名集装箱航线开行 2 909 艘次，吞吐量 409.55 万标箱，"海上丝绸之路""陆上丝绸之路"无缝衔接，为"一带一路"国家的经济发展提供了多元化的帮助。

目前，福建省很多地方都开通了中欧班列，如泉州、厦门等。数据显示，2021年福建省向中欧和中亚开行的班列共437列，比去年同期增长了21列，这些班列极大地推动了"一带一路"的建设并推动福建省对外贸易项目的实现。自2015年班列开通以来，目前班列已经可以通向欧亚俄地区共30多个城市；2017年8月至2022年9月，中欧建发班列已累计发运368列，运输的货物总值约70亿元。同时，在2022年从福州市出发的"闽都号"中欧班列和从泉州市出发的中欧班列进一步扩大了福建省对外贸易的辐射范围，形成连接欧亚的最终格局。

3. 产业发展和重大项目落地

房地产开发商福建建工集团有限责任公司通过专业的市场眼光和操纵，在"一带一路"沿线建成了十几个机构分支，在"一带一路"沿线地区共计建成了约3 200公里的公路，而且完成的建房项目面积约达200万平方米，目前签约的合同额已超过250亿元，其中的国际项目涉及基础设施、公用型建筑等共13个建筑范围领域。在跨境电商产业中，2021年福州跨境电商的总成交额超过了500亿元，而且自2022年以来，福州跨境电商每月的出口量屡次突破对外出口的纪录。除此之外，位于印度尼西亚的不锈钢工厂是厦门象盛镍业有限公司的重要项目之一，也是福建省在外国投资规模最大的项目，投资额高达20亿美元；越南目前最大的化纤企业是由福建百宏集团有限公司投资建成的重点项目之一；毛里塔尼亚综合基地是宏东渔业股份有限公司投资的项目，也是目前境外规模最大的渔业基地；中国和印度尼西亚的经济来往中，中国园区共有36个已投项目，其中，共投资50亿元到印度尼西亚海洋渔业项目。

## 2　产业分析

福建省积极推进经济高质量发展，同时以"一带一路"倡议为发展渠道，支持各企业"走出去""引进来"，并建立境外经贸园区，即不仅加大与沿线国家的贸易力度，而且通过外商投资、使用外资和建立经贸合作园、跨国建厂等方法促进福建省"走出去"和"引进来"战略的实现，以期实现福建省与"一带一路"沿线国家经济合作的双赢。截至2021年，福建省在境外设立的企业达到了三千家，并建立了十多个境外经贸合作园区，目前福建省在境外的"两国双园"项目包括了中印尼、中菲、中马、中塞"两国项目"等,通过这些项目搭建适应两国甚至多国国情的多元化、多层次、多渠道贸易促进与合作平台,通过政策、贸易、基础设施、金融、人文等一系列对接,将"引进来"与"走出去"相结合,推进双向贸易投资不断升温;通过将中方园区和海外园区相结合,助力产品和品牌"出海"拓展国际市场,推进两地海运、铁路、航空等领域合作。

由表6-6数据可知,2022年福建省的对外贸易中,纺织服装、鞋靴、家具、塑料制品等劳动密集型产品和机电产品为主要出口产品,且2018年至2022年福建省的劳动密集型产品、机电产品和农产品等传统优势出口产品出口占比约为福建省总出口额的八成。同时,资本密集型产品和高新技术产品发展前景较好、对外竞争力有较大的提升,近几年相关行业的产销值和出口交货量保持增长趋势。作为资本密集型产业的石化行业和机械装备制造业也借助"一带一路"倡议的提出展现出蓬勃的发展趋势和对外贸易局面。而作为高新技术产业的电子信息制造业在新能源、集成电路、显示器、计算机和工业软件等产品技术创新和出口上都实现了较大突破。由表6-7可看出,福建省高新技术产品出口额大致呈现增长趋势,甚至2021年的出口额比上一年增长了36.0%;高新技术产品进口额在2021年有较大的提升,比2020年增长了32.3%。而由表6-8可看出,2021年福建省的纺织鞋服类、石化产业、机械装备业、茶业和渔业等相关商品的进出口总额中,机械设备和纺织鞋服类产品出口总额较多,石化类产品和机械设备进口总额较多。

表6-6 福建省各类产品出口额及占比

| 年份 | 机电产品出口额/亿元 | 占比/% | 劳动密集型产品出口额/亿元 | 占比/% | 农产品出口额/亿元 | 占比/% |
|---|---|---|---|---|---|---|
| 2018 | 2 786.9 | 36.6 | 2 703.7 | 35.5 | 661.2 | 8.7 |
| 2019 | 3 013.6 | 36.4 | 3 071.7 | 37.1 | 696.7* | 8.4* |
| 2020 | 3 199.4 | 37.8 | 2 996.6 | 35.4 | — | — |
| 2021 | 3 985.4 | 36.8 | 3 652.5 | 33.8 | 754.7 | 7 |
| 2022 | 4 648.6 | 38.3 | 3 774.6 | 31.1 | 848.2 | 7 |

注:占比为该产品占同期福建省出口总额百分比。由于未找到同期数据,带*的数据为2019年1—10月的数据,而"—"为缺失值。

数据来源:中华人民共和国福州海关官网,由作者整理所得。

表6-7　福建省高新技术产品进出口额

| 年份 | 高新技术产品出口额/亿元 | 比上年增长/% | 高新技术产品进口额/亿元 | 比上年增长/% |
| --- | --- | --- | --- | --- |
| 2018 | 1 028.6 | 2.9 | 1 044.1 | -1.6 |
| 2019 | 979.11 | -4.8 | 763.58 | -26.9 |
| 2020 | 1 016.49 | 3.8 | 740.96 | -2.9 |
| 2021 | 1 382.6 | 36.0 | 980.62 | 32.3 |

数据来源:《福建省国民经济和社会发展统计公报》,由作者整理所得。

表6-8　2021年福建省按类别分进出口总额

| 类别 | 出口总额/万美元 | 进口总额/万美元 |
| --- | --- | --- |
| 鱼、甲壳及软体类动物及其制品 | 773 757.2 | 102 461.1 |
| 咖啡、茶、可可、调味料及其制品 | 68 035.3 | 11 490.6 |
| 纺纱、织物、制成品及有关产品 | 973 915.9 | 155 458.5 |
| 服装及衣着附件 | 1 809 300.1 | 11 316.1 |
| 鞋靴 | 1 315 826.9 | 10 518.4 |
| 石油、石油产品及有关原料 | 8 386.7 | 1 082 269.1 |
| 化学成品及有关产品 | 1 003 681.5 | 708 345.3 |
| 橡胶制品 | 86 483.1 | 14 715.6 |
| 机械及运输设备 | 4 248 339.1 | 1 645 823.2 |

数据来源:《福建统计年鉴2022》,由作者整理所得。

因此,从近几年福建省的对外贸易的变化趋势可以看出:福建省"引进来"和"走出去"的发展开放过程是利用比较优势发展自身优势禀赋的过程。首先是大力发展和输出传统劳动密集型产业如纺织鞋服和机电产品等,以达到优化进出口贸易的初始阶段;其次是通过外资的流入引导合理发展三大主导产业(石化、电子、机械)的中期阶段;最后是大力推动高精尖技术研发并开发海洋资源优势及传统产业优势,使这些产业"走出去"建立更多的境外分支机构,以实现跨国的经贸合作,最终参与国际产业重构的最终阶段。

## 2.1 纺织鞋服产业

### 2.1.1 福建省纺织鞋服产业发展现状

纺织鞋服是福建省传统优势产业，也是福建省政府高度重视的重点产业，产业规模位居全国前列，因此省政府成立了省领导任组长的纺织鞋服产业发展工作专班，制订工作方案和行动计划，推动产业高质量发展。经过多年的发展，福建省纺织鞋服产业总体呈现出"规模大、链条全、龙头强、转型优"等优势和特点。福建省现代纺织服装产业以形成品牌效应为发展目标，并向高附加值的产业模式推进，目前已形成原料、制造、纺织鞋服生产等上中下游全覆盖的、完善的、极具竞争优势的产业链，成为福建省规模超过万亿元的传统优势产业之一。2021年，《福建省国民经济和社会发展第十四个五年规划和二〇三五年远景目标纲要》将现代纺织服装业、电子信息与先进装备制造业、石油化工业等福建省三大产业并列作为建设先进制造业强省的制造业主导产业，并提出要大力推动现代纺织服装业的高附加值路径发展，持续扩大上游的生产范围覆盖，促进中下游产业的高质量发展。

受益于海外需求复苏、订单回流等原因和RCEP生效带来的政策红利，疫情带来的负向贸易影响大大减小，2021—2022年福建省纺织鞋服类产品出口呈现增长趋势。据福州海关统计数据，福建省2021年鞋类产品共出口24.9亿双，价值797.7亿元，比同期分别上涨22.6%、26.3%，较2019年分别增长3.5%、2.9%。2021年福建省纺织鞋服业共创造产值11 661亿元，同比增长8.8%，其中纺织服装产业营业收入8 144亿元，增长9.2%；制鞋业营业收入3 517亿元，增长7.9%。从产业链上游来看，化纤产业实现营收1 737亿元，增长12.7%；民营企业带动作用更加突出，2021年鞋类出口额为591亿元，同期增长了31.2%，对福建省出口增长的促进率高达84.6%。对外的出口国家和地区中，东盟和欧美国家为主要出口对象，出口额分别增长4.7%和68.5%。除此之外，与新兴市场的交易也颇有成果，如对俄罗斯的出口额增长39.2%，对智利的出口额增长43.6%，对南非的出口额增长34.7%。据统计数据，2022年1—7月福建省纺织服装出口总额为158.44亿美元，比同期上升9.25%，其中纺织品出口63.85亿美元，同比增长14.18%；服装出口94.59亿美元，同比增长6.16%，增速较年初分别下降

29.76%、11.04%、40.28%。[①]

由表 6-9 中的出口国家和地区市场数据分析，2022 年 1—7 月，福建省纺织品服装中纺织品出口前 5 的国家为越南、菲律宾、尼日利亚、巴基斯坦和美国，出口金额分别为 11.65 亿美元、9.90 亿美元、3.80 亿美元、3.66 亿美元和 3.35 亿美元；服装出口前 5 的国家和地区为美国、菲律宾、中国台湾、德国和希腊，出口金额分别为 12.71 亿美元、11.72 亿美元、4.31 亿美元、4.30 亿美元和 4.15 亿美元。同期，纺织品服装出口前 20 的国家和地区中，RCEP 协议国占比较大。2022 年是 RCEP 协议正式生效的首年，从出口前 20 的国家和地区的数据看，福建省纺织品服装对 RCEP 协议国出口金额为 51.99 亿美元，约占福建省纺织品服装出口额的 32.81%，其中，纺织品对协议国出口 34.48 亿美元，服装对协议国出口 17.51 亿美元。2022 年 1—7 月福建省纺织品出口增长较大的前 5 个国家中，越南、澳大利亚、泰国、印度 4 国为 RCEP 协议国。

表 6-9 2022 年 1—7 月福建省纺织品服装出口前 20 的国家和地区

| 纺织品出口前 20 的国家和地区 | 金额/亿美元 | 服装出口前 20 的国家和地区 | 金额/亿美元 |
| --- | --- | --- | --- |
| 越南* | 11.65 | 美国 | 12.71 |
| 菲律宾* | 9.90 | 菲律宾* | 11.72 |
| 尼日利亚 | 3.80 | 中国台湾 | 4.31 |
| 巴基斯坦 | 3.66 | 德国 | 4.30 |
| 美国 | 3.35 | 希腊 | 4.15 |
| 孟加拉国 | 2.81 | 阿拉伯联合酋长国 | 3.78 |
| 印度尼西亚* | 2.26 | 沙特阿拉伯 | 3.09 |
| 印度* | 2.26 | 英国 | 3.08 |
| 泰国* | 1.80 | 智利 | 3.03 |
| 日本* | 1.50 | 荷兰 | 2.98 |
| 柬埔寨* | 1.41 | 墨西哥 | 2.56 |
| 埃及 | 1.29 | 西班牙 | 2.08 |
| 缅甸* | 1.10 | 澳大利亚* | 2.06 |
| 土耳其 | 1.08 | 马来西亚* | 2.00 |

① 数据来自微信公众号"福建纺服中心"，由作者整理所得。

（续上表）

| 纺织品出口前 20 的国家和地区 | 金额/亿美元 | 服装出口前 20 的国家和地区 | 金额/亿美元 |
|---|---|---|---|
| 马来西亚* | 1.05 | 意大利 | 1.88 |
| 墨西哥 | 1.05 | 泰国* | 1.73 |
| 韩国* | 0.92 | 巴西 | 1.73 |
| 意大利 | 0.82 | 南非 | 1.61 |
| 阿拉伯联合酋长国 | 0.74 | 法国 | 1.59 |
| 澳大利亚* | 0.63 | 俄罗斯 | 1.58 |

数据来源：作者整理中华人民共和国福州海关官网、"福建纺服中心"微信公众号所得。带*的国家为 RCEP 协议国家。

### 2.1.2 福建省纺织鞋服产业对外贸易与合作现状

在遭遇贸易摩擦和受到疫情影响后，中国纺织企业加大了对国外的投资，其中尤以对东南亚地区最多。据统计，福建省的纺织企业和服装企业大多选择到东南亚国家投资设厂，如越南、印度尼西亚、菲律宾、缅甸等。首先是因为地理位置较近，其次是因为东南亚地区的劳动力成本较低，而且通过东南亚国家出口能够有效地减少贸易摩擦，除此之外，在当地建厂的另一好处就是能够很快地把握商机并扩大市场。

1. 泉州市

传统的劳动密集型产品如农产品、食品和纺织服装等产品在泉州进出口商品总量中占据了极大的份额。泉州的纺织服装、鞋业等产业构成了九大千亿集群，其中劳动密集型产品的出口额就能占据出口总额的 60%。据统计，在 2022 年前 4 个月泉州达成了 643 份 RCEP 原产地证书，这些商品的总货值约 2.73 亿元，出口商品主要为纺织品、鞋类、塑料制品、服装等，而且主要输出地为 RCEP 成员国，如泰国、越南、日本和韩国等，这大大推进了泉州外贸对"一带一路"沿线市场的经贸互动。RCEP 的重要红利之一是原产地累积原则，这使得货物更方便获得当地的原产资格，进而使用协商的优惠税率，这项原则使得泉州的跨区跨国境外合作企业在境外十分有优势。

双喜集团于 2014 年在缅甸投资建立分厂，其主要面向欧盟出口产品。泉州双喜集团总部每年都会将生产的原料、布料和辅料出口到东盟地区和国家的服装厂分厂，以建成完善的跨境产业和生产链，其配送货物价值能高达 20 多亿元。因为在联合国列出的最不发达国家中建厂生产后再出口到欧盟、美国等国家和地区可以免除关税。RCEP 推动泉州的纺织服装企业在东南亚生产投资建厂并出口以规避贸易壁垒，开拓更大的生产和贸易市场，形成更全面、更广阔的生产链条。

2．福州市

福州长乐是全国纺织业重要生产基地之一，该生产基地有超过千家的集群企业，并已经建成了集原料、织造、服装、纺织机械等于一体的完善纺织产业体系和生产链条。受新冠疫情影响，全球纺织产业都受到了重创，但是长乐纺织的企业集团没有受到很大程度的影响，其中尤以恒申控股集团为代表，其在恶劣的产业环境中脱颖而出。长乐纺织企业不断延伸产业链，将企业规模做大，将产业链做强，在疫情影响下依然持续发挥强大的生产力。恒申控股集团在 2018 年收购福邦特荷兰己内酰胺工厂后，现在已成为世界上生产规模最大的己内酰胺生产集团，之后通过产业一体化对上下游八个环节进行整合。2019 年，恒申控股集团又与国外十几家企业进行协作，这些联合企业与福州各地达成了多个重点项目的组团投资合约，这些投资合约总价值高达 160 亿元。2022 年，恒申控股集团又收购了安科罗工程塑料（常州）有限公司，这使得恒申控股集团突破了己内酰胺下游应用领域中高端工程塑料的流程。如今，由于长乐地区的恒申控股集团、永荣控股、长源纺织等企业生产和出口的世界影响力巨大，因此该地区的企业在世界己内酰胺、黏胶等产品市场都有较高的地位。

3．莆田市

鞋业是莆田市的传统优势产业，2022 年，该市共有鞋企 4 200 多家，该市鞋业以代工为主，由于其巨大的产能，莆田鞋业在世界鞋业市场也占据较大的市场份额。由于产能较大、性价比较高，莆田鞋在国际鞋市场中的生产和销售量波动相对较小。同时鞋业作为福建省的传统优势产业，莆田鞋业在对外贸易上占据了较大的份额。数据显示，2022 年 1 月至 6 月，莆田市鞋类商品的出口在莆田市商品出口中排名第一，其总出口额为 92 亿元，比同期上涨 44.5%，占同期莆田市出口额的 48.9%。[①] 为此，莆田海关根据莆田市出台的《加快鞋业高质量发展十条措施》，结合实际对外贸易情况和海关部门的责任拟定并出台了《莆田海关支持莆田

---

① 数据源自福建省人民政府官网上《多重发力，莆田外贸出口逆势上扬》。

鞋企提升出口竞争力 10 条措施》，以促进莆田市鞋类产品的出口交易。2020 年，莆田市成为国家级跨境电子商务综合试验区，并对线上线下的各项服务和销售功能进行完善，以期成立健全的中国（莆田）跨境电子商务综合试验区服务平台，并通过跨境电商平台和线下园区推动莆田市鞋类企业的对外出口，帮助莆田市企业完成与海外企业的竞争。到 2022 年，莆田市有 132 家限额规模以上跨境电商企业，同年前两季度，莆田市线上交易额高达 122.68 亿元。

4. 晋江市

福建省晋江市也是我国著名的鞋业基地，全市有鞋类企业 3 000 多家，全部企业的鞋产品年产量可达 7 亿双，其中运动鞋等的产量占据中国运动鞋总产量的 40%、全球运动鞋和旅游鞋总产量的 20%，鞋类产品出口到约 160 个国家和地区。例如晋江市十光鞋业有限公司主要从事成品鞋代工和出口业务，产品多销往英国、意大利、德国等欧洲国家。根据 2018 年的数据，晋江市的鞋类产品出口量高达 15 亿双，其中对美国贸易量为 4.6 亿双，对欧盟的贸易量为 3.8 亿双，对东盟的贸易量为 1.1 亿双，对日本的贸易量为 0.6 亿双，对这些国家的出口量占比分别为 30.7%、25.3%、7.3% 和 4%。[①] 近年来，福建省鞋服企业在大力拓展国内产品市场的同时，也在快速推进对外销售和"走出去"，力争国外的鞋服市场份额，主打将自己的品牌进行国际化包装。比如安踏旗舰店在东盟国家、欧洲及中东市场达到了上百家；特步也在欧洲和亚洲市场快速推进自己的销售店铺铺设，在国外已有 300 多个销售点；而匹克不仅在全世界 80 多个国家安置了销售点和旗舰店，还在欧美等国家设立了 9 家分公司。福建运动鞋服品牌正推进在海外布局销售点和店铺的速度，并逐渐形成了密集的专卖店网络。

### 2.1.3 福建省纺织鞋服产业的发展趋势

RCEP 给我国包括纺织鞋服等的重要行业带来了很多的发展机会，同时促进了福建省各企业对外贸易市场的扩展，特别是针对东盟国家的市场，对推进福建省对外经贸强省建设具有重要意义。面对中国市场需求降低、国外供给冲击和消费者预期降低的三大经济压力，福建省纺织鞋服产业的产量、销量、出口量都表现出了极大的韧劲和发展潜力。福建省工信厅面对这种经济发展情况，开展了各地区企业跨区交流合作和消费季产品双渠道促销的项目，通过选定 50 亿元产业专项

---

① 数据源自中华人民共和国厦门海关官网上《晋江鞋类产品出口面临的挑战与对策分析》。

贷款、设定企业"白名单"等方案，促进福建省纺织鞋服企业市场的扩张和消费者的消费潜力释放，并通过金融方面的帮助使纺织鞋服企业产业链稳定生产。纺织鞋服企业应逐渐形成产业集聚优势，并以智能、高端、健康和绿色为发展要求，在龙头企业的带领下对纺织鞋服市场的发展进行强化。在整个市场环境转型升级的目标引领下，加快纺织产业高端产品的供给，以期实现福建省纺织鞋服生产品牌化的发展，并打造世界级的生产制造集群。现代纺织服装业是福建省四大主导制造业之一，在未来其作为福建省主导制造业之一将迎来重大发展机遇期。

## 2.2　农业

### 2.2.1　茶业

在"一带一路"倡议的引领下，福建省的茶叶贸易不仅是单纯的贸易往来，而且是作为中国茶文化传播的重要途径。福建省与"一带一路"沿线国家的众多合作渠道能够使得各个国家经济文化融合，茶叶贸易由于其基础好、潜力大，也是福建省重要的对外贸易产业。福建省的"十四五"规划提出，福建省将"人文海丝""海丝茶道"等重点工程的建设列为重点项目，也将积极参与"海上丝绸之路"联合申遗和"万里茶道"联合申遗。福建是古代海上丝绸之路、万里茶道的重要起点和发祥地：陆上万里茶道，从武夷山下梅村起，经江西、湖北、河北、内蒙古等地，一路向北，贯通亚欧大陆，抵达俄罗斯恰克图；海上万里茶道，同样以武夷山为起点，在大航海时代经由福州、泉州等港口出海，经新加坡、马来西亚、南非等地，抵达英国利物浦。

2022年5月，首家"福茶驿站"成立，其以"福茶"为媒介，具有世界茶文化交流的开阔性。到目前为止，首批"福茶驿站"已成立，其中包括了马来西亚、英国、美国等23个国家和地区的社团和社交场所，这些驿站与国内17家茶企进行了签约。除此之外，福建省发挥在日本、菲律宾等国家设立的9家福建文化海外驿站和9家福建海外旅游合作推广中心的优势，大力开展"一杯茶、一座楼、一条路"的国际营销。据统计，自2016年以来，福建省已组织开展7次"闽茶海丝行"经贸活动，举办16场闽茶专场推介会，参加6个国际茶展，签订33亿元经贸合同，设立12个闽茶文化推广中心和1个闽茶文化展示中心，福建省茶叶出口因此持续增长。2020年以来，福建省的茶叶出口受到疫情影响较小，茶叶的总出口量和出口价格都保持平稳增长的趋势；福建省在茶叶出口保持增长的同时，适当加大政策扶持和引导，宣传茶企业和茶文化，以此进一步推进茶叶的出口。由于福建省的政策引导和茶企业的对外贸易，福建省茶业近几年实现了极大的发展，虽然福建省茶园面积不是全国第一，但是福建省茶叶的平均产量和产值都是全国最高的。

由表 6-10 可知，福建省 2017—2021 年茶叶出口量和出口额除了受疫情影响较为严重的 2020 年，基本保持增长趋势，出口额在 2017 年达到 23 896.0 万美元，在 2020 年有较为短暂的下降，为 41 771.9 万美元，同比增长为 -8.2%。在 2021年，福建省的茶叶出口额位列全国各省茶叶出口第一，高达 51 312.9 万美元；而茶叶的出口量达到了 26 147.7 吨，在全国排名第四。同时，2021 年福建省的茶叶进口额也居中国各省茶叶进口额第一位，高达 4 431 万美元，进口量则达到了 1.2万吨。据统计，2021 年福建茶叶的总产量为 48.79 万吨，比上年上涨了 5.7%，福建省茶产业链的总产值高达 1 400 亿元，而且多个项目指标都排名全国第一，如茶叶产量、出口额增速、单产等。

表 6-10  2017—2021 年福建省茶叶出口额、出口量及增长率

| 年份 | 出口额/万美元 | 同比增长 | 出口量/吨 | 同比增长 |
|---|---|---|---|---|
| 2017 | 23 896.0 | — | 19 509.9 | — |
| 2018 | 34 598.5 | 44.8% | 24 098.1 | 23.5% |
| 2019 | 45 525.3 | 31.6% | 23 994.0 | -0.4% |
| 2020 | 41 771.9 | -8.2% | 22 004.5 | -8.3% |
| 2021 | 51 312.9 | 22.8% | 26 147.7 | 18.8% |

数据来源：《2021 中国茶叶进出口贸易分析报告》、中国海关及中国农业国际合作促进会茶产业委员会。

由表 6-11 可知，2022 年 1—11 月，福建省茶叶出口均价较高，所有茶类出口均价为 16.7 美元/千克，其中，红茶及其他部分发酵茶 39.1 美元/千克，绿茶18.3 美元/千克，乌龙茶 12.9 美元/千克，在各省份中排名靠前。从茶叶品类看，在 2022 年 1—11 月，乌龙茶为福建省最大的茶叶出口品种，出口量为 1.3 万吨，占比 44.8%，出口额16 858.3 万美元，占比 34.8%，出口量居福建省茶叶出口第一位。绿茶为第二大出口品种，出口量 1.2 万吨，占比 41.4%，出口额 21 432.4万美元，占比 44.2%，出口额居福建省茶叶出口第一位。红茶及其他部分发酵茶

出口额 7 828.5 万美元，占比 16.1%。可以看出，福建省出口茶叶包含全茶类，其中以乌龙茶、绿茶为主。

表 6-11　2022 年 1—11 月福建省茶叶出口额及分类

| 出口茶叶种类 | 出口额/万美元 | 出口量/万吨 |
|---|---|---|
| 绿茶 | 21 432.4 | 1.2 |
| 红茶及其他部分发酵茶 | 7 828.5 | 0.2 |
| 乌龙茶 | 16 858.3 | 1.3 |
| 普洱熟茶 | 465.5 | — |
| 黑茶（普洱熟茶除外） | 2.6 | — |
| 花茶 | 1 901.1 | 0.2 |
| 福建省总出口额 | 48 488.4 | 2.9 |

数据来源：中国海关及中国农业国际合作促进会茶产业委员会。

由统计数据可看出，福建省的农产品出口中最重要的产业之一就是茶产业。福建省茶产业不仅积极地种植和培育更多名茶优茶，还努力开拓更广阔的国际茶叶销售渠道和市场，现在福建省的茶叶主要出口国家和地区覆盖范围广阔，如中国香港及东南亚、日本、欧盟、美洲等国家和地区。

从表 6-12 数据可看出，从福建省 2021 年的茶叶出口额看，中国香港、马来西亚、日本和泰国位列前 4，分别为 17 473.7 万美元、17 418.2 万美元、3 613.4 万美元和 2 191.6 万美元，合计占出口规模的 80.0%，茶类主要构成为乌龙茶与绿茶。从均价来看，中国香港和马来西亚最高，出口到两地的茶叶均价远高于其他国家和地区，出口到中国香港地区的茶叶均价为 46.8 美元/千克，出口到马来西亚的茶叶均价为 39.4 美元/千克。而从福建省 2022 年 1—11 月的茶叶出口额来看，马来西亚、中国香港、泰国和越南位列前 4，分别为 15 826.4 万美元、14 773.9 万美元、3 144.5 万美元和 2 851.7 万美元。

表 6-12　2021 和 2022 年 1—11 月福建省茶叶主要出口国家和地区

| 国家/地区 | 2021 年出口额/万美元 | 国家/地区 | 2022 年 1—11 月出口额/万美元 |
|---|---|---|---|
| 中国香港 | 17 473.7 | 马来西亚 | 15 826.4 |
| 马来西亚 | 17 418.2 | 中国香港 | 14 773.9 |
| 日本 | 3 613.4 | 泰国 | 3 144.5 |

（续上表）

| 国家/地区 | 2021 年出口额<br>/万美元 | 国家/地区 | 2022 年1—11 月<br>出口额/万美元 |
|---|---|---|---|
| 泰国 | 2 191.6 | 越南 | 2 851.7 |
| 越南 | 2 156.4 | 日本 | 2 767.6 |
| 美国 | 2 108.1 | 马里 | 2 297.2 |
| 马里 | 1 025.2 | 美国 | 1 657.9 |
| 阿尔及利亚 | 676.9 | 西班牙 | 735.5 |
| 新加坡 | 533.7 | 阿尔及利亚 | 710.8 |
| 加拿大 | 462.9 | 新加坡 | 582.3 |

数据来源：《2021 中国茶叶进出口贸易分析报告》、中国海关及中国农业国际合作促进会茶产业委员会。

"一带一路"倡议使得中国与"一带一路"沿线地区的贸易往来更加密切和频繁，而福建省作为"海上丝绸之路"核心区，其茶叶的对外贸易也更加密切和广阔。从海关出口数据得知，2013—2019 年福建省与"一带一路"沿线地区的茶叶贸易量达到了福建出口茶叶销量的 50% 左右，约为 39 478 万吨；福建省茶叶出口的企业在 2019 年底一共为 350 家，茶类产品的对外贸易也已覆盖了 37 个国家，遍及五大洲，因此"一带一路"倡议对福建省茶叶的对外贸易的发展产生了巨大的推动作用。就茶叶生产结构而言，福建省的茶叶品种丰富，但目前福建省茶叶出口目的地在"一带一路"沿线中的相对较少，福建省的茶叶市场仍在全世界进行大范围的布局和扩展。除此之外，福建省茶产业存在着市场竞争混乱、企业缺乏配合、茶叶集群品牌效应差等发展难题，但由于茶叶不仅是中国的文化象征之一，还是福建省优势产业之一，因此福建省应该加大对茶产业的投资，持续培养创新型人才，对不同地区的茶产业集群进行合理整合，打造属于福建省的特色茶叶品牌。

### 2.2.2　海洋渔业

福建省是海洋大省，其渔业可利用的面积十分宽广，因为福建省既有海洋又有江河湖或水库等渔业水域。福建省海域面积约为 $13.6 \times 10^4$ $km^2$，是陆域面积的 1.1 倍；大陆海岸线总长 3 752 km，排名全国第二，全省拥有海岛 2 214 个，居全国第二，近岸海洋生物种类丰富，贝类、藻类、鱼类和虾类数量均居全国前列，水深 200 米以内的海洋渔场面积 $12.5 \times 10^4 km^2$；"十三五"期间，福建省海洋产业生产总值年均增长 8.2%，2020 年突破万亿元，位居全国第三，占全省 GDP 比重超过 23%，成为经济社会发展的重要引擎。2020 年，福建省渔业经济总产值 3 136 亿元，水产品总产量 $833 \times 10^4$ t，首次跃居全国第二；海水养殖产量（$527 \times 10^4$ t）、远洋渔业产量（$60.79 \times 10^4$ t）、水产品出口额（59.69 亿美元）、人均水产品占有量（205 kg）等均居全国第一，主要养殖品种良种覆盖率突破 70%。2021 年，福建省海洋经济发展在平稳中上升，共完成了约 300 个海洋经济项目，其投资价值高达 2 855 亿元，各项目规模都在中国排名前列。截至 2020 年，福建省有 28 家远洋渔业企业、605 艘外派渔船，作业海域分布在 3 个大洋和 9 个国家。

由于福建省与"海上丝绸之路"国家在许多农产品上均具有较高的贸易互补性，这使得福建对"海上丝绸之路"国家的农产品出口体量较大，其中又体现在鱼类、蔬菜类等产品上。福建省在 2015 年出台了核心区的建设方案，其中在加强海洋合作的条例中提出，福建省要积极发展远洋渔业，建立与东南亚、南亚、西亚及非洲有关国家长期稳定的渔业捕捞合作关系。并且在 2015 年发布的《关于进一步加快发展远洋渔业十条措施的通知》中指出，福州政府也将大力发展远洋渔业。福州马尾海峡水产品交易中心是全国最具规模的水产品交易中心及远洋渔业产品集散地，也是亚洲最大的水产专业性市场。由于这个交易中心的规模较大，因此吸引了很多"一带一路"沿线国家，尤其是东盟国家来进行渔业贸易。2019 年福州（连江）国家远洋渔业基地建成，成为第三个国家远洋渔业基地，该渔业基地作为建设"海上福建"和发展海洋经济的重点项目，通过采用"一核心、多节点"的方法对渔业空间进行完善的产业布局，项目总面积约 1 628.33 公顷，布局涵盖了长乐、罗源、连江等区域。该基地主要建设"一港、二园、三中心、四区"等四大板块，包括：现代化国际远洋渔业母港、远洋水产品精深加工园、海洋生物制品产业园、国际远洋水产品交易中心、国际水产品冷链物流中心、国际远洋渔船修造中心、远洋渔业总部经济区、远洋渔业物资补给区、远洋渔业创新服务区、远洋渔业特色小镇。福建省作为海洋大省，在渔业养殖、捕捞和加工等方面具有丰富的经验，近几年，福建省积极拓展境外远洋渔业。2023 年，福建省投资建设的境外远洋渔业综合基地共有九个，分布在印度尼西亚、缅甸、毛里塔尼亚等国；福建省的境外水产养殖规模在中国排第一位。除此之外，福建省投资建设的境外养殖基地共有 5 个，都在东盟国家。通过合作式的渔业发展模式，福建省与"海上丝绸之路"沿线国家实现了海洋产业的共同发展。

## 2.3 机械装备产业

### 2.3.1 福建省机械装备产业发展现状

机械装备制造产业是福建三大主导产业之一，近年来，福建省机械装备业发展的成效显著，生产出了自己的特色产品，并形成了一批优势产业。近几年来，福建机械装备产业的规模稳步扩大，以智能制造、高端装备创新为发展目标，促进产业智能化、集群化、高端化发展，因此产业实现了明显的升级转型。福建省将按照《中国制造 2025》的目标，以机械装备的产业、技术、资源基础为发展目标，重点发展高端装备制造、工程机械、汽车产业、船舶产业、电工电器等五大重点优势领域，突破关键核心零部件和关键共性技术，推进机械装备产业提质增效、转型升级，向智能化、高端化、服务化方向迈进。2022 年，在世界疫情问题严重、国际关系复杂、市场不稳定的情况下，福建省机械装备行业进出口企业认真贯彻省委、省政府关于稳外贸增长的决策部署，充分利用好各项优惠政策，做好疫情防控，提升产品质量，开拓国外市场，做好出口稳增长工作。新一批入选《福建省首台（套）重大技术装备推广应用指导目录（2022 年版)》项目共达 241 项，企业自主创新的活力与积极性进一步提升，为企业发展提质增效，进一步推动福建省工业经济的持续发展。

福建省统计局数据显示，2019—2021 年，全省机械装备业规上企业的工业增加值增长率分别为 5.7%、1.1%、19.1%；实现营业收入分别为 8 886 亿元、8 724 亿元、10 778 亿元，平均年增长 10.6%；实现利润总额分别为 643 亿元、637 亿元、731 亿元，平均年增长 6.8%，显示出福建省机械装备产业利润总额稳定增长，盈利能力逐步提升，产业规模稳步扩大。2022 年 1—9 月全省机械工业营业收入达 9 217.7 亿元，同比增长 20.0%；利润总额达 601.99 亿元，同比增长 28.1%，延续了良好的增长态势，企业盈利能力持续增强，进出口贸易表现依然亮眼。2022 年 1—9 月福建省机电产品出口交货值累计增长 57.6%，其中机电企业大部分为民营企业，并保持领军地位，其产品是劳动密集型产品，2022 年产品出口实现了良势增长，对主要贸易对象的出口额都有较好的增长趋势。近几年来，福建省的第一大交易对象为东盟，而且主要针对"一带一路"沿线国家和地区，其机电市场需求较旺，拉动出口增长明显。由表 6 - 13 数据可知，2021 年福建省机械行业出口交货值累计增长 26%，其中：金属制品业出口交货值累计增长 35.4%；通用设备制造业出口交货值累计增长 8.2%；专用设备制造业出口交货值累计增长 31.5%；汽车制造业出口交货值累计增长 11.8%；铁路、船舶、航空航天和其他运输设备制造业出口交货值累计增长 15.1%；电气机械及器材制造业出口交货值累计增长 42.1%；仪器仪表制造业出口交货值累计增长 2.9%；金属制品/机械和设备修理业出口交货值累计增长 - 24.0%；2022 年 1—9 月出口交货值累计增长 28.1%，其中金属制品业出口交货值累计增长 - 4.1%；通用设备制造业出口交货值累计增长 4.9%；专用设备制造业出口交货值累计增长 - 6.0%；汽车制造业出口交货值累计增长 13.7%；铁路、船舶、航空航天和其他运输设备制造业出口交货值累计增长 52.4%；电气机械及器材制造业出口交货值累计增长 57.6%；仪器仪表制造业出口交货值累计增长 - 32.5%；金属制品/机械和设备修理业出口交货值累计增长 24.1%，机电产品出口额达到 3 352.8 亿元，同比增长 15.5%。可见，福建省机械工业经济运行有着强大韧性和增长潜力。

表 6 - 13　出口产品出口交货值累计增长情况

| 出口产品种类 | 2021 年 | 2022 年 1—9 月 |
| --- | --- | --- |
| 金属制品业 | 35.4% | - 4.1% |
| 通用设备制造业 | 8.2% | 4.9% |
| 专用设备制造业 | 31.5% | - 6.0% |
| 汽车制造业 | 11.8% | 13.7% |
| 铁路、船舶、航空航天和其他运输设备制造业 | 15.1% | 52.4% |
| 电气机械及器材制造业 | 42.1% | 57.6% |
| 仪器仪表制造业 | 2.9% | - 32.5% |
| 金属制品/机械和设备修理业 | - 24.0% | 24.1% |
| 总计 | 26.0% | 28.1% |

数据来源：福建海峡机械网、福建省工业联合会《2021 年第 4 季度福建省机械行业出口形势分析》《福建省第三季度机械行业出口形势分析（2022 年 10 月）》，由作者整理所得。

全省机械工业对外贸易出口主要呈现出口贸易增长较快、贸易顺差扩大的特点：第一，新能源相关产品出口增长动力强劲。根据福建海关统计，2022 年前 3 季度，福建省对外贸易额达到 9 030.9 亿元，同比上涨了 14.2%。其中，机电产品对外贸易额为 3 352.8 亿元，同比上涨了 15.5%，占本省出口总值的 37.1%，较上年增长了 0.4 个百分点；第二，对东南亚地区家电产品、产能、品牌输出不断扩大。海关数据显示，2022 年前 8 个月福建省对东盟出口的家电总价值达 8.8 亿元，较上期上涨了 22.4%，占比居福建省家电出口市场的第二位。

### 2.3.2 福建省机械装备产业对外贸易与合作现状

福建省机械装备产业相关企业借助 RCEP 的政策红利，并基于开通国际货运班列的机会，与"一带一路"沿线国家进行更加全面的经济往来和投融资合作，进一步释放与东盟货物贸易发展潜力，促进本省的产业技术发展和贸易规模扩大。福建省机械装备产业逐渐向智能化、高端化、集群化发展，对高新技术的研发和开拓过程也逐步开展，强有力的发展前景与稳定的市场生产和交易量使得机械装备产业成为福建省主导产业之一。机械装备产业中的高端装备制造产业是战略性新兴产业的重要产业部分，根据福建省的经济发展现状和环境，类似于智能制造装备如工业机器人、智能工程装备等的高端装备是发展和生产的重要项目。根据福建省高端装备发展规划，高端装备制造业将重点发展智能制造、高端装备创新工程等，不断突破核心技术，培育推广智能制造新模式。

机械装备企业也在大力开拓海外市场，如泉工股份先后收购德国、奥地利的相关公司，再到印度建厂，在全球范围内快速地扩大产业版图；群峰机械向巴基斯坦出口了约三十条生产线；恒兴机械的产品销往印度尼西亚和马来西亚等国家，以拓展更为宽阔的市场；由于晋工机械和韩国企业签约了合作合同，晋工机械生产的全系列产品可通过韩国企业在全球 140 多个国家和地区的 540 多个销售网点进行销售。福龙马集团国际事业部采取"线上与线下双渠道、国外跟国内双驱动"的营销战略，开拓创新渠道，大力建设和推广品牌国际化形象。经过多年的耕耘，福龙马环卫设备市场覆盖了美洲、非洲、欧洲等地区，并在多地设立了服务点与销售点，实现了由点到面的逐渐覆盖。由于福龙马品牌对产品质量和售后服务的注重获得了海外客户的青睐，2022 年，福龙马集团国际业务取得较大的成功，仅 3 月份出口欧亚大陆的压缩式垃圾车就达 40 辆。

#### 1. 新能源产业

宁德时代作为中国新能源企业的代表，也逐步开始拓展海外市场。统计机构 SNE Research 发布的数据显示，2022 年 1—9 月，宁德时代与 LG 新能源生产的新能源电池装车量在全世界排名前二。其中，宁德时代的动力电池装机量为

119.8 GWh，较上期上涨了 100.3%，占据世界动力电池装机市场的 35.1%，同比上升了 4.4 个百分点。除此之外，宁德时代还与丰田旗下大发工业株式会社宣布签订战略合作谅解备忘录，双方将在电池供应及电池技术方面开展战略合作，以推动日本电动化转型。根据协议，宁德时代将为大发的电动车型提供稳定的动力电池供应。世界范围内的新能源行业迅速膨胀，其中欧洲的市场更是增长得十分迅速，作为新能源市场重要组成部分的动力电池市场也保持着持续上涨的趋势。宁德时代为了推进公司的全球产业布局，扩展海外市场的销售业务，在 2018—2019 年争取到了一流海外车企的合作项目，包括了戴姆勒、标致雪铁龙、大众等一批海外车企。从 2021 年开始，宁德时代给欧洲的一批主流车厂供货，由于宁德时代对外合作贸易的范围逐渐加宽，公司在国际动力电池的市场占有率也实现了较大的增加。例如，宁德时代 2019 年在德国投资 18 亿欧元并建立工厂，这家工厂已经在 2022 年开始了锂离子电池的生产，自此宁德时代已具备了在欧洲进行销售和供应的基础。

2. 汽车产业

新龙马汽车的市场覆盖范围较广，其中包括了美洲、非洲的约 20 个国家，在国内和国际的市场中形成了双向循环模式。除此之外，新龙马汽车公司设置的销售点和服务中心在埃及、玻利维亚等国家先后落地，营销服务覆盖面极广。新龙马汽车的销量发展趋势也稳中向好，其对外出口额在 2020 年下半年出现了强烈的反转发展情况，又在 2021 年第一季度进一步打开了国外销售市场，销量再度突破历史纪录。在面对国际环境不稳定和经济形势不好的局面时，新龙马汽车公司还开拓了伊朗、巴西等新兴市场，凭借自身的品牌优势和销售点覆盖面优势，在呈现疲态的经济趋势中保持持续增长的发展态势。

金龙汽车集团是中国早期成功实现国际化战略的客车企业之一，经过多年的发展和海外市场扩张，目前其产品已销往近 170 个国家和地区，是中国客车海外市场涉及范围最广的企业，出口量多年来稳居行业第一。2022 年 1—8 月，金龙汽车向 54 个国家和地区出口近 6 000 台大中型客车。而作为金龙汽车集团兄弟公司的厦门金旅则更加侧重生产较小型的车辆，同期，金旅海外销售出口额约 1.7 亿美元，销售额同比增长 40%，其中新能源车型成为出口最显著的增长点。① 厦门金旅

① 数据源自福建海峡机械网。

开拓的海外市场范围也在逐渐地增长。以色列市场一直以来都是金旅客车海外重点市场，2021年金旅客车在以色列销售车辆683台，销售额超过1亿美元，销售台数同比增长超过了350%，创造了历史新高。2022年，金旅客车批量交付以色列客户的第1批次订单包含了欧六柴油大巴、纯电旅游大巴和纯电底盘等多个车型，总计70余台车辆。除此之外，2018年，金旅客车中标成为巴基斯坦白沙瓦BRT项目的唯一车辆供应商。在此之前，白沙瓦的公共交通基础十分弱势，且基础设施的建设也十分不完善，但是随着金旅客车在中标后的定点产品输入，白沙瓦的交通系统逐步趋于现代化，并且每天能够为更多当地人提供出行便利。可见，由于福建省"一带一路"倡议的持续发展，白沙瓦的交通现状得到了极大的改善。

### 2.3.3 推进福建省机械装备产业发展的因素

福建省的机械工业能够实现较大的发展主要由以下因素共同作用：一是福建省机械工业产品外贸出口量持续增加，来自东南亚等"一带一路"沿线国家的订单量增加，拉动机械工业经济进一步成长。二是在双碳政策的引领下，结合福建省地理位置以及工业产业的独特优势，新能源产业得到快速发展。电机、电池等与清洁能源相关的产品市场需求日益增长，带动了福建省机械装备制造业的快速发展；再加上新能源汽车购置税相关政策的出台有效地刺激了消费者的消费潜力，并使得产业链和供应链日趋改善，拉动了汽车行业业绩增长。三是由于国外疫情严重，大量订单转到我国，拓宽了原本的贸易市场范围。四是海运物流有所疏通，带动了出口快速增长。五是国际市场，特别是"一带一路"沿线国家加大了基建投资，对工程机械产品需求较旺，带动了建筑工程机械市场。综合以上因素，福建省在当前复杂的贸易与经济环境下，其机械工业仍旧焕发出强大的生命力。

## 2.4 石油化工产业

### 2.4.1 福建省石化产业现状和发展趋势

石油化工产业是福建省支柱产业之一，该产业的规模较大且上下游一体化变动性强，相关的炼化技术也具有多变的特点，因此福建省将石化产业作为一个需要全面推动的高质量发展产业。虽然新冠疫情对全球经济造成较大的影响，但在疫情防控期间福建省的石化产业也保持着平稳的增长和对外出口贸易量，因此石化产业成为福建省经济的坚实力量。为了保持石化产业的中坚力量，福建省颁布了一系列的方案，以期形成产业链完善、分工及资源分配合理和实现差异化生产的石化产业发展格局，并以此目标来提高石化产业整体的生产和对外贸易能力，进一步推进传统劳动密集型产业与石化产业、新型技术产业的共同进步。石化产业是技术高度密集的产业且其产业链较长，这导致其中下游的精细化工领域的产品，如医药、添加剂等成为价值较高的、市场需求量较大的高附加值产品，因此加速推进石化产业中下游产业链的发展能进一步激发福建省的经济市场发展。为了实现石化产业对整体经济市场的激发，应该进一步拓宽福建省石化产业的产业链，开发更为高端的下游产品技术，以实现福建省石化产业中下游高端化发展。

福建省的石化产业主要分布在"两基地一专区"（湄洲湾石化基地、古雷石化基地和江阴化工新材料专区）及可门港经济区化工新材料产业园。早在 2014 年，福建省石化产业的主要产品产值就达到了一定的规模，甚至排名全国前列。2021年，全省石化产业累计完成产值 2 999.16 亿元，全省 967 家规模以上石化企业累计实现营业收入 5 336.59 亿元，增长 25.7%；销售产值增长 24.7%；工业增加值（可比）增长 1.8%；出口交货值增长 9.9%；产销率 93.54%，下降 0.26%；利润总额 316.92 亿元，增长 103.6%。2021 年 1—11 月，福建与 RCEP 成员国的贸易额并没有受到疫情的影响，反而呈现出大幅的上升，如石油产品和化工产品等的贸易总额达到了 5 885.9 亿元，相较上期上涨了 31.2%。而且到 2020 年，RCEP 国家对福建省投资了 6 869 个与石化产业相关的项目，投资额达到了 145 亿美元。除此之外，福建省的石化企业在东盟总共投资了 6.4 亿美元，建立了八个合作园区，其中包括了柬埔寨、越南、印度尼西亚等国家。

2022 年，福建省依据《工业和信息化部 国家发展和改革委员会 科学技术部 生态环境部 应急管理部 国家能源局关于"十四五"推动石化化工行业高质量发展的指导意见》等文件的内容，制定了《福建省发展和改革委员会等 5 部门关于促进石化化工高质量发展 加快打造万亿支柱产业的实施意见》，以期实现规模效益的提升、布局结构的优化、创新能力的提升和绿色低碳安全的深入推进。同年，福建省发改委公布了有关"促进石化化工高质量发展"的文件，计划到 2025 年实现规模以上的石化企业营收超万亿元。目前，福建省石化产业将继续重点打造"两基地一专区"，形成以古雷石化基地和湄洲湾石化基地为中心，以泉港石化工业园区、泉惠石化工业园区、古雷港经济开发区等主要产业集中区为依托的产业集群。同时，随着国家战略的改变，石化相关企业迅速做出相应的布局反应，如中石化、中石油、中海油、沙特阿美等国内外龙头企业进入福建省的石化基地和石化工业园区进行产业布局和生产。多家龙头企业的进入使得石化基地与产业园区进一步向规模化、集群化发展,让原本石化产业处在弱势的福建省成为全国石化行业的强省。

### 2.4.2 福建省石化基地对外合作发展现状

福建省于 2003 年建立了古雷石化产业园区,园区内拥有石化工业区、装备制造业区、港口物流区和生态控制区等四大功能区块,园区占地面积为 278 平方公里,具有深水岸线资源和特色自然资源优势,拥有良好的供电条件和工业用地条件,适合布局大型石化、钢铁等重大产业项目。古雷石化产业园区是大陆七大石化基地之一,也是福建省石化产业"两基地一专区"的重点建设区域,在石化产业发展布局、承接台湾石化项目转移和发展、福建全方位推进高质量发展大局中具有重要地位。目前,古雷石化产业园区已初步形成"芳烃—聚酯""烯烃—塑料"两条千亿能级的产业链。

古雷石化产业园区以中国台湾石化产业的发展为重点,充分利用了国家和省政府的相关扶持政策。并且该园区基于自身的地理优势,大力推动了石化产业的发展,完善了其产业链上下游产品的开发与引进,促进了园区内石化产业的集群效应激发。2022 年,《福建省人民政府办公厅关于进一步支持漳州古雷石化基地加快开发建设的通知》中提到将全力把古雷打造成世界一流绿色生态石化基地,这政策为古雷石化基地带来了十分重要的发展机会。为了抓住这一发展机遇,古雷石化基地继续开发重大项目、促进重点企业于园区内快速发展,以推动福建省的工业发展。除此之外,古雷石化基地更加积极投入建设"海上丝绸之路"核心区,并对外输出高质量产品,以期提升古雷石化基地的生产贸易和规划仓储能力;并且通过对中国台湾石化产业的发展而加入两地协同发展的园区建设的进程,加速推动两地石化产业的协同发展。

1. 古雷炼化一体化项目

官方数据显示,古雷石化产业园区 2022 年 10 月共存在 53 个产业项目,投资额高达 3 226.91 亿元,并且预计之后的年产值将达到 4 114.95 亿元。2021 年,古雷炼化一体化项目建成投产,此项目是漳州古雷石化产业园区的龙头项目,也是两地最大的石化合作项目,此项目由中国石化福建炼油化工有限公司和旭腾投资有限公司各占 50% 股份合资建设。此项目自投产以来,运行过程整体呈现平稳的发展趋势,在运行过程中,该项目的能源、排放等指标均达到了国际标准水平,而且乙烯装置双烯收率和苯乙烯、环氧乙烷/乙二醇等部分装置技术经济指标也处于同行业的先进等级。该项目以继续开发和生产高端产品为目标，对两地的石化产业和经济发展产生正向作用。到 2022 年 11 月，该基地生产了石脑油、乙烯气体原料和各类产品，其产量分别为 246 万吨、54 万吨和 320 万吨，总销售额达到了 196 亿元。

　　2. 中沙古雷乙烯项目和古雷炼化二期项目

　　石化产业的相关项目使得福建省与阿拉伯国家的产业项目质量产生了极大的上升。2022 年，沙特基础工业公司与福建能化集团成立合资企业——福建中沙石化有限公司，并投资 420.7 亿元开始了中沙古雷乙烯项目，该项目是福建省目前为止一次性投资最大的中外合资项目。同年 6 月，福建省发改委批复核准福建古雷 150 万吨/年乙烯及下游深加工联合体项目，即中沙古雷乙烯项目。该项目建成过程中使用了 19 项领先的制造技术，预计年产值将达到 300 亿元，同时将大力带动石化产业上下游一体化发展并促进其投资的增长。同年 9 月，总投资约 732.9 亿元的福建古雷炼化一体化工程二期项目投资协议正式签订。该项目将在古雷石化基地设置每年生产炼油、乙烯、芳烃分别为 1 600 万吨、150 万吨、320 万吨的联合生产装置及配套下游炼化装置，预计投产后年营业收入可达 810 亿元。12 月 9 日，中国石化与沙特阿美制定了福建古雷炼化二期项目的合作协议，并将于 2025 年年底建成投产。中国石化与沙特阿美就福建古雷炼化二期项目签署了合作框架协议后，中沙古雷乙烯项目、古雷炼化二期项目这两项中沙合作重大项目取得新进展。

# 3　经验和启示总结

## 3.1　福建省产业"走出去"的经验总结

　　"一带一路"倡议的提出使得中国对外开放和贸易程度加深，与沿线国家合作的开展更加便利。各产业在对外合作、投资和贸易等的过程中实现了"共生"，贸易双方实现了经济上的互利双赢，国家间的经济往来为合作对象国带来了畅通的贸易渠道、先进的生产技术和更多的工作岗位等好处，同时也促进了中国各产业发展和走出国门获取国际市场。同样地，福建省在"一带一路"倡议下也凭借较大的政策福利积极推动各产业的发展，推进福建省"海上丝绸之路"核心区的建设，实现福建省经济高质量的发展。

### 1. 产业合作促进经济高质量发展

"一带一路"倡议的提出为相关国家和地区的基础设施建设、工作就业、商品流通及贸易往来提供了技术上的支持并且为当地居民和经济环境提供很多的发展机遇，也为中国企业"走出去"提供了广阔的市场范围和发展空间。福建省积极推动产业"走出去"并实现产业的跨国合作，促进福建省各产业与"一带一路"沿线国家互联互通，例如在沿线国家投资建厂、利用外商投资或者吸引外商在省内投资建厂。产业的合作集中在劳动密集型产业，由于贸易摩擦、国际劳动力要素自由流动和世界产业价值链的重构，国外劳动密集型产业劳动力的成本下降和竞争力增大，对福建省的传统优势行业如纺织鞋服产业、渔业等带来了较大的国际竞争压力。为了顺应世界经济发展的趋势，福建省三大主导产业如机械装备产业、石化产业等都在"一带一路"沿线国家建立工厂或者合资成立公司，因此福建省更加着重发展高新技术产业或资本密集型产业，以实现福建省经济的高质量发展。

### 2. 发挥产业在国际中的比较优势

福建省与"一带一路"沿线国家的贸易和交流极大地展现了福建省的产业竞争力，并合理地利用了本身产业的国际比较优势。因此要着重发展本地的优势资源和特色优势产业，以便自身在激烈的国际竞争中脱颖而出。福建省优势资源和产业主要包括：福建省海洋交通资源、福建省生态农业资源、福建省石化产业等。除此之外，纺织鞋服类产品和机电产品也是福建省出口的主要产品种类。可见，福建省具有比较优势和产业竞争力的产业主要为传统优势产业和资源密集型产业，不仅产业发展历史悠久，而且具有国家和省政府的众多政策支持。因此在对外贸易中福建省突出优势产业和特色产业，利用国际的比较优势，这使得福建省能够集中发展自身较为具有竞争力的产业，同时其与"一带一路"沿线国家和地区进行经贸合作，使得双方或多方能合理利用自身的比较优势，实现多方共赢。

### 3. 发展和创新产业技术以占据国际市场

福建省对外贸易合作并不是单一地利用和突出优势产业、特色产业或者传统劳动密集型产业等，而是开发和研究新兴技术，大力发展资本密集型产业和技术密集型产业，如在机械装备制造行业中研究新能源电池，与国外汽车企业合作成为其固定零件供应商，或者与沿线国家或地区联合开发；在石化产业中，对沿线国家进行投资或者签署合作协议等，以实现石化产业中的技术突破和产业链延伸。推进资本密集型产业和技术密集型产业的发展使得福建省产业占据更大的国际市场份额，提升国内产品的国际竞争力，也为"一带一路"沿线国家和地区提供优质的整体器械或者零部件，并传播先进的生产技术和生产理论。

## 3.2 福建省与 "一带一路" 国家经贸合作对策建议

### 1. 优化出口结构

福建省的出口产品以传统劳动密集型产品和机电产品为主，还包括了小部分的高新技术产品和农产品，而进口产品以机电产品、高新技术产品和资源性产品为主。其中，福建省对"一带一路"沿线国家出口产品主要为传统劳动密集型产品和机电产品，而进口产品主要为原油、机电产品和煤炭。由于国际产业价值链的重构与劳动力的转移，劳动密集型产业逐渐向劳动力价值低廉的东南亚国家转移，加之国际贸易摩擦的加剧，福建省传统产业和优势出口产业面临巨大的竞争力。因此，福建省应该调整省内产业结构，合理分配资本流向并优化出口结构，逐渐扩大资本密集型产业和高新技术产品的对外贸易。

### 2. 合理利用现有的优势资源

第一，福建省具有优越的地理位置优势，与东盟国家毗邻，利于跨境贸易合作；第二，福建省具有丰富的海洋资源，对于发展渔业、海洋交通、港口经济等产业十分便利；第三，由于闽籍侨胞数量较大且分布于世界各地，因此对外港口经济的文化连接和人脉资源也十分充足；第四，福建省三大主导产业和传统优势产业发展趋势向好，而且福建省作为政府确定的"海上丝绸之路"核心区，享受一部分政策福利倾斜。因此，福建省应该合理利用现有的优势资源，促进与"一带一路"沿线国家资金的双向流动和产业合作，打造属于福建省自身的民族产业和特色品牌。

### 3. 扩大贸易辐射范围

"一带一路"倡议的提出为我国搭建了新的贸易大平台。近年来，我国外贸市场虽仍相对集中，但逐渐地趋于分散化。福建省由于地缘性因素对东盟的进出口额逐渐增大，到2022年福建省对东盟的进出口额已经占据了贸易总进出口额的一半以上，东盟也超越欧盟与美国成为福建省的第一大贸易对象。除此之外，随着国家对外开放程度加深和RCEP的提出，福建省对外贸易的范围虽然逐渐扩大，但是大部分贸易仍然集中于东亚、东南亚等地区，因此需要进一步扩大福建省对外贸易合作的辐射范围，推动福建省与"一带一路"沿线国家的深入合作，将福建省的产品销往世界各地。

第七篇

# 浙江省制造业参与 "一带一路" 沿线国家
# 经贸合作的案例

## 【导论】

　　2013 年，我国首次提出"一带一路"倡议，自此中国进一步加深对外开放的
程度，并指明了各省份经济发展的方向，为其带来新的发展机遇。"一带一路"倡
议通过现代的运输方式和发达的网络，将丝绸之路和经济带上的沿线国家与国内
沿线区域紧密结合，现已成为我国现阶段对外开放的重要组成部分。

　　"一带一路"倡议五周年座谈会上，习近平总书记提出，五年来，共建"一带
一路"大幅提升了我国贸易投资自由化、便利化水平。在此基础上，我国开放范
围从沿海向内陆拓展，形成了陆海内外联动、东西双向互济的开放新格局。党的
十九大报告中也强调，要重点建设"一带一路"倡议，推动新格局发展。其中浙
江省成为新格局发展中的重要一环。2013 年开始，浙江省与"一带一路"沿线国
家的合作更加密切。浙江省第十四次党代会也提出本省要抓住"一带一路"机遇，
加强对外开放，争做领路人。根据公布的数据，到 2022 年，浙江省在"一带一
路"中的进出口总额已经达到了 13.66 万亿元。

　　为了抓住"一带一路"倡议机遇，地方省份需要发挥自身优势进行对外贸易

合作，从而实现当地产业转型升级。浙江省是建设"一带一路"倡议的重要一环，要融入"一带一路"倡议中去。本篇根据浙江省的实际情况，讨论其在"一带一路"建设中的优势与不足。本篇以浙江省制造业企业"走出去"的成功案例——吉利控股集团和均胜电子公司为例，运用理论分析与材料搜集相结合的方式，对浙江省代表企业如何参与"一带一路"倡议进行了详细的讨论，并得出企业如何"走出去"的经验。本篇从企业的视角分析了浙江省制造业如何更好地抓住"一带一路"倡议的机遇，积极参与对外合作。

## 1　研究背景

"一带一路"倡议是共商共建共享的联动发展倡议，以中国一直存在的双多边机制为前提，同时利用已有的区域合作平台来发展与其他国家的经济合作，从而构建政治、经济、文化相互融合的利益共同体。

"一带一路"倡议要求政府能够认识到市场和市场中企业的重要地位，发挥宏观调控作用。建设"一带一路"的核心是企业，需要政府遵循市场既定规律，同时企业通过市场化的运行模式实现利益最大化，政府只承担搭建合作平台以及政策制定等服务性的任务。提出"一带一路"倡议主要是为了促进各国的基础设施建设以及深化国家间的合作，实现共同发展，构建人类命运共同体。"一带一路"倡议是建设高水平开放型经济新体系中的一种全新的空间开放观，为我国利用双向国际产业合作、重塑全球价值链治理体系和增强国际竞争力创造了重大战略机遇。同时，"一带一路"国家间产业合作推动了全球经济格局调整和利益关系重构，帮助各国突破国际产业合作的传统模式和路径，从而实现包容性增长和共同繁荣。

当前，"一带一路"倡议已经与俄罗斯欧亚经济联盟建设、印尼全球海洋支点发展规划、哈萨克斯坦光明之路经济发展战略、蒙古国草原之路倡议、欧盟欧洲投资计划、埃及苏伊士运河走廊开发计划等实现了对接与合作，并形成了一批标志性项目。其中，上海、福建、广东、浙江、海南成为"21世纪海上丝绸之路"第四轮开放的核心。"一带一路"倡议为沿海省市带来新一轮对外开放和发展新机遇。浙江作为沿海开放大省，必须顺势抢抓这一战略机遇，开拓视野面向全球，从而产生新的经济增长点。

# 2 浙江省在"一带一路"合作中的优势与不足

## 2.1 浙江省参与"一带一路"经贸合作的优势

2016年4月，习近平总书记提出"一带一路"倡议需要在地方积极践行的基础上实现总体目标。地方省份需要根据省份实际情况，发现自身新的发展点，发挥积极性。浙江省作为地方省份的代表，拥有扎实的贸易投资合作基础，拥有全球商品集散的区位、物流优势，拥有强劲的电子商务产业优势，拥有敢为人先的民营企业资源优势，要响应国家关于"一带一路"的目标，加快主动融入"一带一路"倡议步伐，主动加强对外合作，在实现自身优势从而收益最大化的基础上实现与其他国家和地区的互利共赢。

### 2.1.1 区位优势

从区位来看，浙江省位于我国东部沿海的长三角地区，素有"江浙沪包邮区"之称，连接了南北海运的通道，且拥有全国最多的海岸线与海岛岸线资源。同时，浙江位于欧亚大陆东部海岸线的中间位置，连接了东北亚航线和南方航线，也是我国与全球合作的大门和前沿。浙江省拥有依山傍水的地域优势，同时它与上海相邻，上海为全球有名的大都市，这些区位优势为浙江省的加速发展以及长三角经济带的建设构建了现代化的海、路、空立体交通运输网络体系。从交通运输方面来看，沪杭、宁杭、杭甬高铁的开通运营，杭黄铁路的建成，湖苏沪城际铁路、申嘉湖高速公路西延的建设，京杭运河浙江段四改三航道整治和杭州宁波丽水机场的扩建等为浙江省融入"一带一路"增添了动力，也进一步凸显浙江省的交通枢纽位置。这说明浙江省已经拥有了优秀的交通运输网络和十分便利的物流行业，达成了响应"一带一路"倡议的基本要求。

同时，浙江省内拥有众多天然港湾，从而形成了以宁波、温州、舟山、乍浦和海门五大港为主的港口群，港口群能够对外进行便利的交通来往，实现开放交流，具备优越的自然条件。除此之外，浙江省还拥有钱塘江、京杭大运河等交通，将浙江腹地区域连接起来，能够更加便利地同时与江南和华北地区交流。浙江省位于长江三角洲地区，该地区由于地处沿海加之受上海经济的带动，经济发展较快，从而对整个长三角地区都存在推动作用。

浙江省宁波市作为参与"一带一路"建设的核心区域,已经连续九年为全球第一大港。十九大之后,宁波"一带一路"综合试验区不仅加快了拥有 10 个泊位集装箱码头的梅山港区二期工程的建设,还进一步提高了创新能力,开放了合作,推出了世界首个海上丝绸之路指数大数据平台。变化不只发生在宁波,目前浙江省已开通 250 多条全球集装箱航线,连通世界 200 多个国家的 600 多个港口,中欧班列已经连通 9 个"一带一路"国家。预估 2025 年,浙江省参与"一带一路"建设出口贸易额能超过一千亿美元,跨境贸易电子商务交易额年均增长能够达到 20%,至少能与 20 个国家进行人民币直接交易。浙江省优越的区位优势为其东西互通提供了有利条件,能够有力响应"一带一路"倡议。

### 2.1.2　历史优势

"一带一路"缘自古代的丝绸之路,宋元时期有一段时期海上丝路十分繁荣,那个时候浙江的杭州、宁波和温州担当了重要的文化交流媒介。其中浙江丝绸、瓷器、茶叶三大特产,使臣、僧人、舶商三大群体,在对外开放、海外贸易和友好往来、文化交流中扮演了重要角色,发挥了地缘、经济和文化三大优势,为中外文明交流互鉴、中日韩佛教"黄金纽带"和东亚"儒家文化圈"的形成做出了历史性贡献。浙江省在"一带一路"倡议中所展现出来的历史优势能够为其制造业的发展带来新的突破。

### 2.1.3　人文优势

在改革开放以前,浙江人受周边风气的影响,逐渐形成了广博的视野和开放包容的胸襟,同时,他们也具备敢于尝试、勇于开拓的向前精神。众所周知,浙商推动了浙江经济的快速发展,他们的精神也成为浙江文化软实力的象征之一。改革开放以来,浙江省出现了很多脚踏实地、艰苦奋斗、敢为人先的企业家,他们通过自己坚韧不拔的精神,始终坚持创业,为浙江省经济的发展起到促进作用,还为浙江省的文化底蕴增添了生机与活力。

除此之外,浙商还为"一带一路"建设添砖加瓦,发挥推动作用。在"一带一路"倡议被提出前,浙商已凭借其长远的目光和敢为人先的创新精神,与后来的很多"一带一路"沿线国家进行了合作。比如杭州的富通集团有限公司(以下简称富通集团),该公司在"一带一路"倡议提出前就已经与泰国罗勇工业园合作,建成了东盟地区规模最大、品种最为完整、技术最先进的通信光缆工厂,以及东盟地区规模最大、品质最高的产品研发和检测中心。最近几年,在"泰国 4.0"经济政策背景下,坐落于泰国的富通集团通信技术有限公司抓住了快速发展的机遇，为其在泰国彻底立足以及服务东盟国家奠定了基础，这有助于其向东盟各国甚至欧洲等地进行服务扩张。目前来看，富通集团为"一带一路"沿线国家提供了新的通信、电力基础设施建设，为"中国制造"尤其是"浙江制造"打出了知名度，使其在全球范围内拥有了较好的声誉。对于浙商来说，"一带一路"倡议也为其带来了更多新的机遇。浙江省的一些民营企业需要把握"一带一路"建设过程中带来的巨大机遇，积极融入其中。只有这样，民营企业才能更好地适应全球经济一体化的节奏，获得更为广泛的发展空间，从而振兴实体经济发展。因此，浙商的发展和其拼搏精神为浙江省参与"一带一路"建设提供了重要支持。

浙江人历经千百年形成的开放包容、勇于开拓、敢于创新的人文品格和精神已经彻底融入浙江文化中，成为浙江文化的鲜明特质和优势资源，成为取之不尽、用之不竭的宝贵精神财富，从而激励新一代浙江人继续敢为人先、艰苦奋斗。

### 2.1.4 产能优势

浙江省的民营经济发展是东部沿海地区最为发达的。浙江省也是最先进入小康的省份之一，具备众多优势，先发经济、产能优质、资金充裕、区位优越以及浙商精神等都是它所拥有的优势资源。浙江省经济发展依托于传统制造业和出口企业，因此浙江产品对海外市场的依赖性比较高，同时浙商比较富裕，因此他们拥有充足的始发资金，也具备灵活的投融资机制和国际化合作的经验。浙江省的宁波舟山港、阿里巴巴跨境电商以及义乌小商品城和中欧班列为其打造了一个海陆联合、线上线下互联的物流网络，这有助于浙江产品向外运输和交易，使得浙江省民营资本和浙商能够具备优势地再次走出国门。除此之外，浙江省政府的高效率高能力以及浙江省优越的生态环境也为其"走出去"增添了活力。例如义乌小商品城具有产能优势，在"一带一路"倡议背景下，义乌市通过开通"义新欧"中欧班列来减少产品的运输费用，并增加产品的运输数量，该措施能够发挥义乌的产能优势，将义乌从商品集散中心发展为小商品创新研发中心，向"世界小商品之都"的目标迈进。

### 2.1.5 政治经济优势

浙江省政治经济发达。"一带一路"地方合作委员会于 2017 年 6 月在浙江省杭州市正式建成，并永久落户杭州，可见浙江省对于"一带一路"建设具有重要的意义。杭州市为浙江省省会，被称为人间天堂，它在浙江省，甚至在全国都属于民营经济发展较快的城市。民营经济发展是离不开政治支持的，需要政府政策去推动企业创新。杭州就具有政治经济优势，它拥有宽松的创业氛围和鼓励创业的政府政策。比如阿里巴巴企业在此背景下研发了支付宝，使得线上交易更加简单，促进了人们的消费，同时阿里巴巴还实行一系列创新营销方式，如双十一等促进线上交易，从而获得更高的利润。在"一带一路"倡议背景下，阿里巴巴也积极响应，充分融入全球，从而为浙江省进一步践行"一带一路"倡议添砖加瓦。

## 2.2　浙江省参与 "一带一路" 经贸合作的不足

### 2.2.1　经济增长乏力

从 2022 年浙江省情况来看，浙江经济经历了不同寻常的跌宕起伏。浙江省在前 11 个月规模以上工业增加值完成了近 2 万亿元，名义增长 9.7%（见表 7-1），规模以上工业占全部工业增加值的大多数，由此来看，浙江省 2022 年度的 GDP 增速不低，但省内各市之间的增速差较大，杭州、湖州、台州和金华的名义增长都要低于全省。根据浙江省统计局 2022 年浙江经济年终述评，2022 年第 1~3 季度当季浙江生产总值比上年分别增长 5.1%、0.1% 和 4.2%，第 1~3 季度累计增长 3.1%。在 2 月 24 日俄乌冲突爆发后，浙江省 3 月的经济指标出现回落，最为明显的是工业和消费，规模以上工业增加值和出口交货值迅速下滑 2.2 和 8.2 个百分点，至 8.5% 和 19.8%；社会消费品零售总额下滑 5.8 个百分点，至 1.7%。随后上海疫情暴发，长三角地区产业链、供应链遭遇巨大冲击，经济指标断崖式下滑。规模以上工业增加值和社会消费品零售总额分别下降 1.9% 和 11.8%。第二季度 GDP 增长 0.1%，经济增长乏力。

表 7-1　2022 年 1—11 月浙江省各城市规模以上工业增加值

| 序号 | 城市 | 1—11 月规模以上工业增加值/亿元 | 2021 年同期增加值/亿元 | 名义增长/% |
|---|---|---|---|---|
| | 浙江省 | 19 996.8 | 18 222.5 | 9.7 |
| 1 | 宁波 | 4 869.8 | 4 398.6 | 10.7 |
| 2 | 杭州 | 3 840.5 | 3 669.2 | 4.7 |
| 3 | 嘉兴 | 2 569.5 | 2 335.9 | 10.0 |
| 4 | 绍兴 | 1 930.4 | 1 747.5 | 10.5 |
| 5 | 台州 | 1 401.1 | 1 309.1 | 7.3 |
| 6 | 温州 | 1 332.6 | 1 181.5 | 12.8 |

（续上表）

| 序号 | 城市 | 1—11 月规模以上工业增加值/亿元 | 2021 年同期增加值/亿元 | 名义增长/% |
|---|---|---|---|---|
| 7 | 湖州 | 1 217.9 | 1 121.5 | 8.6 |
| 8 | 金华 | 1 105.4 | 1 075.0 | 2.8 |
| 9 | 舟山 | 818.7 | 473.8 | 72.8 |
| 10 | 衢州 | 552.3 | 466.1 | 18.5 |
| 11 | 丽水 | 363.8 | 329.8 | 10.3 |

### 2.2.2 产业转型较缓

浙江省在改革开放后的数十年间，由于第一产业的大量劳动力向第二产业转移，其经济发展速度很快，但在第二产业内部之间的变化较为缓慢。浙江省在二十世纪七八十年代，以纺织、机械、食品、化工、建筑等产业为主。但是，因为供需结构的转变很慢，所以直到现在，纺织、机械、化工三大行业的位置都没有改变。从行业发展角度看，历史的轨迹决定了将来的走向，浙江省的资源优势在于创业者的数量多，但是大部分创业者是没有经过学习和锻炼而成为创业者的原生创业者；与之相应，浙江省企业的组织结构也以中小企业为主，这种经济结构在市场经济环境下会造成投资决策分散，不利于以规模效益为主的重化工产业的发展。另外，浙江省的"工业空洞"现象也是其"低效率"的主要原因。随着企业的大规模迁移，传统工业的优势逐渐消失，有些已经开始收缩。产业空心化破坏了第一、二、三产业之间的合理比例，导致供需结构不平衡，贸易收支出现了恶化，甚至出现了赤字。

### 2.2.3 资源要素制约

在建的项目没有资金，投资的项目没有土地，生产的项目没有电力，这就是浙江省一些公司所面临的问题。数据显示，目前浙江省仅有四百万亩耕地可用作工业用地，从每年五十万亩的规模来看，8 年内，浙江省的工业用地就会枯竭；与此同时，浙江省也面临着水、矿产和劳动力等一系列资源发展的制约因素。宁波市毗邻东海，其中甬江、奉化江和余姚江三江贯穿市区，是一个名副其实的水城，然而，目前宁波市的人均水资源拥有量只有不到 1 000 立方米[①]，远远低于 1 750 立方米的水荒标准。根据相关机构的预计，宁波和舟山每年的水资源短缺达到了 6 亿

---

① 数据源自《2022 年宁波市水资源公报》。

立方米，而且会持续在6亿立方米，形势十分严重。宁波市水资源短缺的现状，在浙江省可谓是一个典型。因为缺乏水源，浙江省必须大规模地抽水，这直接造成了地表的下陷。不仅是水，电力也是如此。胡兆光是全国动力经济研究中心的首席经济师，他对媒体说，浙江省是最缺电的省份之一。就比如说诸暨市，它是全国百强城市之一，也是浙江省十强县，在2004年就已拥有一万多台自备发电机，总发电能力26万多千瓦。由于电荒等原因，浙江省的很多公司都搬往外省。①

## 3　浙江省在"一带一路"倡议下对制造业的政策支持

浙江省在2018年向全国发放了"品字标浙江制造""一带一路"认证，实现了"一次认证，多国通行"，涵盖了印度、韩国、马来西亚、俄罗斯等21个"一带一路"国家和地区，降低了企业的技术风险和市场壁垒，这成为浙江制造业在"一带一路"中迅速走向世界的一张有效的通行证。

浙江省政府在稳定对外贸易、稳定外资方面，通过建立跨境电商综合试验区，准备重要的经济贸易展览，拓展国际市场，培养新的对外贸易增长点，并落实外资项目落地和新项目招引，为其提供政策支持，推动高质量外资集聚地建设。与此同时，浙江省加快国际贸易自由贸易区的建设，与上海自由贸易区新片区进行对接，积极筹划和推动小洋山的发展，积极推动开发区、园区和工业集聚区的整合和提升。浙江还以"大枢纽、大通道"为核心，实施"海陆空信息港"四港联动重大工程，加速"义甬舟"大通道和"舟山"江海联运枢纽的建设，推动制造业再上新台阶，促进"一带一路"周边企业的生产，实现"一带一路"的有序复产。浙江省也是一个世界领先的制造中心，它加速建成"17 + 1"经贸合作示范区、境外经贸合作区和省级国际产业园，促进国际产能合作，引导国际产业链的布局，并指导和扶持制造企业"走出去"。

中国人民银行杭州中心支行发布了《关于金融支持中国（浙江）自由贸易试验区建设的指导意见》，从推动贸易、推动投资、使融资便利化、提高资金使用效率、规避汇率波动风险、支持制造业产业链构建、推动人民币国际化、防范金融风险等方面提出了新的思路。

---

① 数据源自《中华工商时报》上《浙江省电力缺口800万千瓦　开源节流应对电力紧张》。

# 4  制造业在"一带一路"合作中的重要地位

一直以来，我国被国际视为"世界工厂"，中国制造业的快速增长，代表着我国制造业已取得长足的进步，"Made in China"这句话的使用频率越来越高，中国制造的商品已经遍布世界各地，中国制造业的快速增长让世界为之侧目。美国政府一再表示希望推动美国制造业重返故土，这无疑是在向中国不断增长的制造业发出挑战。

然而，我国在国际价值链上始终无法从"出口加工"的位置上挣脱开来。从总体上来说，我国制造业已经成为世界上最大的制造业，数据显示，截至2019年，我国制造业产量占了全球的五分之一以上，并且在过去8年里，产量远远超过了美国、英国、日本等传统的制造强国。但是，不能否认的是，目前我国制造业还处在"微笑曲线"的中间，即以加工、装配为主的生产环节。

一个产品的附加值往往通过拆解并检验产品的所有零部件得到。基于价值链的国际分工地位体现在出口产品所含的国内增加值的多少。国际分工地位越高，则一国产品出口所包含的国内附加值越高，说明一国作为一个出口部门创造的价值越高，对经济的增长贡献越大，因而所分得的收益越大。反之，一国的国际分工地位越低，则一国产品出口所包含的国内附加值越低，其作为一个出口部门并不是主要的价值创造环节，因而对经济增长的贡献越小，分得的收益越少。作为赶超国的发展中国家，这种新型的分工模式在带来机遇的同时也兼具挑战。与早期的产业间分工以及产业内分工相比，产品内国际分工对资金和技术禀赋的要求都比较低，因此它降低了发展中国家参与国际分工的门槛，这就让后起国家参与国际分工变得更容易，只要能够实现其中一个环节的生产就可以了。因此，目前的国际分工形势为发展中国家融入全球化进程提供了多种选择，可以依据自己的某一种优势充分发挥功能性作用，积极融入全球价值链。同时，以GVC为基础的国际劳动分工，使发展中国家更易被发达国家的核心技术所制约，陷入"跟风"的困境。因此，我国要打破加工组装这一分工形势，提升分工地位，就要从提高附加值、参与更高的价值链地位出发，在参与设计、研发、销售等制造业环节拥有充分的实力和竞争力，从而真正实现我国制造业的发展。

　　因此，我国当前在全球价值链分工中还是处于利润较低的水平，相比于传统制造业强国来说，还有很长的路要走。在此情况下，我国制造业结构转型升级成为一个需要解决的重要问题，制造业产能合作不仅是中国制造企业走出国门的一种创新方式，而且是中国由"工业大国"迈向"工业强国"的一种途径，关系到我国制造业能否成功实现产业升级和供给侧改革，为此我国要抓住"一带一路"这个重要的战略机遇，使之成为我国制造业转型升级的良好契机。其中"一带一路"背景下的制造业产能合作，突破了以往单纯依靠资金输出的国外产能合作模式，将中国的产品出口与资金出口相结合，可以更好地探讨在经济全球化的大背景下，中国的制造业产能合作模式与规律，进而提高我国的国际贸易水平，达到结构优化与贸易创新的效果，并对提高我国的出口附加值与贸易额起到积极的促进作用，增强我国制造业竞争力，使我国制造业发生质的转变。

# 5　浙江省制造业"一带一路"合作成功案例分析

## 5.1　吉利控股集团

### 5.1.1　吉利控股集团有关概况

　　吉利集团旗下的汽车品牌，包括沃尔沃汽车、吉利汽车、领克汽车、宝腾汽车、伦敦电动汽车、路特斯汽车、远程新能源商用车等。经过多年来的努力，吉利集团在自主创新领域也取得了一定的成就，吉利集团已申请了超过 14 000 项发明专利，获得了超过 12 200 项发明专利，并获得了"中国十大自主创新企业"的荣誉称号。

　　吉利集团是"一带一路"沿途规划的开拓者和领跑者，西部自大不列颠起至斯堪的纳维亚、南部马来西亚、北部西伯利亚等地都有它的身影。吉利集团的成功为中国制造业企业在国际市场上运用开放创新的策略提供了一个模板。吉利集团是一个具有代表性的中国民营企业，它在技术薄弱、资源贫乏、管理落后的情况下，把握机会，借助外部的创新资源，加强内外资源的协同管理，对中国制造业在"一带一路"倡议的推动下，实现跨越发展具有重要的理论和实践意义。

### 5.1.2　吉利控股集团参与"一带一路"建设情况

1. 吉利集团汽车研发中心

吉利集团于 2013 年 2 月 20 日宣布，在瑞典哥德堡成立吉利汽车欧洲研发中心

（CEVT），并融合沃尔沃与吉利两家公司的优势，共同开发出全新的 CMA 及相应的零部件，以适应欧洲的发展趋势，为沃尔沃与吉利两家公司提供最先进的产品与服务，现沃尔沃被吉利收购。2013 年 9 月，吉利汽车欧洲研发中心正式投入运营，如今已经成为哥德堡 15 家规模最大企业之一，拥有 2 000 多名员工。

吉利汽车于 2019 年 5 月宣布，位于德国劳恩海姆的汽车研发中心已经投入使用。位于德国法兰克福国际机场附近、由 300 多名专业技术人员组成的研发中心，将为吉利在新能源汽车上的技术开发提供有力的支持。此外，吉利集团在德国设立了研究开发中心，也将使吉利集团在世界范围内的工程研究开发系统得到更大的发展。吉利集团将依托德国汽车业的前沿技术和研究力量，在新能源、无人驾驶和车联网等方面，打造全新的技术平台，加快提升吉利集团的综合创新实力。吉利集团现在拥有五个主要的研究与开发机构，分别位于中国宁波杭州湾、瑞典哥德堡、中国杭州、英国考文垂市以及德国劳恩海姆。吉利汽车拥有 2 万多名研发和设计人才，其中 2 500 多名是新能源技术方面的专业技术人才。

2. 领克汽车全球基因

2016 年 10 月 19 日，吉利集团邀请媒体到吉利汽车欧洲研发中心及哥德堡设计中心进行现场考察参观，第一次展示以沃尔沃为龙头，吉利汽车与沃尔沃共同研发，以 CMA 为核心，采用了领先的发动机、变速器、底盘等多项技术，实现了智能、安全、豪华等多项性能指标的领克 01 概念车，并于 2017 年第四季度正式进入中国，然后在欧美等国家和地区陆续推出。

领克汽车于 2017 年 4 月 16 日在中国正式亮相，领克汽车 01 的准量产车型与 03 的概念车型也在世界范围内亮相。同年 8 月，吉利控股、吉利汽车、沃尔沃三家企业签署共同投资协议，领克汽车为三家企业共同投资品牌，标志着新一代合资企业的诞生。领克公司的第一款产品——领克 01，于 2017 年 11 月 28 日发布，五款量产款售价从 15.88 万元到 20.28 万元不等，而时光限定款则是 22.08 万元。领克汽车于 2018 年 3 月在荷兰阿姆斯特丹公布了其"欧洲战略"，并宣布于 2020 年进入欧洲市场。领克汽车智能电混于 2022 年 6 月 6 日正式推出。吉利以领克汽车为轴心，将继续推动中国制造产业的转型升级，推动世界汽车业的创新与变革。

3. 马来西亚——宝腾汽车

马来西亚是我国的友好近邻，是我国的主要贸易伙伴，在"一带一路"倡议的背景下，两国之间的工业合作将迎来新的发展契机。吉利汽车与马来西亚宝腾汽车公司的联合，是中、马两国优秀企业优势互补、互利共赢的成功范例。这次的合作不但能促进两个公司的长远发展，而且也将为马来西亚汽车业注入新的生机与活力，为马来西亚市民提供更多的服务。

吉利集团于 2017 年 6 月 23 日，通过收购马来西亚 DRB - HICOM 宝腾公司49.9% 股权，成为宝腾公司唯一的外资战略合作伙伴，在产品、技术和管理等方面取得了重大进展，从而使中国企业在"一带一路"倡议背景下，由单纯的产品贸易"走出去"向深入参与地方经济发展的方向转变。吉利集团于 2017 年投资宝腾后，全权承担宝腾的经营，并将宝腾打造为马来西亚的龙头企业，计划于未来十年跻身东盟三强企业之列，从人才、渠道、成本、品质、产业链、工厂改造、新品研发等七个方面，对宝腾集团进行全方位的创新，完善零部件配套体系，提高员工素质和企业的技术水平，对企业进行最大程度的整合，从而实现企业规模的最大化。同时，宝腾持续强化技术、质量、渠道、服务、供应商体系，并招揽了一批中国一流、世界一流的汽车配件供应商在马来西亚长远发展，逐渐重新树立起了自己的品牌形象，并成功地促进了公司其他系列的销售，提高了员工、供应商和经销商的信心。吉利集团收购宝腾汽车，就是为了利用宝腾汽车公司原有的产品和销售网络，向东南亚地区拓展。吉利也为宝腾在马来西亚、英国、印度和澳大利亚等地提供资金和技术上的支援，以重新塑造其品牌，在全球范围内扩大其市场份额。吉利收购宝腾后，带领宝腾实现复苏，使其扭亏为盈，销量逐年上涨，成为东南亚知名汽车品牌。

2018 年 12 月 12 日，马来西亚的汽车终于连上了互联网，吉利旗下的宝腾X70，也就是与宝腾合作的第一款车型，在吉隆坡发布，这辆车是以吉利博越为基础，经过了一定的改良设计的，更加适合当地人的需求。宝腾 X70 采用马来西亚本地的设计风格，结合亿咖通科技的智联体开发技术，被马哈蒂尔总理称作"会讲话的汽车"，并以"会讲话"著称。这款完全融入马来西亚特色的越野车，在马来西亚获得了超过 32 000 份订单，交货量突破了 15 000 辆，并在五个月内荣登马来西亚畅销 SUV 车型榜首。2020 年 10 月 27 日，基于缤越打造的宝腾 X50 在马来西亚正式上市，根据马来西亚用户使用车辆的习惯进行了再优化。宝腾公司不断提升产品本土化程度和不断健全供应链系统，将使马来西亚的产业链更加紧密地结合，从而促进马来西亚汽车业的转型和发展。2022 年宝腾汽车的销售数据显示，宝腾汽车销量141 432辆,其中2022年12月为14 750辆,总销售额增长23.3%,销量最高的车型是宝腾Saga,全年销售55 878辆,其次是宝腾X50,全年销售40 681辆。

2019年6月,正值中马两国建立45年外交关系的日子,马来西亚国营品牌宝腾汽车进入了一个新的发展时期。宝腾汽车、吉利控股投资的亿咖通、马来西亚ALTEL三方公司签署协议,共同组建三方技术合资公司。三家企业将在产品研发、本土运营、质量管理和生态建设等多个领域发挥优势,共同将该合资公司建设成为一家系统完善的车联服务供应商。三方成立合资公司可以为马来西亚的消费者提供更多的产品,并提供更方便的服务。除此之外,该合资公司后续也会逐步在当地培养技术人才,有机会在马来西亚甚至东南亚市场建立车联网研发中心,为宝腾汽车提供服务。宝腾汽车将为马来西亚用户打造更加愉悦的智能出行新体验,引领当地汽车工业进入智能互联时代。

吉利和宝腾在东南亚地区的合作,为"一带一路"倡议的实现提供了积极的示范效应。

4. 白俄吉项目

白俄罗斯是吉利进入欧洲市场的一个桥头堡,也是"一带一路"倡议中的一个关键国家。吉利与世界第二大矿业机械公司BELAZ和白俄罗斯零部件集团合资公司SOYUZ公司联合合资成立吉利(白俄罗斯)汽车有限公司,这是中国和白俄罗斯之间的第一家合资企业,也是吉利实行国际化战略的前提下,在国外建立的第一个新的工厂。这座被命名为"白俄吉"的新型大批量零件工厂,坐落在白俄罗斯鲍里索夫与知名的工业城镇若季诺中间,占地118公顷。

吉利(白俄罗斯)汽车有限公司的英文名字由"吉利"与"白俄罗斯"两个英文首字母合并而成,取名为BELGEE。吉利白俄罗斯工程于2015年5月启动,2017年7月建成,总投资3.29亿美元,为白俄罗斯提供了1 700多个直接就业机会,促进了有关工业的发展,并为当地培训了一大批汽车业的技术人才。吉利与白俄罗斯汽车厂共同投资的整车零配件生产基地,于2017年11月17日在该工厂正式开工。同日,吉利(白俄罗斯)汽车有限公司举行首台白俄产Geely Atlas(博越)的线下仪式。白俄吉项目,是白俄罗斯国内首条现代化的汽车生产流水线,吉利在短短30个月内,完成了从涂装到焊接再到总装的完整流程,以及配套设备的建设,计划年产60 000辆,并于2018年完成了年平均本地化产量的一半以上，使白俄罗斯的汽车工业逐渐走向成熟。目前，中国汽车业已由"走出去"向"走进去"转变，浙江省汽车业已在"一带一路"倡议的大背景下，深入地融入了"一带一路"沿线各国的工业化建设之中。

在"一带一路"倡议背景下，我国自主品牌汽车公司要走出国门，不仅是销售更多的车型。经过长时间的摸索，吉利公司已经将"走出去"的思路，从单纯的产品出口，变成了产品、技术、人才、标准和资本的综合出口。正是在这种认识的基础上，吉利以"走进去"的理念，在"白俄吉"的生产基地里，不断锤炼自己，充分利用自己的相对优势，深度融入地方的工业化进程，从而达到中国汽车工业国际化的战略目标。与此同时，吉利新厂还将引进新一代的 NL－4、FE－3JC 等高端品牌，为白俄罗斯以及俄罗斯、乌克兰等国家和地区提供高品质、高附加值的汽车产品。中国吉利汽车控股集团汽车年销售量在 2020 年已达 132 万辆，海外销量近 7.3 万辆。

在白俄罗斯，吉利公司享受到了特殊的优惠，其中包括对建造基金的贷款给予 50% 的贴息，以及免费的土地使用权。另外，白俄罗斯政府在政策上为促进吉利销量做出了贡献，例如让所有的公务车辆都优先使用吉利汽车。白俄罗斯财政部对购买吉利轿车的白俄罗斯公民实施了一项优惠政策，允许以 10% 的首付款、7 年内、最低年利率为 1.9% 分期还款。吉利汽车也被推荐为 2019 欧洲青奥会赛事指定用车，白俄罗斯政府一口气购买了 300 辆，以备在比赛期间使用。吉利（白俄罗斯）汽车有限公司的投入生产，是"一带一路"倡议背景下中白双方共同发展、合作共赢的一个成功案例。

5. 伦敦电动汽车

吉利于 2013 年收购了伦敦一家业内知名的电动汽车公司，并且在考文垂安斯蒂新建工厂，在英国不断增大研发和汽车造型方面的投入，带动了经典跑车品牌路特斯的复兴。目前来看，吉利在英国已经形成了从研发设计、整车制造再到营销推广的全产业链格局，有效地推动了英国当地汽车产业的进步。伦敦电动汽车公司（LEVC）有着悠久的历史，主要专注于生产英式高端商务汽车。目前，吉利控股集团已先后投资 5 亿英镑，整合了伦敦电动汽车公司的全球资源以及出行服务品质，定向打造服务于出行市场的 TX5 车型。该车型也是唯一符合全球出行标准的专车。

得益于吉利控股集团强大的整车生产能力和资源整合能力，LEVC 将得到更多的发展支持。据了解，LEVC 考文垂工厂当前有能力单班年产整车 3 000 辆，未来可提升至 20 000 辆。吉利控股集团在发展目标中提到，LEVC 未来有望成为零碳、智能、安全的汽车制造商。LEVC 依托吉利的全球资源整合优势，充分发挥协同效应，开发出了全新的轻量化、安全、绿色、环保的伦敦电动汽车全新 TX，为英国创造了大量的就业岗位，推动了产业链上下游的变革。

对浙江省来说，在 LEVC 的帮助下设立杭州市贸促会驻英国海外联络处，有助于提高杭州市贸促会的国际影响力，从而帮助更多浙江省企业在英国不断成长，加大浙江省商界与英国乃至欧洲商界的交流，实现双方互惠互利与合作共赢。对于 LEVC 而言，有助于其借助杭州市贸促会的平台与更多优秀企业交流，开拓海外市场，维持其在业内的领先地位。吉利集团于 2023 年 2 月 23 日在杭州亚运会主场馆正式发布"吉利品牌新能源战略"，并推出吉利品牌中高端新能源系列。该系列将在 3 年内推出包括大里程 PHEV、智能纯电等多款全新产品，其首款产品也将迎来全球首秀。

数据显示，2022 年吉利控股集团实现产销超 230 万辆，同比增长 4.3%。其中，新能源汽车销量超 64 万辆，同比增长 100.3%，新能源渗透率达 27.9%，创历史新高。2023 年吉利控股集团将紧紧围绕科技化转型，把握全球汽车行业变革中的新机遇，加速推动汽车工业向电动化、智能化变革，同时通过打造有韧性的供应链体系，引领产业高质量发展。

6. 路特斯汽车

2017 年 6 月 23 日，吉利集团收购马来西亚豪华跑车品牌路特斯（Lotus）51% 的股份。马来西亚路特斯借助于吉利集团在销售渠道、零部件供应商和生产技术等方面的优势，不断提高生产研发能力、市场营销能力和管理运营能力，同时凭借其原有的成本优势，扩大产品产量，实现规模经济，快速切入包括中国在内的新兴市场。在过去，路特斯位于英国，以英国为中心推动全球化发展，而现在随着吉利集团的收购，路特斯将科技总部设立在中国武汉，两地形成"中英双引擎"相互驱动、优势互补的发展模式，以此推动其全球化发展。

2021 年 4 月，路特斯发布了四大造车架构：以 Emira 为代表车型的经典跑车架构、以 Evija 为代表车型的顶级纯电跑车架构、日常生活系列的超高端智能电动车架构以及与著名汽车品牌雷诺集团合作的电动跑车架构。在这四大造车架构中，日常生活系列的超高端智能电动车架构在中国生产，而其他三个架构在英国生产，双方团队将在技术研发、生产制造、对外营销和客户服务方面深度合作，一同应对全球市场。而核心技术高管方面，路特斯花重金从许多知名汽车品牌如特斯拉和阿斯顿马丁聘请了多位经验丰富的业内人士来应对全球市场的变化，如阿斯顿马丁前副总裁兼首席技术官 Maximilian Szwaj 将担任中国武汉路特斯科技创新中心董事总经理，特斯拉研发核心人物 Matt Windle 将担任路特斯汽车董事总经理。此外，路特斯也在全球多个区域设立了分支机构，如在英国考文垂建立的路特斯科技造型中心和在荷兰阿姆斯特丹建立的路特斯科技欧洲营销总部。

对于全球市场的推进，路特斯主要分为两批开展，第一批市场主要是西欧地区，包括荷兰、德国、英国、挪威等国家，其中在荷兰建立的路特斯科技欧洲营销总部将负责整个欧洲市场的品牌营销与销售；第二批市场主要包括北美地区和亚太地区，核心市场为中国市场，路特斯在中国的首家直营体验中心已于 2021 年年底在上海开业，未来将在其他城市陆续开设体验中心。

在 2017 年之前，路特斯的经营状况较为恶劣，在全球的销量较小，业绩压力较大。而被吉利集团并购四年之后，路特斯转危为安，已经扭转颓势，在智能化汽车赛道上拥有一定的影响力，现已成为吉利集团在纯电智能汽车板块的重要布局。

### 5.1.3　吉利控股集团在"一带一路"倡议前后利润率变化

我们通过查找吉利控股集团 2013 年至 2021 年的企业年报，从中选取营业总收入、毛利润、营业总收入同比增长百分比、毛利润同比增长百分比、营业总收入滚动环比增长百分比以及企业的收益、销售成本、毛利润、其他收入，对吉利控股集团在践行"一带一路"倡议前后的企业利润率情况进行图表分析。从图 7 - 1 和图 7 - 2 中可以看出，吉利控股集团在 2015 年至 2017 年间营业总收入显著提高，总收入和毛利润的同比增长都较快。从图 7 - 3 中可以看出，2013 年"一带一路"倡议提出之前，吉利控股集团的毛利润变化不大，但在它积极响应"一带一路"倡议并建设了一系列合作项目后，其收益和毛利润均产生较大突破，企业地位也得以更上一层楼。

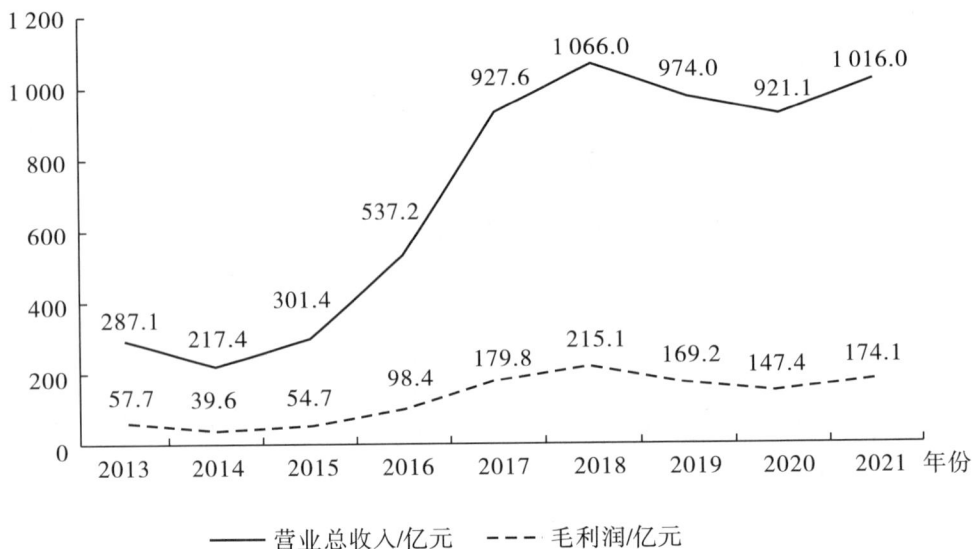

**图 7-1 吉利控股集团营业总收入、毛利润情况**

数据来源：吉利控股集团 2013 年至 2021 年的企业年报。

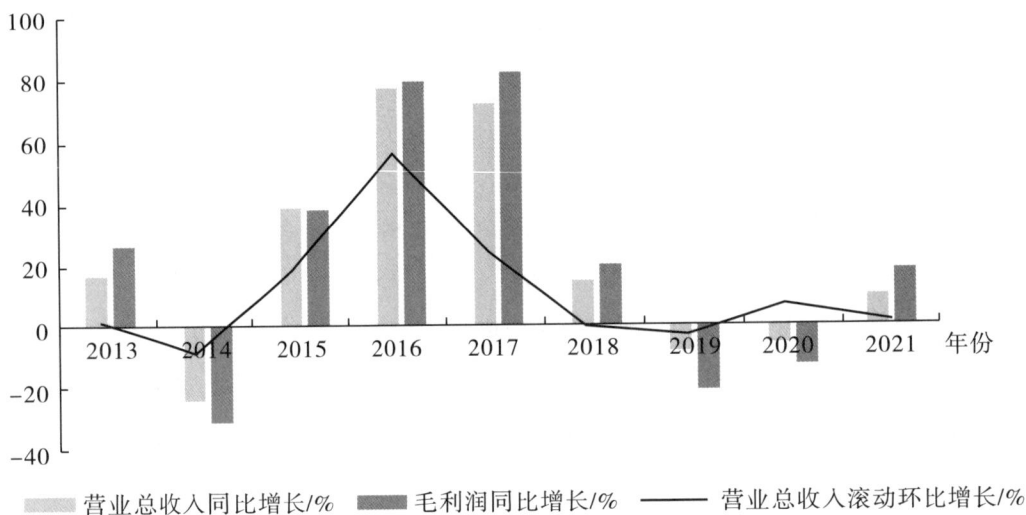

**图 7-2 吉利控股集团营业总收入、毛利润增长情况**

数据来源：吉利控股集团 2013 年至 2021 年的企业年报。

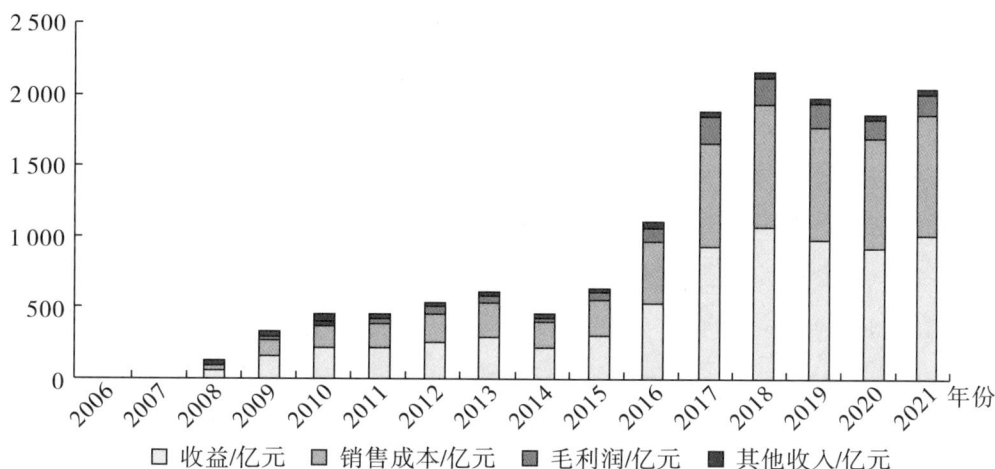

图 7 - 3 吉利控股集团经营利润分析图

### 5.1.4 吉利控股集团成功的经验启示

吉利在全球拥有五大工程研发中心、五大造型设计中心,各中心之间资源共享,相互协同,大大提高了吉利集团的技术创新能力,培育了大批优秀的产品,提高了吉利汽车品牌在全球的影响力,吉利汽车不断加快技术和产品输出。同时,吉利控股集团多渠道吸纳国内外优秀人才,通过广泛的发展平台和有效的激励机制,激发员工创新与奋斗,实现个人价值创造与组织战略的双赢。在响应"一带一路"倡议的过程中,吉利集团始终积极构建"全球型企业文化",尊重各国和各地区的文化特色,始终追求合作共赢,这是吉利控股集团在全球市场取得成功的重要原因之一。

在深度参与"一带一路"倡议建设过程中,企业必须合规经营,这是参与国际经济竞争的重要前提,是树立中国企业品牌形象的重要抓手。尽管企业合规制度会增加成本,但对企业的长久可持续发展有很大帮助。同时,企业之间需要协同分享,积极培育核心技术,始终坚持互惠互利、合作共赢的开放理念,充分利用自身资源优势和协同效应,发挥规模经济效益,将思维从单一产品贸易"走出去"转变为产品、技术、人才、标准与资本共同输出的产业战略布局,从而更好地发展自身,为"一带一路"倡议的实施添砖加瓦。

## 5.2 均胜电子公司

### 5.2.1 均胜电子公司有关概况

均胜电子于 2004 年在宁波成立,目前是全球领先的汽车电子零件和汽车安全产品供应商,主要产品包括智能座舱、智能驾驶、新能源管理和汽车安全系统等汽车电子和安全部件。均胜电子官网资料显示,其在全球主要的汽车生产国与消费国均建立了配套工厂,并设有 3 个核心研发中心,在全球 30 个国家组建了超 4 万人的员工队伍。这与它制定的"走出去,引进来"的整体战略密不可分。

均胜电子早期主要生产发动机进气管、风窗洗涤系统、空调风口等低端汽车零配件。2006 年,均胜电子与通用、大众等知名品牌牵手。2009 年并购上海华德,逐渐在国内汽车零部件市场确立领先地位。2011 年与普瑞公司合作,将业务拓展至欧洲和北美,借助普瑞公司的专利技术,逐步打开国际市场。同年,均胜电子在上海证券交易所上市。公司在之后的 8 年间先后收购了德国 Innoventis、群英集团 Quin、美国 KSS、日本高田等多家欧美日汽车产业链厂商,形成了汽车安全系统、汽车电子、功能件及总成、智能车联系统四大业务板块。2019 年年末,这四大业务收入比例分别占到了 77.08%、12.25%、6.28%、4.39%,汽车安全业务成为均胜电子的主要收入来源。公司现有产品覆盖与驾驶有关的人机交互、行车安全(主动、被动安全)、车载信息娱乐、新能源汽车电池管理系统和 5G 车载互联等。公司的研发创新能力、成本管控能力、生产制造及售后服务能力均在同行业中处于领先地位,现已和宝马、奔驰、本田等全球主要汽车制造商建立了长期合作关系,多次获得保时捷等汽车品牌的优秀供应商奖。

### 5.2.2 均胜电子公司参与"一带一路"建设情况

1. 均胜安全系统匈牙利"超级工厂"

2019 年 5 月下旬,在浙江(宁波)—匈牙利经贸科技合作交流会上,均胜电子与匈牙利子公司签署投资协议,预计投入约 1 亿欧元用于当地子公司的生产建设,以适应汽车行业的智能化与自动化变革。其中,位于匈牙利重工业城市的米什科尔茨工厂经过近半年的技术升级,年产量可达 2 000 万套安全气囊,其规模和设备自动化程度在全球汽车行业均处于领先地位,同时也拥有欧洲境内最大的汽车被动安全研发中心,现已成为欧洲汽车安全行业的"超级工厂",成功适应了均胜电子布局"一带一路"沿线国家的战略需求。而在此之前,均胜电子已在"一带一路"沿线国家设立了多个生产基地,年工业产值超过 50 亿元,极大地拉动了当地居民的就业。

中东欧国家历来工业基础较好,基础设施完善,对于均胜电子而言,将工厂设立于此,有利于节约将产品运输至西欧消费市场的成本,同时辐射中亚、南亚等欠发达地区,且这些地区的熟练劳动力性价比较高,工资水平与我国东部发达地区相近,有利于维持其在欧洲市场的领先地位。与此同时,均胜电子还吸取了东欧地区先进的工业技术,如方向盘控制器、中控系统等设备的生产经验,随着国家"一带一路"倡议的逐步实施,这些地区的优势将愈加突出。

2. 通过海外并购和整合布局印度市场

在积极推进东欧地区工厂建设的同时,均胜电子也在印度等新兴市场积极布局。早在 2016 年,均胜电子便通过对当地企业的并购,成为印度汽车安全系统的重要供应商。而根据印度的官方计划,到 2019 年年末印度的所有新车都要配备安全气囊和 ABS,均胜电子把握住了这一机遇,于 2019 年 6 月在印度成立合资企业,进一步扩大了在这一全球第四大汽车市场的先发优势。

为了有效规避汇率波动风险从而降低财务风险,均胜电子的资金收付均使用同一币种,以进行自然对冲,从而有助于在根本上消除汇率波动带来的影响。如在美国组建的子公司 Joyson Safety Systems,采用美元作为核算本位币,而主要结算货币包括美元、欧元、日元和人民币。近年来,均胜电子在海外市场的投资持续扩大,建立起了多元化的境外风险管理体系,同时积累了丰富的资金管理经验,进而确保了"一带一路"倡议背景下均胜电子在竞争格局中的优势地位。

3. 全球化布局,先后收购多家企业

2011 年,均胜电子收购了德国知名汽车电子企业——德国普瑞。在并购之后的十几年里,由于二者之间的互补性较强,普瑞公司积极利用均胜电子在产品和市场方面的资源,实现了营收的高速持续增长,在全球市场中的份额也持续扩大。

并购之前,德国普瑞的客户群体主要是奔驰、宝马、大众、通用在内的世界领先的中高端整车生产制造厂商,而均胜电子所生产的中低端零部件主要供应给国内的整车厂商如大众、通用、福特等。此次并购使均胜电子获得了国际范围内中高端汽车生产厂商的巨大市场,由从前主要为国内下游整车厂商提供基础零部件发展为拥有国际市场的中高端汽车电子零部件供应商客户群。另外,并购之前均胜电子在国内市场也积累了一些客户，其与福特、大众、通用均有合作，并且拥有大众 A 级供应商、通用全球供应商的身份，在国内有着较为稳定的客户关系，但产品以低端零部件为主。此次并购均胜电子不仅对外打开了国际市场，而且在获取普瑞在汽车电子领域的多项专利技术以后，将汽车电子领域技术运用于对国内下游整车厂商供应产品的研发和生产中，实质上也为普瑞在汽车电子领域进入国内市场提供了机会。在不断摸索的过程中，均胜电子采取了既要把握关键发展方向，又要根据当地实际情况来进行管理的组织架构。自此，均胜电子和德国普瑞都步入了发展快车道，实现了共赢。对均胜电子而言，其研发创新能力、销售渠道等方面都极大程度地得到了提高。对德国普瑞而言，其技术在中国汽车电子市场得到广泛运用。数据显示，普瑞公司的汽车销售额已经从 2010 年的 3 亿欧元迅速增长到 2018 年的 13 亿欧元；员工总数也增长了近 3 倍，2018 年全球员工共有 7 000 多人，拉动了德国劳动力市场的就业。①

在对普瑞公司进行成功并购之后，均胜电子积攒了大量可复制的经验，并将其运用到对其他战略目标公司的并购上。前些年，均胜电子又先后收购了机器人公司 IMA、高田资产等业内知名企业，并依托于"一带一路"倡议，在沿途国家和地区设立了多个生产基地。2014 年 6 月，均胜电子以 1 430 万欧元为代价并购德国 IMA。IMA 创立于 1975 年，其主营业务是工业机器人研发和制造，在该细分市场拥有全球领先水平，主要客户有德国汽车零部件制造商博世、大陆，美国汽车动力系统研制造商博格华纳，美国电子元件研发制造商泰科电子，美国日用消费品企业宝洁，德国医疗健康公司罗氏制药以及德国电器厂商博朗电器，等等。IMA 公司生产研发的工业机器人应用于横跨汽车、电子、医疗、快消和电器等各个领域的产品，在众多领域拥有世界一流的知名企业作为客户群体。均胜电子此次并购 IMA 所获得的工业机器人业务迎合了国内庞大的市场需求，在与普瑞工业机器人结合后能够广泛应用于各个领域。并购获得的领先技术水平和研发能力能够让均胜电子在该领域立于不败之地。

随着全球化布局的不断扩充，如今的均胜电子已经不再是十几年前的小微民营企业，而成了业内龙头企业，成了中德市场与技术融合的典范，并带动了德国劳动力市场的就业，给德国经济发展做出了不小的贡献。由此可见，"一带一路"

---

① 数据源自中国经济网上《均胜电子通过并购快速成长为行业领头羊》。

倡议有助于中国企业"走出去"战略的实施，能够实现双方共赢。

### 5.2.3　均胜电子公司成功的经验启示

均胜电子通过并购海外各汽车零部件细分领域内的优质企业，获得这些企业的多种资源，包括市场、客户、技术及管理资源，从而为其赢得了分布于北美洲、欧洲及亚太地区的世界市场，并在标的企业所在国家建立多个研发及产销基地，进一步维持其在行业内的领先地位。

在"一带一路"倡议的背景下，面临国内汽车零部件市场趋于饱和且利润率较低的情况，均胜电子利用中国低廉的劳动成本在国际市场站稳脚跟。获取国外汽车零部件企业的先进技术是均胜电子实行一系列措施的首要目标，并购后均胜电子脱离以低端零部件为主要业务的尴尬境地，开始逐步向中高端汽车零部件业务转型，获得更高的利润率。同时欧美及日韩企业的管理技术也因为并购活动的开展被均胜电子所汲取，公司的组织管理架构和生产流程不断得到改进，推动了企业的高效运行，有利于维持公司在业内的领先地位。

# 6　浙江省参与"一带一路"经贸合作的对策建议——基于企业视角

企业在"一带一路"倡议的实施过程中发挥着巨大的作用，"一带一路"倡议的推进需要多方参与，但企业是这个过程中的市场主体。"一带一路"倡议的核心要义在于不断推动企业"走出去"和扩大其对"一带一路"沿线国家的投资。浙江省是全国民营经济最发达的地区之一，对浙江省而言，"一带一路"倡议是一个重要的机遇，在这个过程中，应当发挥好企业的主体作用，各级政府和相关部门更应该致力于打造一个良好的营商环境，积极推动企业"走出去"。

对企业自身而言，更应该秉持具体情况具体分析的原则，对各个目的地市场进行全面调研，如各国的经济发展程度、劳动力成本、政治时局和地理气候状况等，以此来制订合理的投资和建设方案。各国市场的需求也处于一个不断变化的过程，切不可故步自封，应当及时调整市场战略。例如吉利集团与白俄罗斯的合作，始终关注白俄罗斯消费者市场的需求变化，并及时做出研发调整，从而能够增加销售额，获得更多的利润。除此之外，企业不能仅仅满足于价格竞争所带来的微薄利润，应当及时做出转型，积极吸取国际先进生产与品牌建设经验，大力发展一批在行业内具有影响力的自主品牌，逐步培养起企业自身的质量竞争优势和品牌竞争优势，以此来提高产品附加值，推动浙江省企业的可持续发展。

从政府层面来说，各级政府和相关部门应该致力于营造公平、高效的营商环境，尽可能扫清企业与"一带一路"沿线国家合作过程中可能存在的障碍，尽量降低企业在参与出口贸易时的相关成本与费用，如报关费、物流费等，尽可能地简化通过业务流程，节省企业的出口时间和出口费用，吸引更多的企业参与"一带一路"的经贸合作，提高市场活力。同时，对于一批规模较小且资金相对有限的企业，政府可以提供税收优惠和减息贷款等鼓励政策，给予企业境外发展所需要的资金支持。

# III　国际合作篇

第八篇

# 中国与阿根廷的产业合作案例

## 1 阿根廷国家简介

### 1.1 社会经济概况

阿根廷位于南美洲南部，拥有 278.04 万平方公里的领土，以及 4 725 公里的海岸线。阿根廷东濒大西洋，西与智利隔安第斯山脉相望，南面是南极洲，北面与玻利维亚和巴拉圭接壤，东北部则与巴西和巴拉圭毗邻。2022 年阿根廷人口总数为 4 623.5 万，其中约 95% 为白人和印欧混血人种。宗教信仰方面，天主教约占 76.5%，新教约占 9%。西班牙语为其官方语言。2022 年阿根廷的 GDP 为 6 327.7 亿美元，人均 GDP 为 13 686 美元，GDP 增长率为 5.2%，第四季度失业率为 6.3%。

### 1.2 产业概况

#### 1.2.1 产业结构

阿根廷的产业结构以服务业和工业为主，但同时农业也在阿根廷经济中占据

着举足轻重的地位。从具体行业来看，2021 年，制造业占 GDP 比重最高，达
30.3%；其次是批发零售业和农林牧渔业，分别占 GDP 的 13.9% 和 8.6%；其他
占比较大的行业还有房地产业和交通、仓储及通信业，详情见表 8 - 1。

表 8 - 1　2017—2021 年阿根廷主要行业占 GDP 的比重　　　　单位:%

| 行业 | 2017 | 2018 | 2019 | 2020 | 2021 |
|---|---|---|---|---|---|
| 农林牧渔 | 6.1 | 6.3 | 7.2 | 8.2 | 8.6 |
| 采矿 | 3.0 | 4.1 | 4.0 | 3.1 | 3.6 |
| 制造 | 26.3 | 26.7 | 26.8 | 28.5 | 30.3 |
| 建筑 | 4.9 | 4.7 | 4.5 | 4.2 | 4.8 |
| 批发零售 | 12.2 | 12.9 | 12.6 | 14.1 | 13.9 |
| 交通、仓储及通信 | 8.9 | 8.4 | 9.0 | 8.1 | 7.7 |
| 金融中介 | 4.0 | 3.7 | 3.4 | 3.8 | 3.0 |
| 房地产 | 8.7 | 8.9 | 8.9 | 8.7 | 8.3 |
| 教育 | 4.2 | 3.8 | 3.8 | 3.9 | 3.4 |
| 社会及医疗卫生服务 | 5.2 | 4.8 | 4.6 | 4.5 | 4.3 |

数据来源：阿根廷国家统计局。

### 1.2.2　主导产业

在拉美地区，阿根廷属于具备较强综合国力的国家，其农牧业、采矿业和汽
车行业是重要产业。

农牧业是阿根廷的支柱产业，占 GDP 比重接近 10%。阿根廷农牧业的发达得
益于其优越的自然条件，其大部分地区气候相对温和，土壤比较肥沃，尤其适宜
农牧业的发展。2020 年，阿根廷农作物耕地面积和长期牧场面积分别占国土面积
的 14.3% 和 39%，人均耕地面积位居世界前列。阿根廷是全球重要的农产品生产
与出口大国。在全球农产品出口量排名中，阿根廷大豆油、豆粕、豆类产量排名第
一，花生位列第二，玉米、葵花籽、梨、牛肉、龙虾、奶粉等农牧产品也排名前列。

作为拉美地区重要的矿业国之一，阿根廷拥有丰富的能源资源和金属矿产资
源，主要包括石油、天然气、锂矿等。近些年来，阿根廷金属矿业发展迅速。目
前，阿根廷大量的矿产品销往国际市场，出口占较大比重。

由于起步较早，阿根廷汽车产业发展较为成熟，发展势头良好，已经成为阿
根廷重要的支柱产业。除部分内销外，阿根廷生产的汽车大量出口，主要面向南
方共同市场，特别是巴西市场。近年来，由于巴西经济衰退等不利因素，阿根廷
汽车产业出现一定程度的下滑。

### 1.2.3 产业布局

阿根廷农牧业主要分布在东部和中部的潘帕斯草原，全国80%牲畜集中于此。采矿业围绕矿区分布，主要在阿根廷的西北部、安第斯山脉的东侧及南部的巴塔哥尼亚地区。从行政区划看，阿根廷由首都布宜诺斯艾利斯市与23个省组成。首都布宜诺斯艾利斯市位于东部地区，是阿根廷的经济中心，拥有发达的农牧业和制造业，其工业产值占阿根廷工业总产值近三分之二。此外，阿根廷其他主要经济中心城市有拉普拉塔、圣塔菲、科尔多瓦和罗萨里奥。

## 1.3 对外贸易情况

### 1.3.1 贸易总量

阿根廷出口额整体呈现上升的趋势，仅于2020年受疫情影响出现大幅下降，其他年份出口额都在增长，2021年出口额大幅增长，已达779.3亿美元，同比增长42%（见图8-1）。此外，阿根廷进口额总体呈现下降的趋势，这与阿根廷国内经济形势以及政府政策紧密相关。在新冠疫情和国内外经济持续低迷的影响下，阿根廷外债累累、通货膨胀高企、外汇储备紧张、赤字居高不下等问题进一步凸显。在此形势下，阿根廷政府加大了外汇和进口管制力度。在出口和进口的反向变动趋势影响下，阿根廷于2019年从贸易逆差转变为贸易顺差。

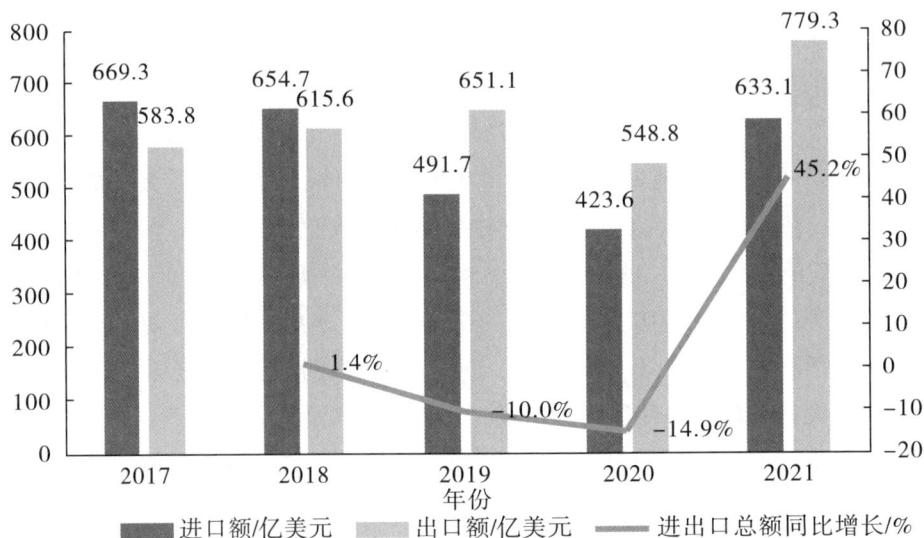

图8-1 2017—2021年阿根廷进出口贸易总额

数据来源：联合国Comtrade数据库。

### 1.3.2　贸易结构

从贸易国别结构来看，中国是阿根廷的第二大贸易伙伴。从表8-2的数据可以看出，2021年中国是阿根廷第二大出口目的地，出口额达61.6亿美元，占出口总额的8%；中国是阿根廷第一大进口来源地，进口额达135.3亿美元，占进口总额的21.4%。

表8-2　2021年阿根廷对外贸易国别结构

| 出口目的地 | 出口额/亿美元 | 进口来源地 | 进口额/亿美元 |
| --- | --- | --- | --- |
| 巴西 | 117.7 | 中国 | 135.3 |
| 中国 | 61.6 | 越南 | 11.8 |
| 美国 | 50.0 | 印度 | 13.9 |
| 印度 | 42.9 | 意大利 | 13.1 |
| 智利 | 42.0 | 泰国 | 15.5 |
| 越南 | 32.2 | 墨西哥 | 14.0 |
| 荷兰 | 29.8 | 美国 | 59.2 |
| 秘鲁 | 20.1 | 德国 | 25.3 |
| 印度尼西亚 | 18.6 | 巴西 | 123.9 |
| 西班牙 | 18.5 | 巴拉圭 | 29.1 |

数据来源：联合国 Comtrade 数据库。

从进出口商品结构来看，阿根廷对外出口的商品主要包括各种农牧产品；此外，车辆和矿产品也占一定比重（见表8-3）。

表8-3　2021年阿根廷主要出口产品

| 排名 | 产品 | 出口额/亿美元 | 占总出口额比重/% |
| --- | --- | --- | --- |
| 1 | 谷物 | 128.0 | 16.4 |
| 2 | 食品工业的残渣及废料；配制的动物饲料 | 91.8 | 11.8 |
| 3 | 动、植物油、脂及其分解产品；精致的食用油脂；动、植物蜡 | 72.9 | 9.4 |
| 4 | 车辆及其零件、附件（铁道及电车车道车辆除外） | 61.5 | 7.9 |
| 5 | 矿物燃料、矿物油及其蒸馏产品；沥青物质；矿物蜡 | 37.8 | 4.9 |
| 6 | 含油子仁及果实；杂项子仁及果实；工业用或药用植物；稻草、秸秆及饲料 | 37.2 | 4.8 |

（续上表）

| 排名 | 产品 | 出口额/亿美元 | 占总出口额比重/% |
|---|---|---|---|
| 7 | 肉及食用杂碎 | 33.5 | 4.3 |
| 8 | 杂项化学产品 | 24.5 | 3.1 |
| 9 | 鱼、甲壳动物及其他水生无脊椎动物 | 19.2 | 2.5 |
| 10 | 天然或养殖珍珠、宝石或半宝石、贵金属、包贵金属及其制品；仿首饰；硬币 | 18.8 | 2.4 |

数据来源：联合国 Comtrade 数据库。

阿根廷进口的商品以工业产品为主，包括各类机械、电气设备、车辆零部件和化工产品等；此外，矿产品也占较大的比重（见表 8-4）。

表 8-4　2021 年阿根廷主要进口产品

| 排名 | 产品 | 进口额/亿美元 | 占总进口额比重/% |
|---|---|---|---|
| 1 | 核反应堆、锅炉、机器、机械器具及其零件 | 95.4 | 15.1 |
| 2 | 电机、电气设备及其零件；录音机及放声机、电视图像、声音的录制和重放 | 66.4 | 10.5 |
| 3 | 车辆及其零件、附件（铁道及电车车道车辆除外） | 64.3 | 10.2 |
| 4 | 矿物燃料、矿物油及其蒸馏产品；沥青物质；矿物蜡 | 58.0 | 9.2 |
| 5 | 有机化学品 | 33.4 | 5.3 |
| 6 | 药品 | 32.9 | 5.2 |
| 7 | 盐；硫磺；泥土及石料；石膏料、石灰及水泥 | 30.4 | 4.8 |
| 8 | 含油子仁及果实；杂项子仁及果实；工业用或药用植物；稻草、秸秆及饲料 | 27.3 | 4.3 |
| 9 | 肥料 | 22.8 | 3.6 |
| 10 | 钢铁 | 18.4 | 2.9 |

数据来源：联合国 Comtrade 数据库。

## 1.4　利用外资情况

凭借开放的外资政策和丰富的自然资源，阿根廷吸引了大量的外资流入。但近年来受宏观经济形势的影响，阿根廷的外资吸收额波动较大。根据图 8-2 的数据，2021 年阿根廷吸收外国直接投资流量为 65.3 亿美元，同比增加 62.4%。

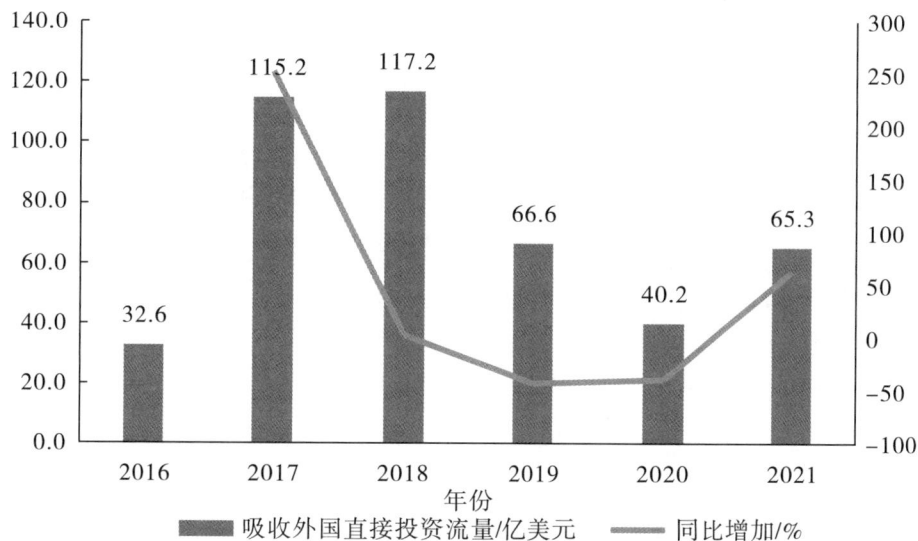

**图 8-2 阿根廷 2016—2021 年吸收外国直接投资流量**

数据来源：联合国贸发会议《2022 年世界投资报告》。

阿根廷吸收外资主要集中在制造业、矿石和石油开采业、银行和其他金融实体、贸易、信息通信业以及农业。其中，制造业占比最高，矿石和石油开采业次之，银行和其他金融实体位居第三（见图 8-3）。

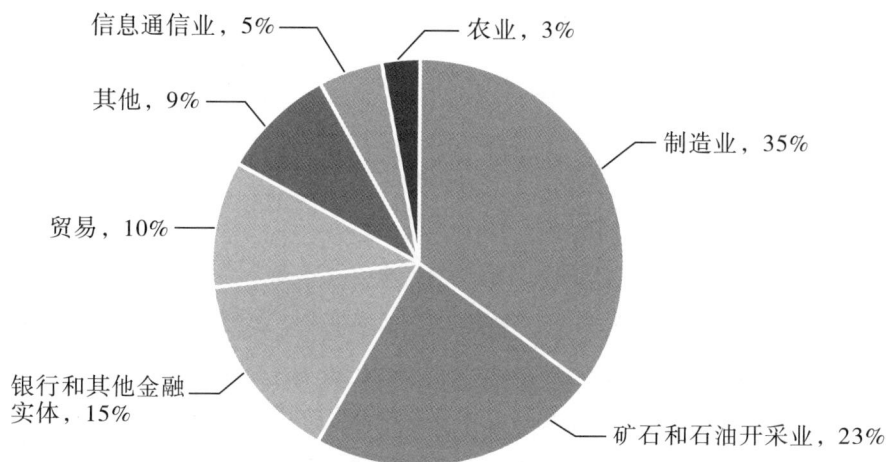

**图 8-3 阿根廷吸收外资行业分布**

数据来源：阿根廷中央银行。

## 2 经贸联系

### 2.1 基本概况

中国和阿根廷经贸合作发展顺利，双边贸易呈现增长的趋势，中国已经成为阿根廷的第二大贸易伙伴。根据国家统计局的数据，2021 年双边贸易额为 178.1 亿美元，其中中方进口额 71.2 亿美元，中方出口额 106.9 亿美元，进出口总额同比增长 28.2%（见图 8-4）。

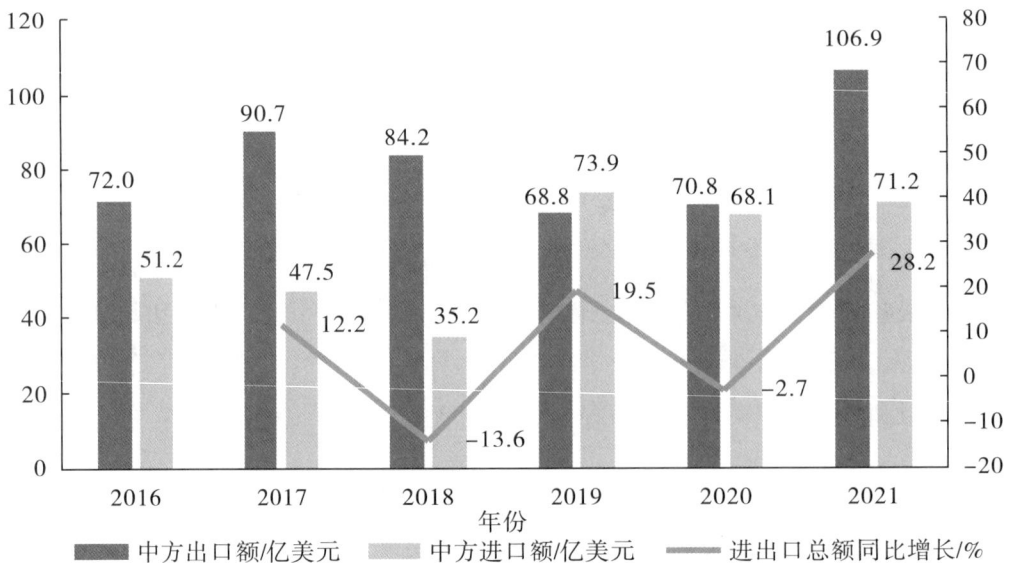

图 8-4　2016—2021 年中国—阿根廷进出口贸易状况

数据来源：中国国家统计局。

从双方进出口商品结构来看，中国与阿根廷双边贸易具有互补效应。阿根廷主要向中国出口各类农产品，其中含油子仁及果实等、肉及食用杂碎和谷物位居前三，分别占总出口额比重的 31.9%、30.7% 和 15.4%，合计占比高达 78%（见表 8-5）。目前，阿根廷是中国大豆油的第一大供应国和大豆的第三大供应国。除农产品外，生皮（毛皮除外）及皮革和矿产品在阿根廷向中国出口的产品中也占一定的比例。

表 8 - 5　2021 年阿根廷对中国出口的主要产品

| 排名 | 产品 | 出口额/亿美元 | 占总出口额比重/% |
|---|---|---|---|
| 1 | 含油子仁及果实；杂项子仁及果实；工业用或药用植物；稻草、秸秆及饲料 | 19.7 | 31.9 |
| 2 | 肉及食用杂碎 | 18.9 | 30.7 |
| 3 | 谷物 | 9.5 | 15.4 |
| 4 | 动、植物油脂及其分解产品；精致的食用油脂；动、植物蜡 | 4.7 | 7.7 |
| 5 | 鱼、甲壳动物及其他水生无脊椎动物 | 1.8 | 2.9 |
| 6 | 生皮（毛皮除外）及皮革 | 1.1 | 1.8 |
| 7 | 无机化学品；贵金属、稀土金属、放射性元素及其同位素的有机及无机化合物 | 0.7 | 1.2 |
| 8 | 乳品；蛋品；天然蜂蜜；其他食用动物产品 | 0.5 | 0.9 |
| 9 | 烟草及烟草代用品的制品 | 0.4 | 0.6 |
| 10 | 木及木制品；木炭 | 0.4 | 0.6 |

数据来源：联合国 Comtrade 数据库。

　　阿根廷主要从中国进口机械器具及其零件等，电机、电气设备及其零件等，有机化学品，车辆及其零件、附件和肥料等，其中前三项分别占总进口额的 24.6%、24.1% 和 11.0%，合计占比达 59.7%（见表 8 - 6）。

表 8 - 6　2021 年阿根廷从中国进口的主要产品

| 排名 | 产品 | 进口额/亿美元 | 占总进口额比重/% |
|---|---|---|---|
| 1 | 核反应堆、锅炉、机器、机械器具及其零件 | 33.3 | 24.6 |
| 2 | 电机、电气设备及其零件；录音机及放声机、电视图像、声音的录制和重放设备及其零件、附件 | 32.6 | 24.1 |
| 3 | 有机化学品 | 14.8 | 11.0 |
| 4 | 车辆及其零件、附件（铁道及电车车道车辆除外） | 6.6 | 4.9 |
| 5 | 肥料 | 4.8 | 3.6 |
| 6 | 盐；硫磺；泥土及石料；石膏料、石灰及水泥 | 4.8 | 3.6 |
| 7 | 药品 | 4.7 | 3.5 |

（续上表）

| 排名 | 产品 | 进口额<br>/亿美元 | 占总进口额<br>比重/% |
|---|---|---|---|
| 8 | 光学、照相、电影、计量、检验、医疗或外科用仪器及设备、精密仪器及设备；上述物品的零件、附件 | 3.6 | 2.7 |
| 9 | 钢铁制品 | 2.5 | 1.8 |
| 10 | 杂项化学产品 | 2.2 | 1.6 |

数据来源：联合国 Comtrade 数据库。

从直接投资来看，中国对阿根廷直接投资流量呈现增长的趋势，但总体规模较小。截至 2021 年年底，中国对阿根廷直接投资存量为 21.4 亿美元（见图 8-5）。

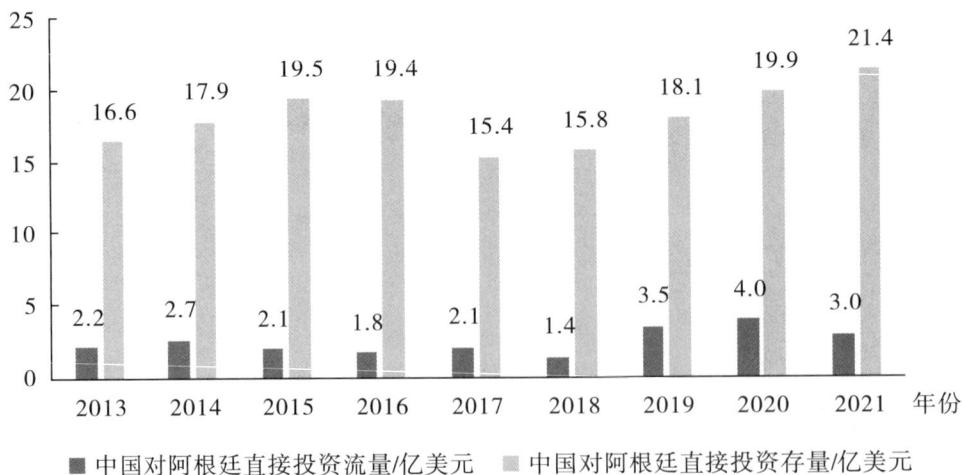

图 8-5　2013—2021 年中国对阿根廷直接投资流量与存量
数据来源：《2021 年度中国对外直接投资统计公报》。

## 2.2　产业合作情况

中国与阿根廷产业合作势头良好，中国企业活跃于阿根廷的基础设施、能源、农业等各个行业，创造了大量的就业岗位，有力地推动了阿根廷经济和社会的发展。近年来，越来越多的中国企业聚焦于阿根廷锂矿开发与利用领域，为两国的投资合作增添新动能，有效地促进供应链融合与产业链融合。

商务部相关数据显示，目前中国在阿根廷的投资企业已经达到 80 余家，分布在矿业、油气、农业、基础设施、清洁能源、金融、化工等各个领域。美国传统基金会发布的中国全球投资跟踪数据统计了 2005 年以来中国在阿根廷的大型投资及工程建设交易，虽然该数据仅统计了 1 亿美元以上的交易，但在一定程度上可以反映出中国与阿根廷产业合作的行业分布情况。数据显示，2005—2022 年中国在阿根廷的大型投资及工程建设交易共 34 起，总金额达 226.9 亿美元，分布在房地产、公用事业、化工、交通运输、金融、金属矿业、科技、能源和农业行业（见图 8-6）。从金额来看，能源、交通运输和金属矿业排名前三（见图 8-7）。详查具体数据，能源行业早期主要涉及传统油气能源，近年来可替代能源居多；交通运输行业多为基建工程项目；金属矿业投资中 1 起涉及金矿，其余 5 起均涉及锂矿。

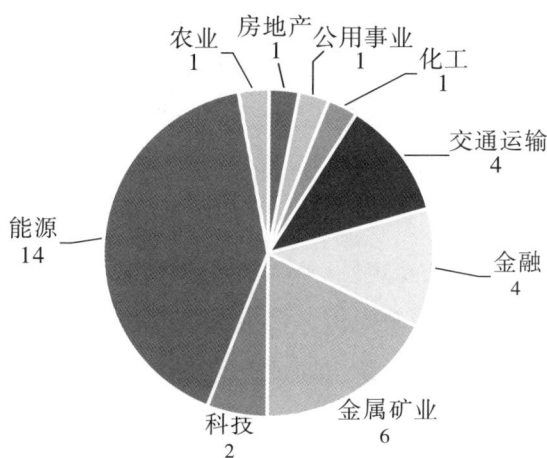

**图 8-6　分行业中国在阿根廷的大型投资及工程建设数量（2005—2022 年）**
数据来源：美国传统基金会。

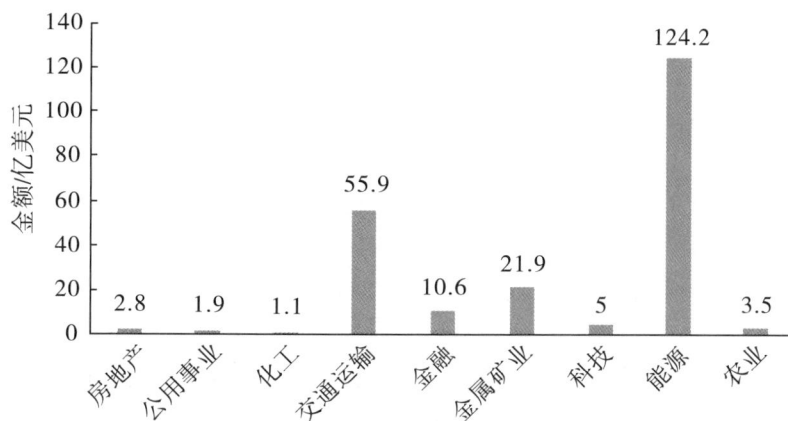

**图 8-7　分行业中国在阿根廷的大型投资及工程建设金额（2005—2022 年）**
数据来源：美国传统基金会。

# 3 产业合作的主要模式分析

## 3.1 锂矿产业：获取战略资源，保障供应稳定

作为重要的战略资源，锂的需求持续高涨，但中国国内供给不足，中国企业加速出海获取锂资源。在"双碳"背景下，新能源汽车等新兴产业迅速发展，锂作为产业链的关键环节，其战略重要性逐渐凸显，已被中国列入战略性矿产。中国不仅是重要的新能源汽车生产大国，还是新能源汽车的主要消费市场。未来，中国的电动汽车需求将会进一步扩张，带动上游锂产品需求进一步扩大。但中国国内锂资源禀赋较差，供给不足，对外依存度高，引发了中国企业对锂资源供应稳定和锂产业链安全的担忧。在此背景下，中国企业加速对海外优质锂资源分布区进行布局，以保障锂供应的稳定性。

阿根廷锂盐湖资源禀赋优于中国，目前开发程度较低，未来开发空间广阔。阿根廷多数锂盐湖位于卡塔马卡省、胡胡伊省和萨尔塔省三省的高原地区，该地区也是著名的"锂三角"地带。相比于中国，阿根廷锂资源在储量、品质和成本方面都具有明显优势。在储量方面，根据美国地质调查局发布的报告，2022 年全球已探明的锂储量为 2 200 万吨，阿根廷位列第三，已探明储量为 220 万吨。在品质方面，阿根廷锂盐湖具有较高的锂离子浓度和较低的镁锂比，优于中国锂盐湖资源。另外，阿根廷锂盐湖项目成本优势显著，有较强的盈利能力和投资前景。但阿根廷锂盐湖资源的开发投资强度较高，需要大量的资金投入，这也成为制约其锂盐湖资源开发的重要因素。从开发现状来看，阿根廷锂盐湖开发程度比较低，产量明显低于世界其他的主要产锂国家，具有较为广阔的开发空间。

阿根廷优越的锂资源禀赋和广阔的开发前景吸引了众多中国企业投资其锂矿产业。从表 8 - 7 的数据来看，中国在阿根廷锂业共有 5 起 1 亿美元以上投资交易，集中在 2018—2022 年，先后有西藏珠峰、赣锋锂业、青山控股和紫金矿业四家公司布局阿根廷锂盐湖。对于赣锋锂业等国内锂生产企业而言，阿根廷锂盐湖项目是重要的资源供应保障，能缓解上游资源瓶颈。此外，对于紫金矿业等国内传统矿业企业而言，阿根廷锂盐湖项目有助于完善其产业链布局，推动业务转型。

表 8 - 7　中国在阿根廷锂业的大型投资交易

| 年份 | 投资者 | 金额/亿美元 | 交易方 |
| --- | --- | --- | --- |
| 2018 | 西藏珠峰资源有限责任公司 | 2.1 | Lithium X |
| 2019 | 赣锋锂业有限公司 | 2.6 | Lithium Americas |
| 2019 | 西藏珠峰资源有限责任公司 | 1.8 | — |
| 2021 | 青山控股 | 2.0 | Eramet |
| 2022 | 紫金矿业集团股份有限公司 | 3.8 | — |

赣锋锂业较早布局并快速扩张，以参股加获得包销权的模式获取锂资源。作为最先在阿根廷布局锂资源的中国企业之一，赣锋锂业通过多笔并购交易，取得了 Mariana、Cauchari-Olaroz 和 Sal de la Puna（SDLP）等多个锂盐湖项目。赣锋锂业获取锂资源的具体模式为：针对已完成勘探的矿山，通过参股加获得包销权的方式，以相对较少的资金获取尽可能多的锂资源，这种模式一定程度上能够缓解公司现金流支出的压力。例如，2019 年赣锋锂业通过收购美洲锂业 19.9% 的股权，取得了 Cauchari-Olaroz 项目 46.67% 的股权。该项目规划一期年产 4 万吨碳酸锂，是世界最大的盐湖提锂项目之一。赣锋锂业在完成股权收购之后，与美洲锂业公司订立了包销合同，从而获得了一期规划产量中 76% 的产品包销权。

在中国与阿根廷的锂矿产业合作中，中国企业之间的合作趋势初现。其一是在锂盐湖项目运营方面的合作，共同开发利用阿根廷锂盐湖，典型例子是西藏珠峰与盛新锂能。通过在 2018 年收购 Lithium X 公司，西藏珠峰获得了 SDLA 锂盐湖项目和 Arizaro 锂盐湖项目，这两个锂盐湖均位于阿根廷萨尔塔省。2021 年 SDLA 锂盐湖项目迎来了另一个中国合作方——盛新锂能，未来该项目将由西藏珠峰和盛新锂能两家中国企业运营。其二是锂盐湖开发与工程建设的合作，典型例子是青山控股与中国电建的合作。青山控股在 2021 年获得 Centenario-Ratones 锂盐湖项目的股权，该锂盐湖坐落于阿根廷萨尔塔省，与西藏珠峰的 SDLA 锂盐湖项目相邻。目前该项目由中国电建承建，主要包括锂盐提取厂和发电站等建筑工程的建设。青山控股与中国电建拥有多年良好合作关系，通过多个项目的顺利合作已建立高层次合作互信。

产业合作目前集中在产业链上游的锂矿开采和中游的锂盐产品生产，未来有望向下游的电池生产和电动汽车制造延伸。在电池生产方面，赣锋锂业已经同阿根廷相关部门签署了谅解备忘录，计划在胡胡伊省建设一个锂电池工厂。此外，中国动力电池生产商国轩高科也表示将与胡胡伊省国家能源矿业公司合作设立合资公司，建立碳酸锂精炼工厂，以研发和生产电池级碳酸锂等相关产品，并在锂电池制造等锂产业链下游环节进行合作。在电动汽车制造方面，由于阿根廷汽车产业发展较为成熟，加之拉美具有庞大的市场，电动汽车产业合作前景广阔。奇瑞——在当地市场已有十多年销售经验的中国汽车生产商，将在阿根廷建立一家电动汽车制造工厂，以供应当地市场并出口至其他拉美地区。江苏建康汽车公司目前也与阿根廷政府签署了相关协议，计划将在阿根廷生产电动汽车和锂电池。可见，虽然中国企业最初进入阿根廷矿业主要是为了获取重要的矿产资源，但发展到一定阶段后，企业为了降低成本，会布局更多的关联产业，向产业链下游延伸，在这一过程中会产生技术的溢出效应，有利于阿根廷不断加深技术学习，促进经济发展。

从共生视角来看，中国与阿根廷在锂矿产业合作中形成了良好的共生关系。中国与阿根廷在资源、资金、技术等方面的互补，是双方共生关系形成的强大拉力。中国与阿根廷在锂产业合作中实现了互利共赢，对于中国而言，其能够获得优质锂资源，推动锂资源供应路径多元化，保障供应链安全。对于阿根廷而言，其将在以下三个方面获益：第一，可以引进先进技术，促进锂矿业发展。中国相关企业已经开发出新型的提锂技术，随着中企加速布局阿根廷锂盐湖资源，阿根廷锂盐湖能够有效采用中国先进的提锂技术，进而提高锂盐湖项目的开发效率，缩短生产周期，降低成本，促进行业变革。第二，随着锂盐湖的有效开发，锂产量提升，能够扩大矿产品出口，增加外汇收入。第三，有利于推动新能源汽车产业发展，为经济发展增添新动能。

## 3.2 农业：投资模式转变，合作领域拓宽

中国在阿根廷农产品贸易地位突出，驱动农业投资合作深化。作为全球重要的粮食和肉类生产国，阿根廷已成为中国主要的农产品来源国。中阿建交以来，农产品贸易快速发展，中国从阿根廷进口大量的大豆、大豆油和牛肉等农产品。目前，阿根廷是中国大豆油的第一大供应国和大豆的第三大供应国。来自阿根廷的肉类占中国肉类进口总量的12.1%，大豆占中国大豆进口总量的7.5%，海鲜贝类和动物油脂等产品的进口占比也超过了2%。由于阿根廷大多数农产品都掌握在

管理粮食分销的跨国公司手中，双边农产品贸易对中间商的依赖性较强。出于减少中间商环节、降低交易费用和发挥企业内部优势的考量，部分中国企业对阿根廷农业领域进行投资，增强自身在农产品贸易中的话语权。此外，阿根廷较低廉的可开发利用耕地、优越的自然条件、较强的农场经营实力以及较高的农业科技水平等，也是吸引中国企业进入的重要因素。目前，进入阿根廷农业的中国企业已有 10 余家，包括重庆粮食集团、中粮国际、恒阳牛业、大北农等。

早期中国企业倾向于以直接的土地投资进入阿根廷从事农业种植，面临着较大风险。具体投资模式为：中国企业通过购买或者长期租赁获得阿根廷土地，进而种植大豆等中国进口依存度高的农产品，这也是早期中国企业在拉美地区乃至全球进行农业投资的常用模式。但是直接购买或租赁土地进行农业种植的投资周期长，再叠加阿根廷经济不稳定和政权更迭频繁等因素，该模式面临着较大的风险。例如，重庆粮食集团在 2011 年 12 月收购了阿根廷阿尔贝蒂（Alberdi）地区爱佳农场的 13 049 公顷土地，兴建大豆种植基地，但受宏观经济波动、政局不稳定和土地纠纷等因素影响，重庆粮食集团的大豆基地项目进展缓慢，造成了一定的经济损失。

受阿根廷土地限购政策影响，中国企业直接进行土地投资的空间收窄。2010 年之后，拉美大国接连出台针对外国投资者的土地限购法令，对中国在拉美地区的农业投资模式产生了一定的影响。2011 年阿根廷国会通过了限制外国人购买土地的法案，规定外国个人和机构在阿根廷购买的耕地面积不得超过阿根廷农业土地面积的 15%，同一个国家的买家购买的土地不得超过允许外国人购买土地总量的 30%，每个外国法人或自然人在阿根廷购买的土地不能超过 1 000 公顷，外国人在阿根廷购置土地将不再被视为投资行为等。该法令给中国企业在阿根廷直接购买土地从事农业种植带来诸多限制，促使中国企业改变农业投资模式，拓宽农业投资领域。

农业投资逐渐向仓储、加工、运输和销售等产业链重要环节延伸，中粮国际通过收购实现全产业链布局。中粮国际在拉美并没有进行大规模的土地投资和大宗农产品的种植，而是在 2014 年先后收购了来宝农业和尼德拉两大国际农业公司。借助这两大公司在拉美已有的平台，中粮国际实现了在阿根廷农产品加工、仓储和物流等产业链重要环节的良好布局，快速将业务拓展到了相关地区。中粮国际在阿根廷已经形成了较为完整的粮食产业链，不仅拥有 4 家粮油加工厂，还拥有 8

个粮食仓库和 2 个自有码头。目前，中粮国际已经成为阿根廷第一大粮油出口商。对于中粮国际而言，推动供需双方的"直接贸易"是其投资拉美的重要驱动力，更深层次的考量是将主要粮食生产国的产出与中国的市场密切结合起来，实现上下游整合，确保中国的进口安全。

中粮国际积极建设粮食运输通道，提升核心竞争能力。由于全球四大粮商进入拉美市场已接近百年，在拉美地区建立了成熟完整的产业链，中粮国际面临着较大的竞争压力。为提升与大型跨国公司竞争的实力，中粮国际加大在核心领域的投入，积极建设粮食运输通道，扩张现有物流网络。例如，2021 年中粮国际在阿根廷圣达菲省建设了一条铁路专用线，连接港口与外部铁路，能将内陆粮源直接运输到公司的自有码头，提高了运输粮食及卸货的效率，降低了物流成本。

两国农业产业合作符合彼此战略利益，形成了较为良好的共生关系，实现了互利共赢。对于阿根廷而言，农业作为其重要的支柱产业之一，是经济发展的重要增长动力。在阿根廷国内经济持续疲软的背景下，两国农业合作有助于释放阿根廷农业增长潜力，推动经济发展。对于中国而言，其有利于建立较为稳定的农产品海外供应链体系。

## 3.3 基础设施和可再生能源产业： 基于共同价值， 推动产能合作

中国与阿根廷的产业合作在关注企业利益的同时，注重双方的互利共赢，平衡两国之间的利益诉求，符合共同价值模式。这一特点尤其体现在两国基础设施和可再生能源领域的产业合作中，既实现了钢铁、水泥、建材等中国优质产能的出口，又为推动阿根廷的工业化与产业升级奠定了良好的基础。

### 3.3.1 基础设施

基础设施落后是制约阿根廷经济发展的重要因素。阿根廷落后的基础设施不仅阻碍了农业和矿业的进一步开发，还推高了运输、仓储等成本，从而压缩了制造业的利润空间，因此阿根廷对改善基础设施具有强烈需求。受经济疲软和债务危机的影响，阿根廷缺乏资金进行基础设施的改造升级，急需外资企业助力其完善基础设施。

中国企业凭借充足的资金实力和高效的工程建设能力，为阿根廷基础设施建设提供了强大的助力。在"一带一路"倡议的推动下，中国与阿根廷在基础设施

领域的产业合作顺利开展，其中最具代表性的是贝尔格拉诺货运铁路改造升级项目。该项目由中国机械设备工程股份有限公司总承包，由中国国家开发银行与中国工商银行提供主要融资支持。项目建设过程中，阿根廷向中国购买了 3 万吨铁轨、3 500 节车厢及 100 辆新机车，促成了中国钢铁和建材等优质产能的有效输出。升级改造后的贝尔格拉诺货运铁路畅通地连接了港口城市和内陆地区，显著地提高了货物的运输效率，很大程度上降低了农产品的物流成本，间接提高了其农产品的国际竞争力，进而提升了出口创汇能力，助推经济发展。相关统计数据显示，在 2021 年贝尔格拉诺货运铁路运营方阿根廷铁路货运公司实现了超 800 万吨的总运量，达到近 30 年以来的顶峰值。此外，该项目为沿线地区带来大量就业岗位，实现了多方共赢。

从共生视角来看，中国与阿根廷在基础设施领域的产业合作中形成了良好的共生关系。对于中国而言，这不仅能够为中国的装备制造业开拓新的市场，推动钢铁、水泥、建材等产能的出口，还有利于中国企业长期扎根阿根廷，取得长远利益。对于阿根廷而言，基础设施的改善为阿根廷的经济发展奠定更好的基础，也为进一步丰富产业类型和实现产业升级提供可能。

### 3.3.2　可再生能源

中国与阿根廷在可再生能源领域供需契合。阿根廷面临着能源缺口比较大的问题，亟须开发利用太阳能、水能和风能等可再生能源，推动能源结构的有效调整，缓解过度依赖进口能源的问题。然而由于资金和技术上的问题，阿根廷可再生能源开发利用程度比较低。而中国作为世界上最大的可再生能源设备制造国，能为阿根廷提供所需的资金、技术和优质设备。

目前，中国与阿根廷的可再生能源合作已经从水电领域逐渐扩展到了风电、光伏发电等各个领域。EPC 工程总承包是中国企业参与阿根廷可再生能源项目建设的主要方式，另外股权投资等方式是中国企业参与后续项目运营管理的重要方式。在可再生能源合作中，中国金融机构提供了重要的融资支持，主要有中国工商银行、中国国家开发银行和中国银行等。

中国与阿根廷水电合作极具代表性的项目是基什内尔—塞佩尼克水电站项目（基塞水电站项目），该项目位于阿根廷南部的圣克鲁斯河，是阿根廷历史上规模最大的公共工程项目。2013 年 10 月，由中国葛洲坝集团股份有限公司、阿根廷水利公司和阿根廷电力工程公司三家公司组成的联营体，与阿根廷联邦公共投资服务部签订基塞水电站项目合同。基塞水电站项目不但是中国葛洲坝集团承建的规模最大的水电项目，而且是中国企业在海外承建的规模最大的水电工程项目。项目于 2015 年开工，但之后由于政府更迭、缺少环境影响评估报告等问题，项目一度暂停。直至 2017 年 10 月，项目通过各项审批得以继续执行。这个项目是阿根廷目前规模最大的在建水电项目，建成后将明显改善阿根廷的能源结构，提高清洁能源占比，助推双碳目标的实现。此外，该项目在建设过程中能够为阿根廷提供大量就业岗位，同时为阿根廷培养众多技术人才。

中国与阿根廷风电合作代表性项目有两个：一是阿根廷潘帕风电项目，该项目由中国能建负责工程总承包并投资入股。二是阿根廷规模最大的风电项目群——赫利俄斯风电项目群，包含罗马布兰卡一期、二期、三期和六期以及米拉玛尔风电项目，该项目投资方为中国金风科技，承建方为中国电建。目前，赫利俄斯风电项目群已经并入了阿根廷国家电网。项目群全面投入运营后，每年能够为阿根廷提供至少 16 亿千瓦时的清洁能源，能够减少约 200 万吨二氧化碳排放。不仅有助于保障当地能源的稳定供给，有效改善当地民众的生活，而且有利于推动阿根廷的能源转型，进一步促进经济发展。

在光伏领域，高查瑞 300 兆瓦光伏发电项目是阿根廷规模最大的光伏项目，位于阿根廷北部的高查瑞高原地区。该项目由中国电力建设集团有限公司和上海电力建设有限责任公司联合承建，目前已经进入了商业运营的阶段。在高查瑞 300 兆瓦光伏发电项目建设之前，作为阿根廷最贫困的地区之一，当地的能源供给无法满足居民的日常用电需求。高查瑞 300 兆瓦光伏发电项目投入使用后，当地能源负荷紧张的局面明显缓解，民众生活得到有效改善。同时，项目能够增加就业岗位，促进当地经济发展。

推动阿根廷待开发能源与中国资金、技术和设备有效结合是双赢的选择。对于阿根廷而言，在当前国际能源格局下，推动可再生能源的使用可以有效地促进阿根廷能源转型，提高阿根廷的能源自给率，为其长期经济发展奠定了良好的基础。对于中国而言，其不但可以利用阿根廷潜在的能源市场推动优质产品出口，而且可以为中国与拉美其他国家进行能源合作提供有益参考，提升中国在国际能源市场中的影响力。

# 4　产业合作的主要路径分析

## 4.1　跨国并购成为产业合作的重要路径

跨国并购是中国与阿根廷产业合作的主要路径，且优势地位日益巩固。根据中国全球投资跟踪数据，自 2005 年以来中国在阿根廷一共有 20 起大型投资交易，其中仅有 6 起为绿地投资，其他均为并购交易。

中国企业在阿根廷的跨国并购遍布油气开采、农业、金融、化工、金属矿业等各个行业（见表 8 - 8）。目前，中国企业在阿根廷的并购多属于横向并购，少数为纵向并购。从并购形式上看，股权收购较为常见，资产收购偶见于农业和油气开采行业。

表 8 - 8　中国企业在阿根廷各行业的典型跨国并购事件

| 行业 | 典型跨国并购事件 |
| --- | --- |
| 油气开采 | ①中海油收购布里达斯（Bridas）公司在阿根廷 50％ 的股权、收购埃克森美孚（Exxon Mobil）公司在阿根廷的子公司<br>②中石化收购西方石油公司在阿根廷的资产 |
| 农业 | ①中粮国际收购来宝农业和尼德拉两大国际农业公司<br>②湖北阿根园农牧有限公司收购恩特雷里奥斯省畜牧加工厂<br>③恒阳牛业收购阿根廷 2 个牛肉屠宰场工厂 |
| 金融 | 中国工商银行收购阿根廷标准银行 |
| 化工 | 南京红太阳收购阿根廷农用化学品经销商 Ruralco 公司 60％ 股权 |
| 金属矿业 | ①山东黄金收购加拿大巴里克（Barrick）公司旗下阿根廷贝拉德罗（Veladero）金矿 50％ 的股权<br>②赣锋锂业收购美洲锂业 19.9％ 股权和 Arena Minerals 公司 19.9％ 股权<br>③西藏珠峰收购 Lithium X 公司<br>④盛新锂能收购 SESA 公司<br>⑤紫金矿业收购 Neo Lithium 公司 |

从动因来看，中国企业在阿根廷偏好于跨国并购受多种因素的影响。首先，受到金融危机的影响，阿根廷的资产泡沫破裂，使得当地企业的资金流动需求激增，这为资金雄厚的中国企业在阿根廷进行跨国并购带来了难得的机遇。其次，由于中国和阿根廷地理距离遥远，若进行绿地投资，人力物力的调动成本相对较高，因此企业更倾向于选择跨国并购的方式。再次，两国文化差异大，通过并购能够相对容易地学习当地文化，并且能够利用并购企业的经营网络，降低文化距离带来的负向影响。最后，各个行业也存在一些差异性因素。在矿产开发领域中，由于阿根廷较早吸引外资以开发利用各类矿产资源，西方发达国家的矿业公司纷纷选择在阿根廷聚集，控制了很大一部分的优质矿产资源，中国作为后进入者，要获得优质的矿产资源，不得不从发达国家的矿业公司获得。在农业领域，中国企业通过并购间接获得相关农业资产风险更小，而通过购买或长期租赁等方式获得土地进行农业生产，不仅受制于土地限购限租等政策，而且容易招致"资源掠夺"。例如，黑龙江北大荒农垦集团曾于 2011 年计划在阿根廷租用土地种植大豆，但项目受到阿根廷公民和环保组织反对，反对意见主要聚焦于环境问题、国家主权与安全问题，项目最终不了了之。

跨国并购助推产业合作有效开展。在矿业领域，跨国并购有助于减少项目前期的建设时间，并且加强中国企业与当地企业的联合，有效降低开发风险。在农业和金融等行业中，跨国并购可以帮助企业较快进入当地市场，同时能够获得被并购企业的营销网络，扩大市场份额，提升企业实力，增强竞争优势。例如，中国工商银行通过收购阿根廷标准银行，获得了其在阿根廷的业务网络，成为拉美地区业务最为全面及营业网点最多的中资银行。目前，中国工商银行阿根廷分行已经成为阿根廷重要的金融服务提供商之一，助推当地矿产资源和汽车制造等战略性产业的发展，并在推动两国产业合作和经贸往来中发挥着重要作用，为中资企业开拓本地市场提供各类融资。

虽然中国企业在阿根廷各个领域的并购取得了不错的成效，但并购面临的风险也不容忽视。例如，2011 年，受交易对手和阿根廷潜在的国有化风险影响，中海油以 71 亿美元收购 BP 公司在阿根廷的油气资产的并购交易失利。除了并购过程中面临的经济、法律和政治等风险，并购后的整合风险也会造成较大影响，在继承原有管理团队后，整合资源、重组业务流程及调整团队等各个环节都存在一定的困难。

## 4.2　战略联盟为产业合作增添新动能

战略联盟是两国产业合作的主要路径之一，在多个领域中均有涉及，主要有技术联盟和市场联盟两种形式。

技术联盟多见于生物技术和清洁能源等新兴产业中，有利于促进产业科技创新。2017 年 5 月，中国与阿根廷签署农业战略合作协议，其中重要的一项是大北农生物技术公司与阿根廷 Bioceres 公司的合作项目。项目主要内容为农业生物技术合作，由大北农生物技术公司主要提供除草剂转基因种子技术，由阿根廷 Bioceres 公司主要提供当地的种子资源。双方研发成功后，该种子不仅将在阿根廷当地农场种植，而且将利用相关的渠道在拉美进行推广。2022 年 7 月，中国的国家电力投资集团有限公司与阿根廷 INVAP 公司签署战略合作框架协议，在清洁能源等领域开展技术交流、创新合作与开发，为践行"一带一路"倡议做出新的贡献。

市场联盟帮助中国企业快速开拓当地市场，典型案例为中国海信与阿根廷 Newsan 公司。双方于 2021 年结成商业联盟，助力海信在阿根廷生产和销售相关产品。当前，联盟将推动 Newsan 公司代工生产，制造和销售海信旗下的冰箱、电视、空调和洗衣机等各类家电产品，产品将通过 Newsan 公司在阿根廷全国的线下门店投向市场。对于中国海信而言，其与阿根廷 Newsan 公司组建商业联盟的主要考量是利用其在当地成熟的销售渠道，开拓阿根廷市场。

## 4.3　政府的积极推动为产业合作创造良好的条件

阿根廷积极的对外开放政策为两国产业合作营造了良好的制度环境。多年来，阿根廷政府始终坚持着积极的开放政策，不断完善相关的法律法规，加大招商引资力度。为保障外国投资者在阿根廷的权利，阿根廷政府颁布了一系列与投资有关的法律法规，其中《外国投资法》是阿根廷协调外资活动的基本法律，旨在为外国企业在阿根廷的投资活动提供法律保障，以保护其投资收益和利润权利。根据最新的《外国投资法》，外国投资者可在多个领域进行投资活动，甚至可以进入石油、交通、媒体等行业；所有的外资企业在阿根廷享受国民待遇；外国投资者可以向境外汇款及其投资收益，也可在境内继续扩大投资，等等。

双边经贸合作协定助推两国产业合作。中国与阿根廷签订的经贸协定主要有《中华人民共和国政府和阿根廷共和国政府经济合作协定》《中华人民共和国政府和阿根廷共和国政府关于促进和相互保护投资协定》《中华人民共和国和阿根廷共和国关于贸易和投资领域合作谅解备忘录》和《中华人民共和国政府和阿根廷共和国政府关于促进投资和贸易多样化的谅解备忘录》等。① 另外，2022 年 2 月，中国与阿根廷政府共同签署《中华人民共和国政府与阿根廷共和国政府关于共同推进丝绸之路经济带和 21 世纪海上丝绸之路建设的谅解备忘录》，阿根廷正式加入"一带一路"倡议，这有助于推动各领域务实经贸合作，为两国产业合作带来巨大发展机遇。

除了双边协定，中阿经贸混委会、中阿经济合作与协调战略对外机制以及货币互换等合作机制，也在促进两国产业合作中发挥着重要作用。另外，考虑到阿根廷政府资金不足的现状，中国政府还与阿根廷政府签署了一系列金融服务框架协议，为中国企业投资阿根廷提供了重要的金融服务平台和政策性融资。

此外，阿根廷政府针对一些行业的鼓励政策也在两国产业合作中起着重大促进作用，尤其体现在矿业和可再生能源行业。

矿业方面，阿根廷政府对吸引外资投入矿业持积极态度，出台了涵盖挖掘、勘探和开发等各个环节的矿业投资优惠政策，相对温和的矿业投资环境有利于中资企业投资。特别地，在中国与阿根廷矿业合作方面，2021 年 5 月两国签署中阿锂矿投资合作谅解备忘录，有关部门将采取有力措施，推动科研机构与矿业企业密切合作，科学合理地开发利用自然资源，推动矿业合作向着高质量的方向发展。此外，阿根廷多次在中国举行矿业项目推介会，助推两国矿业合作。同时，阿根廷出台的《可持续交通促进法》将推动电动汽车电池生产基地的建设，发展新能源相关产业，延长锂矿资源开发产业链，为锂矿的可持续开发奠定基础，这为中国与阿根廷未来在锂产业链下游环节的进一步合作指引了方向。在加拿大和澳大利亚等国限制外国企业投资锂矿的背景下，阿根廷较为宽松的投资环境和相关的政策利好极大地促进了中国对阿根廷锂产业的投资，推动了中国与阿根廷锂产业合作。

可再生能源方面，在《京都议定书》推动下，1998 年阿根廷通过第一个绿色

---

① 资料源自商务部发布的《对外投资合作国别/地区指南》（阿根廷 2022 年版）第 34、35 页。

能源发展 25019 号法案，通过税收等优惠政策吸引太阳能和风能发电投资。经过多次修订，2015 年通过 27191 号法案，提出到 2025 年总能源消耗的 20% 由新能源替代。相关法案提出贷款优惠、增值税退还和所得税减免等优惠政策，推动新能源企业在阿根廷投资。同时，阿根廷电力市场管理公司（CAMMESA）还为新能源发电企业提供固定电价采购优惠协议。正是在相关优惠政策的影响下，金风科技、远景能源等中国新能源企业积极参与阿根廷绿色经济投资。此外，为了吸引投资进入可再生能源领域，阿根廷政府制定了《阿根廷可再生能源发展规划》（简称 *RenovAr*）。在第一轮招标成功的项目中，有一半的风能项目和四分之三的太阳能项目获得了中方的资金和技术支持。可见，政府的投资优惠政策和相关规划项目极大地促进了中国与阿根廷可再生能源产业合作。

## 5 经验启发

中国和阿根廷同为发展中国家，互为全面战略伙伴和重要的经贸合作伙伴。建交 50 余年来，中国与阿根廷推动双边经贸合作蓬勃发展，推进共建"一带一路"，助力两国经济发展和世界经济复苏，为新时代中阿关系注入强大动力。目前，两国产业合作取得了较为良好的进展，可总结出一些经验启发，既有利于进一步深化发展，又能为中国与其他拉美国家的产业合作提供重要借鉴。

### 5.1 立足阿根廷资源优势与中国资金技术优势，促进供需对接

同为发展中国家和重要新兴市场国家，中国和阿根廷具有很强的互补优势。两国在资源禀赋、资金技术和市场需求等方面的互补性明显，阿根廷在资源禀赋上具备明显优势，中国在资金技术上优势显著，优势互补是两国产业合作的重要支点。立足阿根廷资源优势与中国资金技术优势，促进供需对接，是两国目前产业合作取得重要成效的关键经验，也是未来深化产业合作的重点方向。

基于阿根廷资源优势与中国资金技术优势，两国矿产合作促进供需对接。阿根廷拥有丰富的矿产资源，希望通过矿业提振国民经济，但技术和资金限制了其对矿产资源的开发，中国对矿产资源的需求以及在资金、技术、管理等方面的优

势与之完美契合。未来,中阿应更好地结合阿根廷资源优势与中国资金技术优势,推动矿业合作纵深发展;通过政策沟通减少投资壁垒,改善矿业投资环境,降低融资成本,促进资金融通,提升两国矿产资源全产业链发展水平。这不但有利于促进阿根廷实现资源优势向经济优势转变,而且有利于中国优化产业结构,实现经济转型。

中国发挥资金技术优势对接阿根廷互联互通需求,两国基建合作前景广阔。阿根廷在基础设施和互联互通方面有着较为迫切的需求,而中国在基础设施领域具备先进的技术设备、丰富的国际承包工程经验和充裕的优质产能,能够满足阿根廷在技术装备、项目承建方面的需求,且中国企业在国内经济结构转型背景下"走出去"意愿较为强烈。中国的资金和技术能极大地帮助阿根廷完善其铁路、公路等基础设施建设,为阿根廷未来经济的良好发展做出重大贡献。未来,除了传统的能源基建和运输基建领域,数字基础设施的合作也具有巨大潜力,合作前景广阔。中国应充分发挥在 5G 建设、大数据和人工智能等信息技术领域的技术优势,赋能阿根廷数字基建,助推数字经济发展。

立足互补优势,实现供需对接,把握产业合作的未来方向。未来,中国应继续利用两国在资源禀赋、资金技术、市场需求等方面的互补优势,并保持与阿根廷之间战略目标利益的协调,提升产业合作的战略契合性。此外,中国应进一步加强两国在能源资源、信息通信、基础设施等领域的合作,在共建"一带一路"倡议下推动务实合作,寻求新的互利合作与经济增长点,实现共同发展和繁荣。

## 5.2 重视经济与政治风险,增强风控管理能力

在产业合作过程中,中国企业容易受到阿根廷经济和政治等风险的负面影响,因此应当采取相应的对策,以期未来在两国产业合作进一步发展中更好地发挥主体作用。

阿根廷宏观经济的波动性给双边产业合作带来一定的经济风险。由于全球经济复苏乏力且阿根廷内部增长动力不足,阿根廷近年来始终面临着通货膨胀高企、外汇短缺、汇率波动和财政失衡的问题。通货膨胀率高加之金融环境欠佳,导致企业融资成本高,且汇率剧烈波动可能导致企业遭受巨大损失。此外,在阿根廷资本的流入和流出均需缴纳较高的税费,给企业带来了较大的资金成本压力。

阿根廷较高的政治风险对两国产业合作也造成了负面影响。由于阿根廷是多党制国家，政权更迭时政策变动较大，对市场准入、外汇管制、税收、项目运行等各个方面产生影响，给中国企业在阿根廷的投资带来较高的政治风险。例如，中国葛洲坝集团股份有限公司与阿根廷企业组成联营体承建的基塞水电站项目就曾受到政治风险的负面影响。2013 年联营体与阿根廷有关部门顺利签订项目合同，但是由于 2015 年阿根廷政府更迭，新政府对项目合同进行重新审议，在重新审议期间暂停了对项目的支付，项目被迫中断。2016 年联营体开始与新政府进行谈判，2017 年 10 月该项目才重新启动，暂停期间中方遭受巨大损失。此外，由中国建筑股份有限公司和当地 Green 公司组成的联营体中标的国道 B 段项目也受到政策变动的影响，该项目为 PPP 项目，由于 2019 年政府换届，新政府对 PPP 项目持消极态度，2020 年该国道 B 线项目终止。

中国企业应当吸取经验教训，做好风险评估与防范措施，增强风险管理和控制能力。首先，企业可以组建专业的调研团队，全面调研阿根廷政治、经济和法律等方面的信息，综合分析投资可能存在的风险。其次，企业应当定期对阿根廷投资风险进行实时分析。针对由于环境变化而产生的新风险，企业应及时有效制订应对方案，成立相关处理部门，明确分工和责任。最后，企业可以通过购买保险来应对在阿根廷投资面临的经济和政治风险。

## 5.3　关注社会风险，积极承担社会责任

社会风险对两国产业合作产生一定负面影响，主要体现在劳工和环保两个方面。在劳工方面，阿根廷工会力量强大，福利争议和罢工活动频繁发生，大大增加了企业成本的不可预测性，对两国产业合作造成了严重的负面影响。在环保方面，当地居民环境保护意识强烈，在政府部门、环保组织和社区居民的共同推动下，阿根廷的环保标准愈发严格，针对企业破坏环境的处罚赔偿愈发高昂，不可避免地给企业的投资带来较大的不确定性，抬高了企业的投资成本。例如，由中国政策性银行提供融资的孔多尔—克利夫（Condor Cliff）和拉巴—兰库萨（La Barrancosa）水电站项目，曾由于其环境影响评估不符合当地环保条例，被阿根廷最高法院下令暂停。

中国企业应当积极承担社会责任，主动适应当地劳工规定，妥善处理与当地

工会的关系，同时重视环境保护，遵守当地相关政策。山东黄金在贝拉德罗金矿的经营中积极承担社会责任，提供了优秀的范例。在被山东黄金收购之前，贝拉德罗金矿频繁发生氰化物泄漏事故，对矿区及周边环境造成严重污染，引发当地社会强烈不满，所属公司巴理克因此承担巨额罚款，并遭到司法起诉。阿根廷省政府建议其改良开采技术，引入新的投资方。2017 年山东黄金收购金矿 50% 股权，与巴理克共同经营贝拉德罗金矿，为项目带来新的发展机遇。山东黄金将安全生产置于中心位置，通过组织培训提高职工的安全意识，并且大力开展隐患排查和整改治理工作。此外，山东黄金积极与阿根廷相关政府部门沟通，实施水土保持和植树造林计划、农业和服务业发展计划以及企业培训计划等。山东黄金坚持项目价值共享，积极履行企业社会责任，造福当地民众，促进当地经济增长和社会发展。

第九篇

# 中国与巴基斯坦的产业合作案例

## 1 巴基斯坦国家简介

### 1.1 社会经济概况

巴基斯坦地处南亚次大陆的西北部，南面是阿拉伯海，东、北、西三面分别与印度、中国、阿富汗和伊朗毗邻。国土面积为 79.6 万平方公里（不包括巴控克什米尔），总人口已超 2 亿。所有人口中，旁遮普族占 63%，信德族占 18%，普什图族占 11%，俾路支族占 4%。巴基斯坦国语为乌尔都语，同时使用英语作为官方语言。伊斯兰教为巴基斯坦国教，教徒总数占全国总人口的 95% 以上。2021—2022 财年（巴基斯坦一般将下半年与第二年上半年作为一个财年核算 GDP），巴基斯坦 GDP 突破 3 700 亿美元，但人均 GDP 依然不到 1 600 美元，在全球仍属于中等偏低收入群体。

## 1.2 产业发展情况

### 1.2.1 产业结构

巴基斯坦产业结构以服务业为主（见表9-1），工业占比较小。2022年巴基斯坦服务业产值为2 428.6亿美元，占GDP比重64.5%；2022年巴基斯坦工业产值为497.0亿美元，占GDP比重13.2%；2022年巴基斯坦农业产值为839.7亿美元，占GDP比重22.3%。近年来，巴基斯坦产业结构相对稳定，波动幅度较小，服务业占比略有提升（见图9-1）。

表9-1 2022年巴基斯坦主要经济部门产值及比重

| 部门 | GDP总产值/亿美元 | 占GDP的比重/% |
|------|----------------|--------------|
| 服务业 | 2 428.6 | 64.5 |
| 工业 | 497.0 | 13.2 |
| 农业 | 839.7 | 22.3 |
| 合计 | 3 765.3 | 100.0 |

数据来源：世界银行WDI数据库。

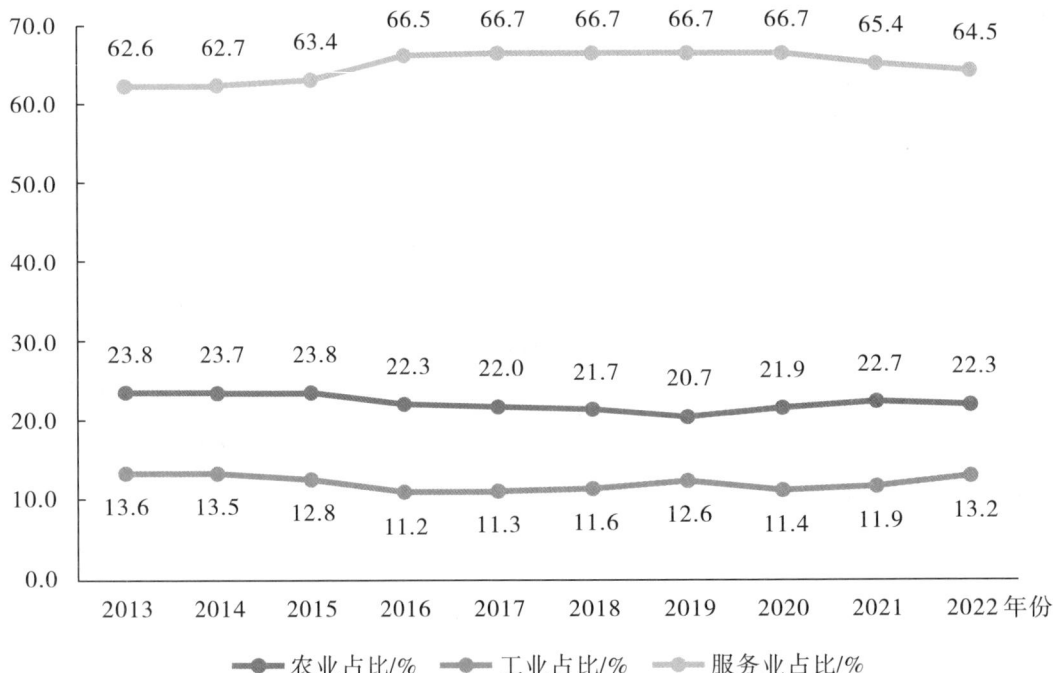

图9-1 巴基斯坦2013—2022年产业结构

数据来源：世界银行WDI数据库。

从工业组成看，制造业是巴基斯坦经济发展支柱，2019—2020 财年约占 GDP 的 12.8%，采矿业占 GDP 的 2.5%，电力行业占 GDP 的 1.8%，建筑行业占 GDP 的 2.5%。在制造业中，轻纺织工业占据了较大比例，电子制造业、机械制造业等相对发展不足。

农业方面，2019—2020 财年，巴基斯坦农业总产值约 2.4 万亿卢比，占 GDP 的 19.3%，吸纳就业人口占总就业人口的 35.8%。巴基斯坦主要农作物有棉花、甘蔗、小麦、大米、玉米等，主要农作物产值占 GDP 的 4.2%，其他农作物产值占 GDP 的 2.7%。巴基斯坦牲畜业、林业和渔业产值占 GDP 的比重分别为 11.7%、0.4% 和 0.4%。①

### 1.2.2　主导产业

虽然巴基斯坦服务业占比较高，但大多数国民还是从事农业和工业。目前，巴基斯坦主导产业主要是纺织业、皮革业和水泥业，最大的工业部门是棉纺织业。粮食产量较多，大米、棉花均有出口。

纺织业是巴基斯坦最重要的支柱产业之一。巴基斯坦国内拥有相对完整的纺织产业链条，从原棉、轧棉、纺纱、布料、印染到成衣制造，提供了 40% 的劳动力就业岗位。全国有 400 多家纺织企业，60% 的纺织企业集中于旁遮普省，30% 的纺织企业位于信德省。巴基斯坦经济调查统计，2019—2020 财年巴基斯坦纺织业出口额达到 104.1 亿美元，占全国出口总额的 59.7%。

皮革业是巴基斯坦的另一大主导产业。目前巴基斯坦共有 720 多家皮革制造企业，其中 300 多家规模较大，包括哈菲斯·萨菲（Hafeez Shafi）制革有限公司等著名企业。根据巴基斯坦经济调查统计，2019—2020 财年，巴基斯坦皮革业出口额 5.5 亿美元，约占巴基斯坦出口总额的 3.2%。

水泥业对巴基斯坦也非常重要。目前巴基斯坦大型水泥企业有 31 家，重点企业有：Bestway 水泥公司（Bestway Cement Ltd.）、幸运水泥公司（Lucky Cement Ltd.）等。根据巴基斯坦经济调查统计，2019—2020 财年，巴基斯坦水泥总体产能 3 004 万吨，出口额 2.1 亿美元，同比下降 5.1%。

### 1.2.3　产业布局

巴基斯坦的产业主要分布在全国的特殊经济区和出口加工区，从行政区划来看，主要集中在旁遮普省。旁遮普省是巴基斯坦第一经济大省，也是经济发展最快的省份，目前对巴基斯坦 GDP 的贡献率在 60% 以上。旁遮普省的经济以农业和

---

①　数据源自一带一路网的国别报告。

种植业为主,全省耕地面积1 223万公顷,森林面积49万公顷。旁遮普省有世界上最大的水利灌溉系统,也是唯一有能力向邻省提供粮食的省份,全国近80%的粮食产于旁遮普省。旁遮普省还是巴基斯坦工业化程度最高的省份,不仅包括纺织等轻工业,还包括重型机械等重工业,种类齐全。巴基斯坦90%的纸张、75%的化肥、70%的食糖、40%的水泥都由旁遮普省生产。

## 2　经贸联系

### 2.1　基本概况

巴基斯坦出口额整体呈轻微增长状态,进口额波动较大,存在不小的贸易逆差。中国是巴基斯坦第一大贸易伙伴,并在2015—2016财年成为其第一大进口来源地,同时还是巴基斯坦第二大出口目的地。中巴双方贸易总额持续增长,截至2021年,巴基斯坦对中国出口额占比10.5%,进口额占比28.3%,存在较大的贸易依赖(见表9-2)。

表9-2　巴基斯坦2021年对外贸易国别结构

| 出口目的地 | 出口额/亿美元 | 出口额占比/% | 进口来源地 | 进口额/亿美元 | 进口额占比/% |
|---|---|---|---|---|---|
| 美国 | 60.8 | 21.1 | 中国 | 206.5 | 28.3 |
| 中国 | 30.3 | 10.5 | 阿拉伯联合酋长国 | 73.5 | 10.1 |
| 英国 | 21.0 | 7.3 | 印度尼西亚 | 41.9 | 5.8 |
| 德国 | 15.6 | 5.4 | 美国 | 38.3 | 5.3 |
| 荷兰 | 14.0 | 4.9 | 沙特阿拉伯 | 37.7 | 5.2 |
| 阿拉伯联合酋长国 | 11.7 | 4.1 | 卡塔尔 | 26.7 | 3.7 |
| 西班牙 | 10.2 | 3.6 | 科威特 | 22.7 | 3.1 |
| 意大利 | 8.9 | 3.1 | 日本 | 21.8 | 3.0 |
| 阿富汗 | 8.3 | 2.9 | 南非 | 17.4 | 2.4 |
| 孟加拉国 | 8.1 | 2.8 | 泰国 | 17.0 | 2.3 |

数据来源:联合国Comtrade数据库。

据中国海关统计,2016—2021年中巴进出口贸易状况如图9-2所示。2021年中巴双边贸易额为278.2亿美元,同比增长59.1%。其中,中国出口额为242.4亿美元，同比增长 57.7%；中国进口额为 35.8 亿美元，同比增长 68.9%；贸易顺差 206.6 亿美元。

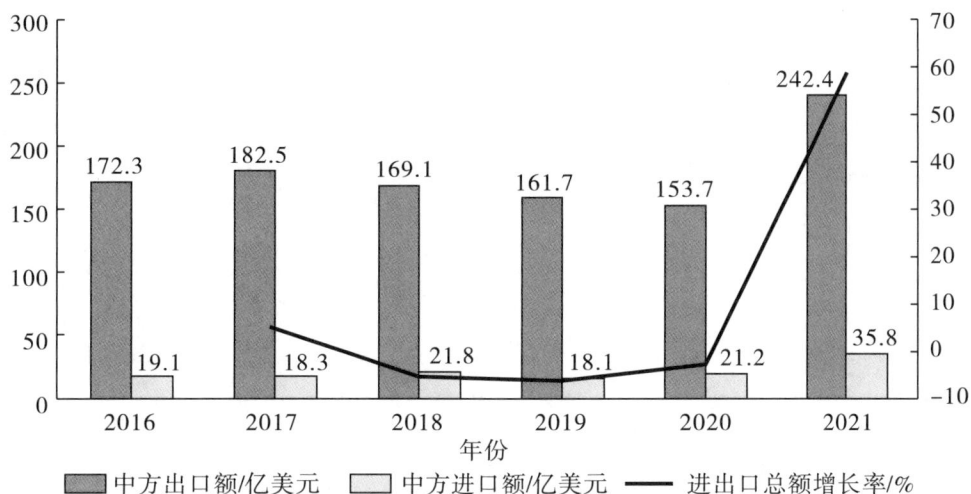

图 9-2 2016—2021 年中巴进出口贸易状况

数据来源：中国海关总署。

从双方进出口商品结构来看，巴基斯坦主要对中国出口低级原材料，并从中国进口工业制成品。巴基斯坦对华出口商品工业化水平较低，主要出口纺织品、谷物、软体动物等初级制品，其中，棉纺织品长期为巴基斯坦对中国出口最多的产品，占比约为 60%。巴基斯坦主要从中国进口工业制成品，如电信设备、医药产品、机械仪器等（见表 9-3）。

表 9-3 中巴 2021 年进出口商品结构

| 巴方出口产品 | 出口额/亿美元 | 巴方进口产品 | 进口额/亿美元 |
| --- | --- | --- | --- |
| 纺织及相关产品 | 8.3 | 电信和录音设备 | 22.6 |
| 谷物和谷物制剂 | 3.8 | 医药产品 | 20.3 |
| 软体动物及其制剂 | 1.6 | 电气机械、仪器和器具 | 15.8 |
| 油籽和含油水果 | 1.5 | 发电机械设备 | 14.8 |
| 金属矿和金属废料 | 1.5 | 石油及相关材料 | 14.8 |
| 有机化学品 | 1.2 | 其他机械及零部件 | 14.3 |
| 服装和服装配饰 | 0.7 | 纺织及相关产品 | 12.0 |
| 蔬菜和水果 | 0.7 | 钢铁 | 12.0 |
| 动物饲料 | 0.4 | 有机化学品 | 9.7 |
| 生化原料 | 0.4 | 专用机械 | 9.4 |

数据来源：联合国贸发数据库。

从投资方面来看,目前中国为巴基斯坦第一大投资来源国,其他 FDI 主要来源国为英国、阿拉伯联合酋长国和日本等,中国对巴基斯坦直接投资存量在近十年翻了近四倍(见图 9 - 3)。巴基斯坦国家银行(SBP)数据显示,2020 财年前七个月(2019 年 7 月至 2020 年 1 月),中国对巴基斯坦净投资 5.3 亿美元,同比增长 88%,仍为巴基斯坦最大投资国,其次是挪威,对巴基斯坦投资 2.9 亿美元。中国商务部统计,2021 年中国企业对巴基斯坦非金融类直接投资额为 5.9 亿美元,同比增长 1 127.2%。

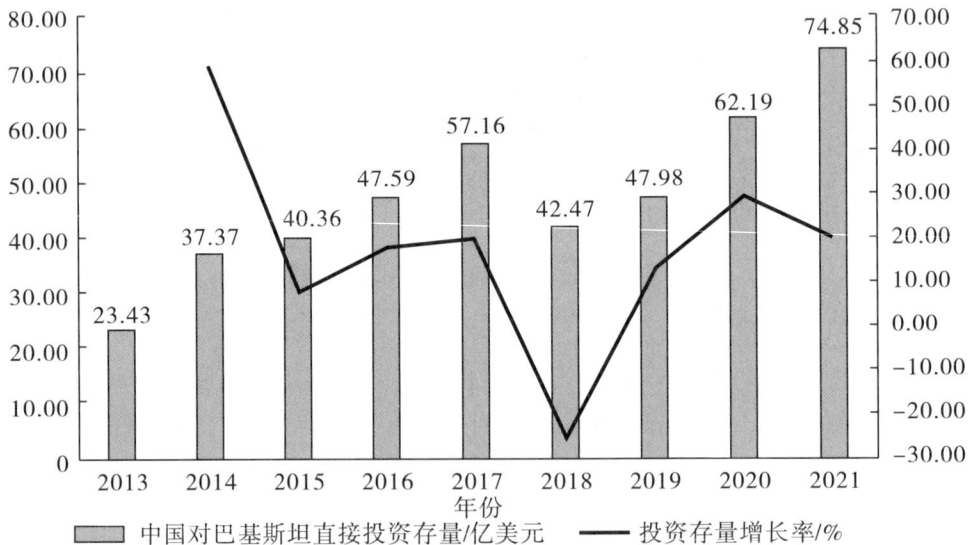

**图 9 - 3  2013—2021 年中国对巴基斯坦直接投资存量情况**

数据来源:《2021 年度中国对外直接投资统计公报》。

## 2.2 产业转移情况

目前,中国开始通过"一带一路"建设与生产要素低廉和消费市场广阔的巴基斯坦进行产业合作,与巴基斯坦的产业合作主要围绕"中巴经济走廊"进行。中巴经济走廊自 2013 年提出,2015 年正式启动,是"一带一路"工程重点建设项目,也是我国与巴基斯坦全天候战略合作伙伴关系的体现。中巴经济走廊起点位于我国新疆喀什,终点位于巴基斯坦瓜达尔港,全长约 3 000 公里。中巴双方以中巴经济走廊建设为中心,以瓜达尔港、能源、交通基础设施和产业合作为重点,形成"1 + 4"经济合作布局,共同打造"命运共同体"。伴随着中巴双边关系的提升，中巴经济走廊建设迅速，巴基斯坦社会各领域都出现显著进步。2017 年 12 月，《中巴经济走廊远景规划（2017—2030 年）》正式发布，该远景规划将巴基斯坦"愿景 2025"和中国"一带一路"倡议两大发展规划进行对接，中巴双方一起向着互联互通、能源合作及产业园区等领域开展深入合作。

中巴经济走廊第一阶段建设围绕能源等基础设施产业投资展开，现已经取得阶段性成果。截至 2021 年 9 月，包括瓜达尔港运行和自由区建设项目在内的中巴经济走廊第一阶段 22 个重点项目已经初步完工。经过中巴经济走廊第一阶段的基础设施建设，巴基斯坦当地的用电和交通运输问题得到了极大改善，生产要素更加自由地跨国流动；瓜达尔港建设顺利，港区建设已经开始向工业园区发展，而且工业园区内部物流设施、网络通信、住宿条件等基础设施日益完善，这些基础设施为巴基斯坦经济发展提供了必要条件。有了公路和电力等重要基础设施之后，中国企业到巴基斯坦投资建厂更为方便，有效地促进了巴基斯坦当地经济蓬勃发展，同时也为中巴两国后续其他重点领域的产业合作奠定了扎实基础。

如今，中巴经济走廊第二阶段建设转向重点产业领域合作和扩大两国的农业合作。中国在产业领域具有巨大的技术优势和强大的执行力，而巴基斯坦工业化程度不高，但具有区位、原材料和人力等优势，因此中巴经济走廊第二阶段建设主要聚焦于劳动密集型产业的工序转移，其中纺织服装、家具制品及玩具是主要产品。中国在巴基斯坦投资主要集中在制造业、矿业和建筑业等传统行业，而在信息技术、金融服务等新兴行业的投资相对较少。

总的来说，目前中巴产业合作已经实现了能源基建和部分劳动密集型产业的对接，为进一步深化中国与巴基斯坦的经贸合作奠定了扎实基础。之后随着中巴两国经贸合作进入高质量发展新时期，我国将进一步向巴基斯坦转移落后产能，实现产业结构升级，从中方企业学会了高阶技能的巴基斯坦本地人才也将更好地推动当地产业园区建设，为巴基斯坦工业升级添砖加瓦，实现两国合作共赢。

## 3　产业合作模式特点

国家间产业合作注重优势互补，最终落实到微观企业层面上体现为企业自身发展战略与东道国发展战略的匹配性和互利性。中方企业拥有先进技术和资金优势,巴基斯坦拥有巨大的人口优势、市场潜力和区位价值,因而中巴之间产业合作一般以中方企业跨国"走出去"为主,主要产业合作模式有共同价值模式、基于企业战略动因的市场渗透模式等。

## 3.1 能源行业:共同价值模式实现市场渗透互利共赢

巴基斯坦的能源短缺问题长期阻碍其经济发展和民众生活。近年来,巴基斯坦的 GDP 增长率保持较高水平,制造业方面也有了显著提升,伴随着巴基斯坦国内工业规模的逐步发展,其内部的电力需求也水涨船高,而其原有的电力供给不足以支撑。从巴基斯坦国内的自然资源现状来看,太阳能、水电、风能等新能源丰富,同时煤炭资源也较为充沛,但是当前发电以石油和天然气为主,而巴基斯坦缺少原油,长期依赖于石油和天然气的进口,高昂的发电成本是国内电力供应不足的重要原因。此外,自然资源开发程度低、本地电网建设落后和电力三角债等问题也在一定程度上制约了巴基斯坦电力供应。受各种方面因素共同作用,巴基斯坦局部地区很长一段时间内每天停电 12~16 小时,这对人民生活和工业生产都产生了极大影响。

中方企业瞄准巴基斯坦能源痛点,积极响应相关政策投资能源行业实现共生发展。为了改善电力供需不平衡的现状,弥补自身在电力基础设施建设上的不足,巴基斯坦政府出台了众多电力项目开发支持政策,鼓励国外投资者以及私人投资者加入巴基斯坦的电力项目建设。特别地,近年来在"一带一路"的稳步推进和"中巴经济走廊"的顺利开展下,中国已有一批电力行业企业在巴基斯坦境内开展了项目投资和建设,并为巴方带来了较好的经济效益和社会效益。

"巴基斯坦 1 号工程"——卡西姆港燃煤电站项目就是中方企业投资巴方实现共同价值的典型案例。卡西姆港燃煤电站是在中国、巴基斯坦政府的共同推动下,由中国电建海外投资公司和卡塔尔王室基金 AMC 公司按照 51% 和 49% 的比例共同投资建设的能源项目,总投资近 21 亿美元,是"中巴经济走廊"推进的首批能源项目,同时也是"中巴经济走廊"框架下第一个有第三方参与的项目,作为混合所有制经济体制项目,开创了国有企业海外投资项目新模式。该项目于 2015 年开工,首台发电机组于 2017 年 11 月投入使用。该燃煤电站项目位于卡拉奇东南方一工业园区内,设计上包含 2 台发电机组,每台发电机组可达 600 MW 发电能力,以煤炭为原料，电站 2 台发电机组全部投产后年发电量将达 90 亿度，足以满足 400 万户巴基斯坦家庭每日用电，缓解巴基斯坦经常停电的严峻现状。

该燃煤电站项目创新采用 PPP 模式下的 BOO 模式运作，即建设（Building）、持有（Owning）、运作（Operation）模式。对该燃煤电站项目各方来说，经与巴基斯坦政府协商获取特许经营权后，燃煤电站由中国电建海外投资公司和卡塔尔王室基金 AMC 公司共同投资，同时项目的全部建设流程均由中国电建负责。在卡西姆港燃煤电站建成后，中国电建控股 51% 的卡西姆港发电项目公司会持有该电站的所有权和经营权，为期三十年，期满后保留项目所有权，但可交由巴基斯坦政府运营，也可继续向巴基斯坦政府申请运营管理。项目宏观调控由巴基斯坦私营电力基础设施委员会负责，同时巴基斯坦国家电力监管局已批准该发电站以约 8.12 美分/度的电价出售电力。在贷款融资方面，中国进出口银行和卡西姆港发电项目公司分别承担 15.6 亿美元和 5.3 亿美元，其中前半部分由巴方政府提供主权担保。此外，卡西姆港燃煤电站项目还涉及众多的中国企业，中国电建作为该项目的建设者和牵头方，也从项目设计、工程承包、运营维护等各方面与国内各相关企业合作（见图 9 - 4）。

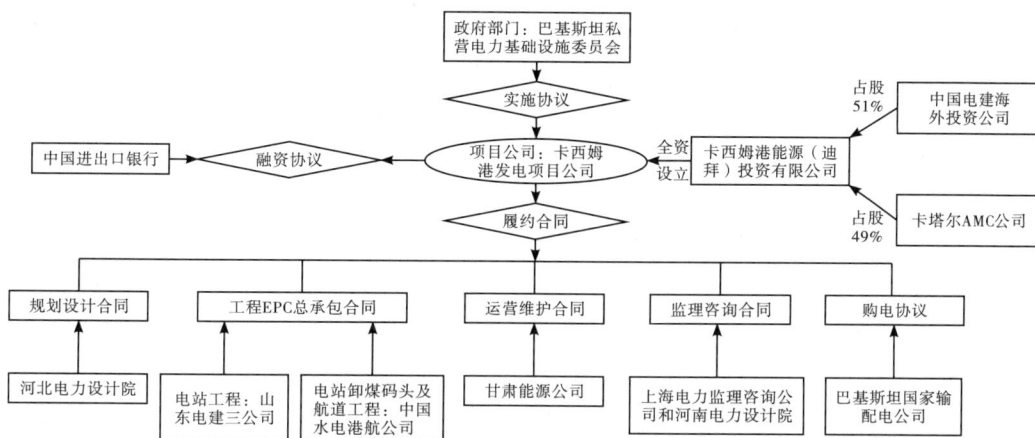

**图 9 - 4　卡西姆港燃煤电站项目合作方**

从巴基斯坦内部国情及电站建设情况实际来看，BOO 模式无疑是能够满足多方需求、实现共同价值的一种有效运作模式。对于巴方，首先，采用该模式能够降低巴方相关的资金人力投入，缓解巴基斯坦政府较大的财政压力，避免项目受到自身预算限制而无法开展，并且能够进一步将预算投入其他基础设施改善项目，在有限的财政预算内进行更多的基础设施建设改良。其次,该电站采用进口煤炭作为发电原料,比起巴基斯坦之前使用燃料油气作为原材料,发电成本大幅降低,且能够调整巴基斯坦国内目前的能源供应结构,拓展电力生产途径,提升能源利用效益。再次,由于巴基斯坦的电力企业三角债问题突出,付费使用机制的推广能使电价保持在合理水平而非低于成本价,这对解决巴基斯坦国内电债问题有所裨益。同时,该项目对巴方也是一项重要的技术转移,中国电建拥有超前的工程水平与技术优势,项目施工无论是设备性能还是环保标准都位于世界前列。现如今,卡西姆港燃煤电站已成为巴基斯坦的火电人才培训基地,首批招聘的 100 名电站运行人员已经在中国参加 6 个月的培训实习后被分配到电站相应岗位。最后,对巴基斯坦当地人民来说,该项目既不会过分破坏当地生态环境,又可以供应更多的电力满足日常生活所需,还能够提供充足的就业机会,在"属地化"理念的指引下,项目施工期间巴方员工数量最高达 3 500 多名,有力地拉动了当地居民就业,同时间接带动了相关建筑材料供应、建筑设备运输等行业的发展。此外,卡西姆港发电项目公司已向巴方当地税局上交超过 1 亿美元各类税款,有力推动了当地经济社会发展。对于中方企业,作为该燃煤电站项目主要的社会资本方,中国电建采用 BOO 模式成功赢得项目,实现合作共赢。一方面,在 BOO 模式下,中国电建通过控股卡西姆港发电项目公司,拥有了该项目较大的所有权、控制权和经营权,为期三十年的运营期限以及到期后具有申请继续运营资格的政策支持也有力地保证了中国电建能够收回建设成本和获取一定的利润空间。另一方面,在巴基斯坦政府能够帮助提供主权担保的情况下,中国电建更容易获得项目贷款和相关融资,能够在较少的自身项目资金成本投入下撬动更多的投资来满足项目建设资金需求,同时由于基建项目的特殊性,有当地政府的参与支持能更好地进行项目建设。此外,国内大基建时代已过,中方企业沿着"一带一路"出海拓展业务也有利于转移过剩产能,发现广阔的国际市场新需求。

基于共同价值模式的产业合作也使得中方企业成功实现了对巴基斯坦能源基建市场的渗透。以中国电建为例,自 1987 年进入巴基斯坦市场以来,中国电建已在巴基斯坦电力、可再生能源及基础设施领域累计完成 40 余个建设项目,包括卡西姆港燃煤电站、达沃风电、萨察尔风电和苏耐格风电项目等,充分发挥了其长期积累的相关核心技术和产业链一体化优势,深度参与巴基斯坦能源基建项目投资,极大地缓解了巴基斯坦的能源短缺问题。中国电建积极响应国家"走出去"

战略，制定了国际业务集团化、国际经营属地化、集团公司全球化"三步走"战略。在中巴经济走廊20余个早期项目中，中国电建参与投资建设了8个电力和基础设施项目，占比接近一半。截至2019年年底，中国电建在巴基斯坦目前完建和在建的电力项目总装机730万千瓦，包括装机最大的水电站、燃煤电站和风电站项目等，已经充分渗透了巴基斯坦的能源基建市场。此外，中国电建在巴基斯坦的拉合尔、伊斯兰堡、卡拉奇等多地设有分支机构。

### 3.2　纺织行业：顺梯度工序型产业转移推动双方贸易增长

中巴两国都是纺织大国，但工业发展阶段差异形成的优势互补让双方纺织业之间的工序型产业转移成为可能。中国是世界最大的纺织品生产国、消费国和出口国，同时巴基斯坦是世界第四大棉花生产国、第四大纺织品生产国和第十二大纺织品出口国。从行业相似度上看，两国之间的纺织业存在一定程度的竞争，难以互补，但是中巴两国之间的工业发展程度差异为双方的纺织业合作提供了潜在市场。具体来看，中国企业有成熟的纺纱技术和充足的资金，而巴基斯坦有充足的生产低支纱的原料和低成本的人力资源，还有较大的市场内需，可以直接出口欧美市场，这是中方企业对巴基斯坦进行工序型产业转移的基础。

除中方企业"走出去"为巴基斯坦带去先进纺织技术外，中巴双方政府也非常重视两国教育交流，并为留学人员提供相应的签证便利。目前，中国是巴基斯坦学生重要的留学目的国，超过20 000名巴基斯坦留学生在华学习深造。中国大学也积极响应相关政策开展相关研究合作，如东华大学先进纤维与低维材料国际联合实验室建立起一支以"一带一路"国家为主体的国际化教学与科研团队，他们在纤维材料与器件相关领域取得重要研究进展，该团队主要成员包括巴基斯坦等国的教师及留学生。

未来，巴基斯坦可以借助自身已经形成的优势，继续承接来自中国的纺织业、服装业等业务，通过学习新的生产技术，在生产过程的不同工序上进行创新，延长本国优势产业链，逐步建立经济特区内部的主导产业群，从而带动该行业的整体发展。

# 4  产业合作主要路径

## 4.1  以国企直接投资为主导推动基础设施加速升级

中国对巴基斯坦的基建投资主要是通过大型国企央企在巴基斯坦建立子公司直接投资来实现的。与普通海外 EPC 经营模式不同的是,中巴两国往往会开展深入的项目合作运营,以中国电建为代表的中国企业早已在一部分项目中作为业主全程负责项目的开发、建设、运营,直到规定年限到期后再移交巴方政府。

卡洛特水电站项目就是国企投资的一个典型案例。卡洛特水电站项目位于巴基斯坦旁遮普省吉拉姆河(Jhelum)上,西距首都伊斯兰堡约 55 公里,总装机 72 万千瓦,是"中巴经济走廊"能源合作优先实施项目和"一带一路"首个大型水电投资建设项目,也是首个被写入中巴两国政府联合声明的水电投资项目。卡洛特水电站项目帮助缓解了巴基斯坦的能源紧张问题,并为推动全球"碳中和"目标的达成贡献力量,该项目现已正式投入运营,年平均发电约 32 亿千瓦时,预计每年可节约约 140 万吨标准煤,减少约 350 万吨二氧化碳排放,可为巴方提供满足500 万人用电需求的清洁能源供应。该项目还促进了当地经济社会发展,在项目建设高峰期为巴基斯坦当地民众提供了超过 2 500 个就业岗位,也给当地政府带来了巨额税收。

卡洛特水电站项目全程采用中国标准并创新使用 BOOT 模式进行建设运营。项目由中国长江三峡集团公司通过在当地成立子公司建设,直接投资参与运营,从设计到施工全部采用中国技术和中国标准。从项目整体运营看,卡洛特水电站总投资约 17.4 亿美元,除中国长江三峡集团资金外,还通过丝路基金和 IFC 等多重融资渠道进行融资(见图 9 – 5)。项目运营期为 30 年,到期后项目将无偿转让给巴基斯坦政府。

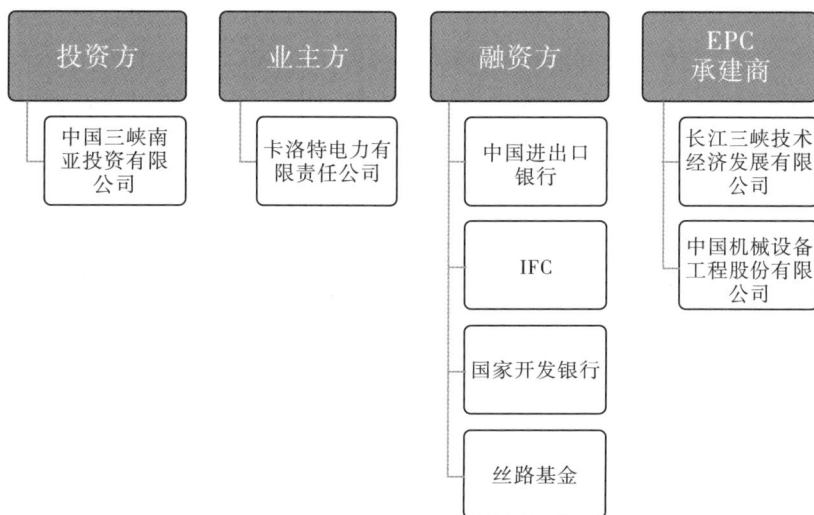

**图 9 - 5　卡洛特水电站项目参与方**

　　中方在推进卡洛特水电站项目时遭遇了不少的困难,但"合作共赢"的理念使得该项目比预计更早完工。项目特许协议的谈判与签署是融资收尾工作中最困难的步骤之一,由于卡洛特水电站项目位于旁遮普省和克什米尔地区的边界河流上,协议谈判遇到了很大的挑战。该地区的政治局势错综复杂,三峡集团需要与巴基斯坦联邦政府、巴控克什米尔政府签署两份特许经营协议,与相关省区级政府签署两份用水协议,与购电方签署 PPA 协议,这项工作的难度和任务量是普通项目的两倍。当地政府频繁换届以及此前缺乏水电经验进一步影响了项目推进,面对遭遇的种种困难,项目团队积极与各方沟通,最大限度地赢得了各方的信任。同时,中巴两国政府也高度关注卡洛特水电站项目,在多个关键节点上推动谈判顺利推进。此外,项目涉及村民的搬迁安置,语言和文化的差异导致一开始沟通困难,耐心详细地为村民解读移民政策非常必要。环境保护也是一个常见难题,在环评报告编制过程中,项目团队积极与 IFC、当地环保部门沟通,并聘请第三方咨询公司与地方政府进行谈判,逐步建立起牢固的互信互利联盟,极大地推进了工作进展。卡洛特水电站项目合作多方关系如图 9 - 6 所示。

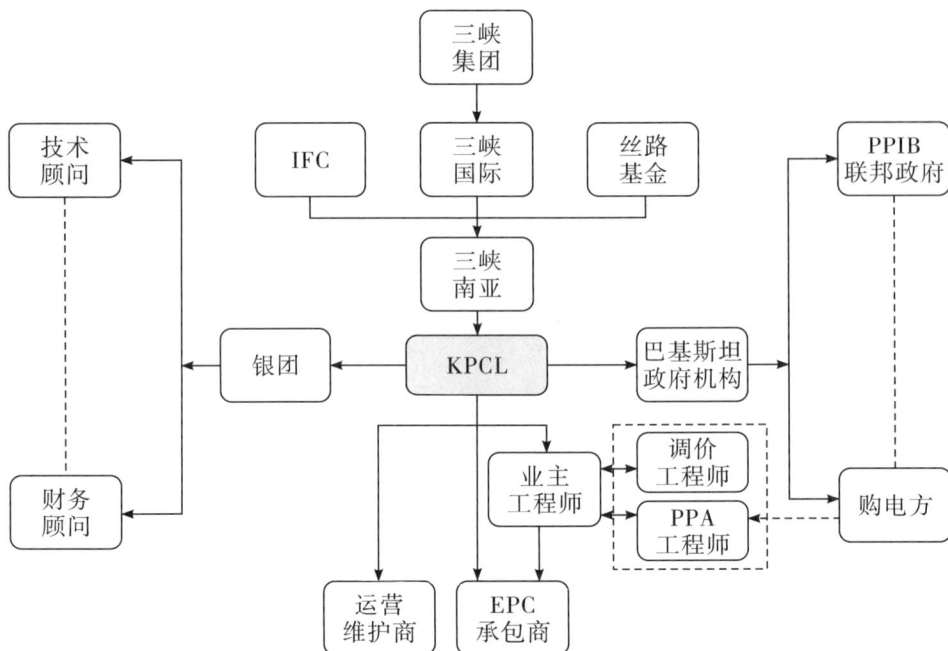

图9-6 卡洛特水电站项目合作多方关系图

## 4.2 充分利用当地优惠政策建设产业合作园区

在直接投资之外，境外产业合作园区是一种更具有广阔前景的产业合作路径。2008年年初，国务院发布了《关于同意推进境外经济贸易合作区建设意见的批复》，积极推动境外经贸合作园区建设，以"政府引导、企业为主、市场化运作"为原则，探索境外产业园区建设模式。

在巴基斯坦当地建设产业合作园区，也是中国为"一带一路"沿线国家经济发展做出贡献、提供中国解决方案的重要组成部分。工业园区建设是中国经济快速增长的重要经验，随着中方企业出海，海外合作区建设所产生的积极影响越来越受到相关国家的关注。中方企业在巴基斯坦建立的海外工业园区促进了与巴方在经济、政治、社会、文化等领域的深入合作，加强了双边联系，赢得了巴方政府和公众的认可。

中国企业在巴基斯坦建设的产业园区中，拉沙卡伊经济特区是最为成功的典型案例之一。借鉴中国经济特区的成功经验，从2016年起，中巴两国就开始探讨在巴基斯坦建立经济特区的规划。拉沙卡伊经济特区就是巴基斯坦规划的 9 个经济特区之一。它位于巴基斯坦开伯尔—普什图赫瓦省（以下简称开普省），是中巴经济走廊第二阶段建设的旗舰项目，占地近 1 000 英亩，紧邻 M1 国家高速公路，由开伯尔—普什图赫瓦省经济区开发与管理公司（KPEZDMC）与中国路桥工程有限责任公司（CRBC）合作开发和管理，由巴基斯坦联邦政府、开普省政府、开普省园区开发管理公司共同授予本项目经济特区资质，也是第一个由中方企业建设运营的经济特区，旨在成为中巴经济走廊的模范经济特区，同时作为中国与中亚地区的贸易中转站。项目将分三期建设，耗资近 1.28 亿美元。建成后，该经济特区将拥有国际标准的基础设施。

在 2018 年年初，开普省政府与中国路桥签署了关于开普省综合经济特区的合作谅解备忘录。2019 年 4 月在两国总理的共同见证下，中国路桥与开普省签署了《拉沙卡伊经济特区项目特许经验协议》。经济特区自建设以来，在项目定位、设置特区配套服务、中巴两国出台政策支持和招商引资多方面都进行了积极探索。

交通便利和工业基础是拉沙卡伊经济特区选址的重要原因。拉沙卡伊经济特区位于巴基斯坦开普省，是中巴经济走廊西、东、中线的交汇点，同时靠近省会白沙瓦和首都伊斯兰堡，周边有铁路、公路和机场，交通节点还连接着巴基斯坦的几个大城市，交通十分便利，适宜地区间进行商业交流和贸易往来。同时，拉沙卡伊经济特区依托开普省省会白沙瓦和巴基斯坦首都伊斯兰堡，具有一定的工业基础，主要包括纺织业、造鞋业和陶器生产等，劳动力资源丰富。拉沙卡伊经济特区总体规划 8 平方公里，由哈塔尔区和拉沙卡伊区两部分组成，两部分各占 4 平方公里，并且配备了一座 225 MW 的燃气电站。该经济特区分三期开发建设，计划引入机械设备、家用电器、食品加工、纺织皮革、家居建材、仓储物流等产业及其他配套服务产业，现一期建设已顺利完工。

目前，拉沙卡伊经济特区主要引入了纺织服装业、农产品加工业和汽车组装等劳动密集型产业。开普省的工业不发达，而且以轻工业为主，优势产业集中于轻纺工业。引入我国的相关产业可以延长该省轻工业的产业链，轻工业的上下游企业可以形成行业集聚，减少企业之间生产、加工和营销的成本。该经济特区目前已经基本建成，除了劳动力密集型的产业，经济特区还承接了一些资本密集型行业，比如电动车、生物医药和新能源产业。经济特区内部通过企业的互助模式，中国企业与巴基斯坦本地的企业共同合作，积极进行产业合作。

拉沙卡伊经济特区将为开普省带来新的经济发展机遇。开普省原首席部长马哈茂德·汗（Mahmood Khan）称，拉沙卡伊经济特区将在工程行业和食品加工领域创造20万个就业机会，同时促进该省的商业活动。来自巴基斯坦和中国的投资者正争相购买拉沙卡伊经济特区的商业地块。据统计，购买申请已经超过了1 700份。拉沙卡伊经济特区的成功离不开以下三方面的支持：

一是巴基斯坦开普省政府的大力支持。巴基斯坦开普省政府为经济特区内部的中小企业和企业家提供了便利的配套设施和优惠的产业政策。特区内部水、电、气供应充足，双向四车道也已经完工，4G塔也已经成功投入使用，并且还配有综合办公楼、公寓、商业、酒店、会展中心等服务设施，甚至还有高尔夫球场和主题公园，可以充分满足进入经济特区的企业和员工的日常所需。省政府还为进入经济特区的企业提供了机械和厂房设备以及关税免征政策，承诺十年内免征企业所得税，对于园区土地的购买还支持分期付款。

二是开普省园区开发管理公司为产业的对接提供了各项服务。例如主动为有意入驻园区的企业提供免费咨询行业和信息的服务，积极向企业介绍特区内的优惠政策，吸引企业入驻。在企业进入经济特区之后，特区内部还专门建设一站式服务综合管理大楼，可以为企业一站式办理登记注册、建筑许可、税务办理、执照核发、劳工许可、免税办理等手续。

三是中国政府和企业积极配合开普省的招商引资政策。作为拉沙卡伊经济特区的主要牵头方之一，中国路桥工程有限责任公司积极承办产品博览会，邀请我国的高科技、纺织服装、电子家电、农产品加工、汽车组装等行业的企业负责人、行业协会负责人及政府部分负责对外投资的机构负责人商讨招商计划。中国路桥工程有限责任公司还多次在我国举办推介会，在会上向我国企业家介绍相关区位优势及政策优惠，已有涉及物流仓储、包装印刷、汽车配件等企业表达了赴巴基斯坦考察的意愿。浙江、山东、广西等多地政府招商官网也已上线拉沙卡伊特区的相关招商引资信息。拉沙卡伊经济特区的建设离不开中巴两国政府和企业的支持，如果此模式进展顺利，将会在整个巴基斯坦复制推广，促进两国产业合作顺利进行。

## 4.3　技术战略联盟为双方科技发展提供新动能

中国企业不仅在巴基斯坦投资建设当地的工厂，还成立了技术战略联盟，以推进中巴两国产业深入合作，给巴基斯坦当地居民提供技术培训服务，帮助当地企业跟上国际先进水平，进一步加快产业合作的进程。

中国—南亚技术转移中心是深化中巴两国科技创新合作的重要平台。在中国科技部的支持下，云南省联合南亚国家科技主管部门共同设立中国—南亚技术转移中心，并在巴基斯坦设立中国—南亚技术转移分中心，是中国与包括巴基斯坦在内的南亚各国科技创新合作的重要渠道。在中心成立之后，中巴双方高效精准地进行技术合作，开展了包括太阳能光伏提水灌溉系统示范、极端气候和重载条件下路面结构设计研究和应用示范等一系列合作项目，显著提升了双方的科技创新水平。未来，中巴双方将进一步拓展技术转移合作渠道，促进企业务实精准对接，服务中巴经济走廊建设，实现互利共赢。

教育合作也将为巴基斯坦培育高级技术人才，加速工业化进程。中巴经济走廊首个教育合作项目——位于巴基斯坦拉合尔市的旁遮普天津技术大学已经正式开学。该学校是天津工业大学等高校与巴基斯坦旁遮普省拉合尔工程技术大学共建的重点支持纺织服装学院建设的高等院校。在正式签署合作协议前，天津工业大学等高校对巴基斯坦相关专业教师进行了短期培训，并派出院长、系主任等高级教学管理人员赴巴基斯坦任教。

知名企业实施属地用工制度进一步加快了产业合作进度。近年来，中国电建大力推进巴基斯坦的本地用工制度，仅华东院就创造了2万多个就业岗位，包括600多名巴基斯坦工程师。本地化就业不仅为巴基斯坦当地工程师提供了就业机会，提高了专业技能，还雇用了一大批当地普通工人，为巴基斯坦新能源建设和运营培养了大量专业人才。同时，卡西姆港燃煤电站还将选派优秀人才来华深造，例如，卡西姆港燃煤电站开放招聘巴方运维人员，将从1.6万多名巴方大学生中选拔100人到中国进行为期一年的培训。此外，中国企业将加强与巴方社会各界的互动，促进与巴方大学、媒体智库的交流，继续在巴方专业技术人才培养、电厂绿色发展和综合利用、跨文化融合等领域开展深入合作，积极组织工程专业大学生到项目现场学习实践，分享中国技术和经验，推广中国标准，建立多层次人文合作机制。

# 5  经验启发与教训

巴基斯坦拥有巨大的人口优势、市场潜力和区位价值，同时巴基斯坦政府也为吸引外资出台了一系列优惠政策，涉及劳动密集型产业和能源领域。但中国企业前往巴基斯坦投资是一项具有挑战性的任务，巴基斯坦的政治、经济和文化环境都与中国有所不同，因此，中国企业在投资前需要尽可能多地了解当地的情况，与东道国互利共赢，产业共生。

## 5.1  把握政策机遇窗口，推动产业结构优势互补

中巴产业合作互补性较强，可以通过创新投资模式、科学规划产业园区建设等路径，因地制宜实现中巴产业合作互利共赢发展。随着中巴两国合作的不断深入，中巴经济走廊的建设如火如荼，企业可以从中把握政策机遇窗口，结合自身优势寻求海外投资机会。

在我国产业升级的大趋势环境下，纺织等劳动密集型行业可向巴基斯坦寻找投资机会。对于我国正处于衰退期或者面临淘汰的产业，行业企业可以寻求海外市场机会，了解相关产业合作政策，如有必要，还可亲自到巴基斯坦进行市场调研，充分的企业调研有利于对市场进行评估，从而确定未来的投资方向。此外，企业如果面临融资难等问题，也可以积极寻求金融机构的帮助，"一带一路"项目往往有一定的贷款政策支持。例如卡洛特水电站项目贷款银团是由中国进出口银行（牵头行）、国家开发银行、世界银行旗下国际金融公司（IFC）和丝路基金共同组成；旁遮普省 900 MW 光伏电站一期项目融资中，中国出口信用保险公司承保海外投资险，最大限度地协助企业规避海外能源投资的政治风险，等等。巴基斯坦政府也非常支持外商投资，在部分经济贸易区内投资的企业可以享受关税、销售税、企业所得税减免等优惠，这些都有利于制造业向巴基斯坦转移。

巴基斯坦能源短缺，能源基建相关产业也是值得投资的重点。巴基斯坦目前高度依赖境外油气，国内油气资源基础不足且炼化能力薄弱，存在建设升级炼油厂的需求。中国油气企业可以以中巴经济走廊建设为契机，关注与巴方战略相辅

相成的油气产业链投资方向，一方面可以巩固拓展油气的货源渠道，另一方面可以促进工程承包、物资设备出口、劳务出口等。建议中国油气企业加强关注巴方矿业政策法规，重点投资新建炼油厂，构建石油产业链一体化的盈利模式，并积极参与巴基斯坦油气资源评价、页岩油气勘探开发等中长期战略安排，通过与巴基斯坦政府共同投资来提高项目收益预期，化解各种风险，实现可持续发展。

## 5.2　加强法律风险防范，积极与当地政府沟通

大型项目需要尽量争取东道国政府的支持，良好的政治环境是避免投资被迫中断的必要条件。几乎所有中方企业在巴项目的顺利开展都离不开中巴两国密切的经济往来与战略合作，"中巴经济走廊"的建设也为中企在巴基斯坦的项目顺利开展奠定了基础。

卡西姆港燃煤电站项目的建设也不是一帆风顺的，中间也遇到了许多问题，问题的顺利解决离不开与当地政府的沟通。首先，卡西姆港燃煤电站建设用地属于海水回填区域，巴基斯坦中央政府和地方政府在该地区的所有权问题上存在争议，这使得中国电建在 15 个月内未能注册相关土地租赁协议，影响了项目贷款发放和项目建设进度。其次，巴基斯坦工业基础相对薄弱，缺乏建设燃煤电站项目所需的相关材料，发电机组、部分设备和机械需要从中国进口。尽管相关零部件进口已被巴基斯坦政府授予免税政策，但在实际实施过程中仍存在各种问题，无法及时实施免税政策，这也在一定程度上拖累了工程建设进程。再次，从巴基斯坦国内的电力现状来看，由于过去长期使用石油和天然气作为发电原料，政府长期为发电公司提供大量补贴，影响政府预算，进而导致了电力企业三角债问题，卡西姆港燃煤电站项目即使有购电协议的政策保障，也面临拖欠电费的风险。最后，巴基斯坦政局不稳，恐怖主义、宗教极端主义盛行，地区冲突不断，给项目安全带来挑战。巴基斯坦政府行政效率低下，其国内机构设置庞杂、审批手续烦琐、权责模糊不清，也给项目推进带来了很大阻碍，以上这些问题的解决都离不开当地政府的支持。在各方努力下，中国电建和中国政府与巴基斯坦政府和各级管理部门进行了积极友好的协调，顺利解决了包括土地租赁协议在内的项目建设政策执行问题，以及税收减免落地的问题，保证了该项目总体的顺利开展。

与之类似的一个同样采取 PPP 模式建设的缅甸密松水电站项目却早已因为政

治环境的变化而中断多年。2011 年 9 月，缅甸政府在没有告知我方的情况下，单方面终止了密松水电站的建设工程，对我方企业（中国电力投资集团公司）造成了极大的损失，使我方处于极度被动状态。2012 年，中电投云南国际设立公共事务部，想通过与缅各方人士广泛接触以提高项目透明度来解决密松水电站问题，然而现在十余年过去了，问题依然悬而未决。

可见，良好的政治环境是参与方获取权益的重要保障，项目的建设离不开当地政府的大力支持，被投资地区的政治环境越稳定，监管水平以及法律执行的效率越高，越能够降低投资者在该地区所面临的不确定性，增加风险项目被投资的可能性，避免投资方在项目进行过程中遭受被迫中断的风险。

## 5.3 提高企业管理水平，加强国际化人才培养

企业出海投资将面临和国内完全不同的政策环境，需要有专业的国际化人才对相关风险进行控制管理，尤其是税务、通胀、汇率方面。

关注税务风险，充分了解当地税法。巴基斯坦是联邦制国家，税收分联邦政府、省政府和地区政府三级。巴基斯坦联邦税收委员会是税收主管部门，负责制定和实施税收政策，并对联邦税种进行征收管理，海关是它的下属部门。近年来，巴基斯坦政府为增加财政收入，不断扩大税基，增加税种。巴基斯坦政府每年都会调整税率，有时各省的税法不同甚至相互矛盾，导致外资企业不知道如何执行，稍有不慎就会遭受高额罚款；进口商品往往会调高税基，导致成本突然增加，海关抗辩不易胜诉；有些商品附加关税很高，因此在巴企业要充分了解当地税法，必要时可以聘请当地律所、税务咨询中介等机构来避免税务风险。

考虑通胀和汇率风险，适当调整合同报价。高通货膨胀率曾是长期困扰巴基斯坦经济运行的突出问题之一。对于工程类企业而言，2015 年至 2017 年，巴基斯坦外资不断增加，国土资源匮乏，材料价格大幅上涨，尤其是砂石等基础设施材料，涨幅高达 100%。因此，在巴基斯坦进行工程企业招标时要特别注意考虑合理的通货膨胀。汇率方面，业内和研究机构普遍认为，卢比估值过高是近年来巴基斯坦出口低迷的重要原因之一。尽管巴基斯坦政府声称当前汇率尚未对经济造成严重不利影响，但贸易逆差和项目赤字激增、外债快速增长以及市场对卢比信心下降等综合作用，使卢比汇率面临巨大压力。2017 年 12 月，卢比兑美元贬值 5%，

企业以本币签订合同价格下降。因此，在巴基斯坦进行大额投资建议尽可能签订美元或人民币合同，以抵御汇率风险。

出海项目成功往往需要国际化专业人才长期考虑相关国际政策变动和宏观市场环境。以卡西姆港燃煤电站为例，因为没有采用巴基斯坦国内的煤炭资源，而是采用进口煤炭发电，其进口成本与煤炭供应量受到国际能源市场的影响，价格与供应上的波动都有可能影响该燃煤电站项目的长久稳定运营。同时，项目本身建设周期长、融资规模大，巴基斯坦汇率波动大，又实施较为严格的外汇管制政策，种种因素都使得项目融资风险居高不下。因而，中国电建在以社会资本方和建设运营方进行项目推进时，持续保持着对国际煤炭市场变化的关注，在不影响项目开展与经营效益的前提下，主动积极和相关供应商签订长期供货协议。此外，中国电建还关注国际资本市场，利用金融风险对冲和保险工具，降低各类宏观市场波动导致的财务风险。中国电建作为建设运营方，需要统筹安排项目各个环节，保证项目的规划、采购、运营施工等顺畅有效执行。这些也都需要培养相关项目国际化人才。国际化人才除了对专业知识和技能有更高的要求外，还应对国际市场环境、国际投资惯例、国际项目管理等方面有一定的了解。

第十篇

# 中国与俄罗斯的产业合作案例

## 1 俄罗斯国家简介

### 1.1 社会经济概况

俄罗斯国土面积 1 709.82 万平方公里，横跨欧亚大陆，南部和东南部同中国、朝鲜接壤，南连哈萨克斯坦、蒙古、格鲁吉亚、阿塞拜疆，西南连接乌克兰，西部与芬兰、白俄罗斯、爱沙尼亚、拉脱维亚、立陶宛、挪威毗邻而居。俄罗斯人口约为 1.46 亿，主要分布在中心城市，其中莫斯科、圣彼得堡等 15 座大城市聚集了全国约五分之一的人口。俄罗斯共有 194 个民族，其中俄罗斯族占总人口的 77.7%，境内官方语言为俄语。

近年来，俄罗斯受国际油价区间震荡及 2022 年俄乌冲突等影响，宏观经济增速有所放缓，国内生产总值略有回落。2015—2022 年俄罗斯 GDP 增长情况如图 10-1所示。

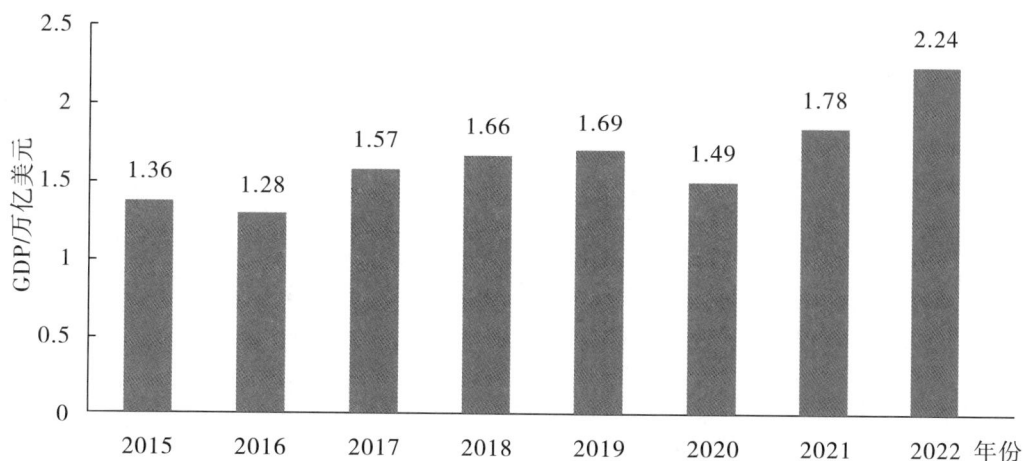

图 10 - 1　2015—2022 年俄罗斯 GDP 增长情况

数据来源：世界银行。

## 1.2　产业发展概况

### 1.2.1　产业结构

2021 年，俄罗斯第一产业（农、林、牧、渔业）产值占 GDP 的 3.80%，第二产业（采矿业、制造业、电力、燃气及水的生产和供应业、建筑业）产值占 33.22%，第三产业产值占 62.98%（见表 10 - 1）。

表 10 - 1　俄罗斯 2021 年三大产业的产值及比重

| 产业 | 产值/亿美元 | 占 GDP 的比重/% |
| --- | --- | --- |
| 第一产业 | 675.3 | 3.80 |
| 第二产业 | 5 898.3 | 33.22 |
| 第三产业 | 11 184.4 | 62.98 |
| 合计 | 17 758 | 100 |

数据来源：世界银行。

在农业方面，目前俄罗斯农业用地面积为 2.2 亿公顷，其中耕地面积约为 1.34 亿公顷，约占世界耕地面积的 8%。2021 年俄罗斯农产品出口额 377 亿美元，出口量 7 710 万吨，其中粮食作物出口额 114 亿美元。玉米、水稻、小麦、大麦等是其主要的粮食作物，经济作物主要有亚麻、甜菜和向日葵，其中大麦、小麦、葵花籽、马铃薯的产量跻身世界前五。在养殖业中，鸡蛋、牛奶、羊毛产量也排在世界前列。总体上，现阶段俄罗斯粮食生产基本可以满足国内需求，可部分出口，但畜产品及蔬菜水果生产还不能满足国内需求，还需依赖进口。

在工业方面，俄罗斯具有以能源、黑色冶金、化学和石油化工、机器制造和金属加工、木材加工和造纸、建筑和材料、轻工、食品和微生物 9 大工业部门为中心的完整的工业体系。其中石油天然气工业长期以来在俄罗斯经济中发挥核心作用，矿石开采与冶金行业在俄罗斯经济中也发挥着重要作用。

在服务业方面，2021 年，俄罗斯服务贸易总额为 1 314.8 亿美元，占 GDP 比重的 7.2%，其中出口 555.5 亿美元，进口 759.3 亿美元。其中，IT 市场是俄罗斯服务业中最具活力的行业之一。IT 市场中增长最快的部分是离岸编程，目前俄罗斯控制离岸软件开发市场的 3%，是第三大（仅次于印度和中国）软件出口国。

### 1.2.2 主导产业

能源产业历来都是俄罗斯的第一大产业，占俄罗斯生产总值的 25% 左右。俄罗斯拥有世界 13% 的石油储量、1/3 的天然气储量、1/5 的煤炭储量。俄罗斯出口产品当中，传统的能源类产品占比超过 60%，贡献了俄罗斯财政收入的 45% 左右。首先，在天然气领域，俄罗斯天然气资源位居全球第一，天然气储量 A、B、C1 为 48.8 万亿立方米，C2 为 19.6 万亿立方米，占世界已探明储量的三分之一，是当之无愧的世界能源大国。其次，在石油领域，2021 年，俄罗斯石油产量 5.34 亿吨，占当年全球石油产量的 12%，仅次于美国，位居世界第二。2022 年，俄罗斯石油开采量同比增长 2%，达 5.35 亿吨（见图 10-2）。

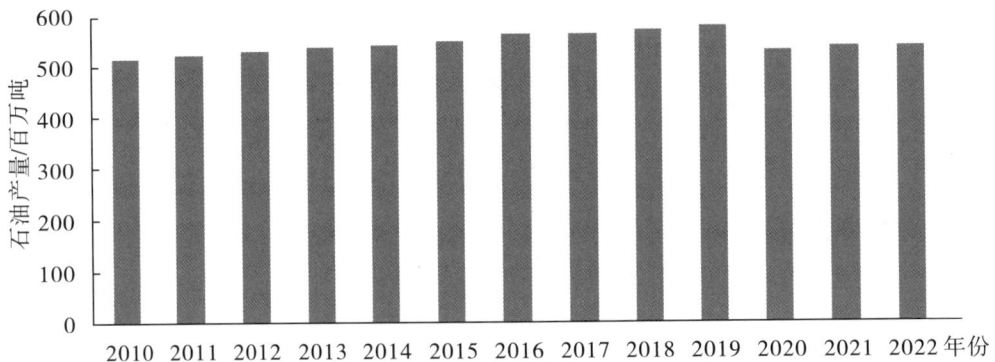

图 10-2　2010—2022 年俄罗斯石油产量

数据来源：英国石油公司。

俄罗斯的第二大产业是武器出口。庞大的现代军火工业使得俄罗斯能够开发和制造高科技的军事装备，以及开出与西方国家相比低廉的武器价格，使得俄罗斯的武器出口稳居世界第二，仅次于美国。俄罗斯每年依靠军事武器出口收入数百亿美元，在世界上仅次于美国。

农业是俄罗斯第三大产业，集中建造了俄罗斯约 13% 的基础生产设备和组织了全国 14% 的劳动力，产值约占 GDP 的 6%。俄罗斯是世界上四大产粮大国之一，其中小麦出口位居世界第一。俄罗斯幅员辽阔，耕地面积大，拥有全球 10% 的可耕地（约 4 亿公顷），但实际使用量只有 50% 左右。俄罗斯低廉的农业用地使得俄罗斯的农产品在全球竞争中存在着巨大的优势，在俄罗斯经济转型过程中，潜力未被充分挖掘的农业更加受到关注。

## 2　经贸联系

中俄经贸关系在两国元首战略引领和合作机制大力推动下不断升级。近年来，中俄两国经贸合作的规模和质量显著提升，2020 年，中俄双方共签署 40 余项经贸合作协议，深入推进全方位务实合作，推动了中国以国内大循环为主体、国内国际双循环相互促进的政策实施，并加速俄罗斯改变单一的、以能源出口为主的经济结构，推动经济结构多元化的进程，这同时也是俄方解决东西部经济发展不平衡问题的一大重要途径。目前，两国关系步入了历史最好时期，得益于这一历史性机遇，中俄双方积极发挥资源禀赋比较优势，并积极利用其垂直分工所形成的经济互补性。尽管依然面临各项风险与挑战，但中俄经贸合作不可扭转的客观趋势将有利于其在"一带一路"倡议下，树立我国与东道国实现产业共生、互利共赢美好愿景的样板和典范。

### 2.1　中俄双边贸易

近年来，受到俄乌冲突和西方对俄制裁的影响，中俄双方贸易经历了一个由高到低进而逆势上扬并实现历史性突破的过程。

根据中国海关总署发布的统计数据，2020 年，受新冠疫情和全球贸易大幅萎缩等诸多不利因素影响，中俄双边贸易额为 1 081.89 亿美元，较 2019 年有所下降；2021 年，中俄双边贸易额为 1 468.87 亿美元，同比增长 35.8%，连续 4 年突破千亿美元，再创历史新高，并且中国连续 12 年蝉联俄罗斯第一大贸易伙伴国。2022 年，中俄贸易额为 1 902.72 亿美元，同比增长 29.5%（见图 10-3）。其中，中国自俄进口 1 141.49 亿美元，增长 43.4%；中国对俄出口 761.23 亿美元，增长 12.8%。综合来看，中俄贸易合作互补性强，在疫情考验下，双边贸易继续保持增长态势，这体现了中俄高水平的战略协作及双方经贸合作的巨大韧性和潜力，中俄经贸合作发展前景可期。

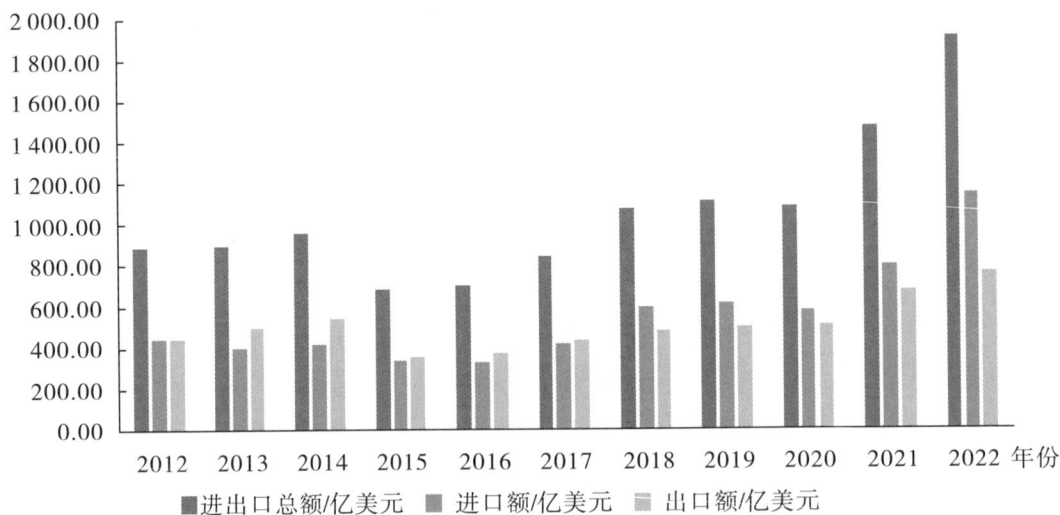

图 10-3　2012—2022 年中国对俄罗斯进出口额

数据来源：中国海关。

　　2021 年俄罗斯对外贸易额达 7 894 亿美元。分国别（地区）来看，俄罗斯前五大贸易伙伴分别是中国、德国、荷兰、白俄罗斯、美国，2021 年俄罗斯对中国进出口 1 407.04 亿美元，占 17.92%；对德国进出口 569.96 亿美元，占 7.26%；对荷兰进出口 464.40 亿美元，占 5.92%；对白俄罗斯进出口 384.27 亿美元，占 4.90%；对美国进出口 350.18 亿美元，占 4.46%（见图 10-4）。

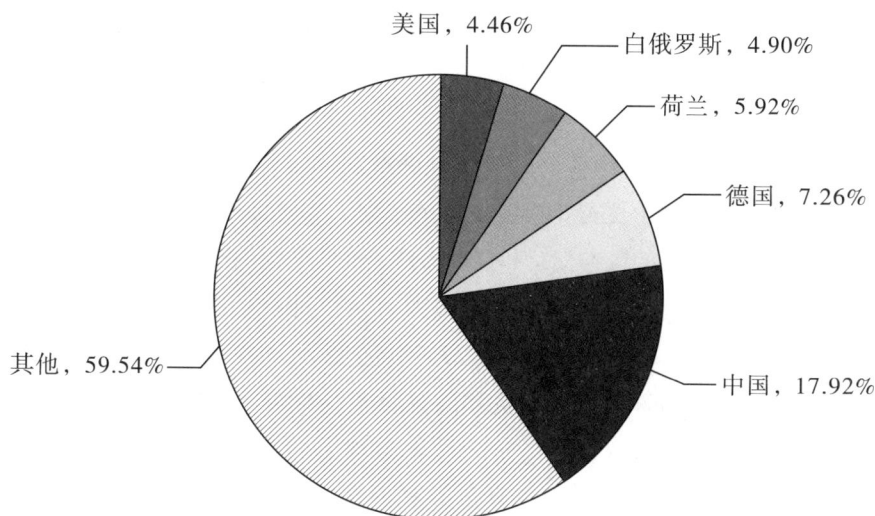

**图 10 - 4　2021 年俄罗斯进出口贸易国家/地区分布**

数据来源：俄罗斯联邦海关署。

从金额和增速看，2021 年俄罗斯与中国进出口金额为 1 407 亿美元，较上年增长 35.60%；与德国进出口金额约为 570 亿美元，较上年增长 35.90%；与荷兰进出口金额约为 464 亿美元，较上年增长 62.94%（见图 10 - 5）。

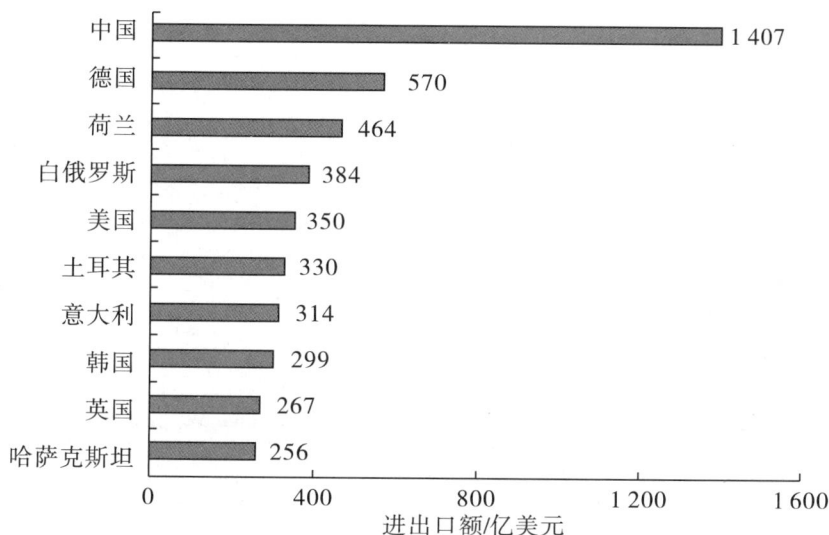

**图 10 - 5　2021 年俄罗斯与主要国家进出口额**

数据来源：俄罗斯联邦海关署。

## 2.2 中国对俄直接投资情况

在"一带一路"倡议的背景下，中国对俄罗斯的对外直接投资行为为中国提供了充分发挥资本优势、技术优势、产业优势的平台，同时为东道国提供实现产业结构升级和跨越式发展所必需的资本支持和技术支持，促使联盟内产业共生关系日趋密切。

从存量的行业分布情况看，2020年中国对俄罗斯投资投向采矿业49.95亿美元，占41.40%；投向农/林/牧/渔业27.72亿美元，占23.00%；投向制造业15.69亿美元，占13.00%；投向租赁和商务服务业6.43亿美元，占5.30%；投向科学研究和技术服务业5.23亿美元，占4.30%；投向金融业4.97亿美元，占4.10%；投向批发和零售业3.32亿美元，占2.70%；投向房地产业3.11亿美元，占2.60%；投向建筑业2.70亿美元，占比2.24%；投向软件和信息技术服务业0.69亿美元，占比0.57%；投向交通运输/仓储和邮政业0.53亿美元，占比0.44%；投向电力/热力/燃气及水生产0.23亿美元，占比0.19%；投向其他行业0.14亿美元，占比0.12%（见图10-6）。

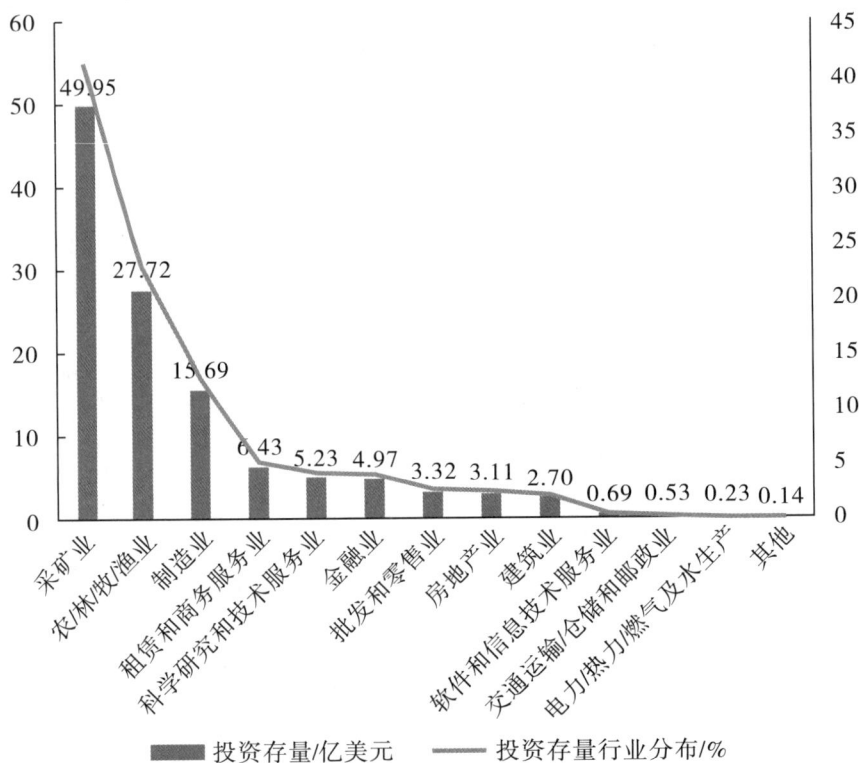

图 10-6   2020 年中国对俄罗斯投资存量行业及其分布

数据来源：商务部、国家统计局、国家外汇管理局。

尽管经受俄乌冲突、国际油价下跌等事件的冲击，俄罗斯略显疲态的经济发展在一定程度上不利于中企在俄投资，但由于俄罗斯地大物博、自然资源丰富，仍具有一定的增长潜力，中方对俄未来的投资前景应继续保持信心（见图 10-7）。

图 10-7　2015—2021 年中国对俄罗斯直接投资情况

数据来源：《2021 年度中国对外直接投资统计公报》。

中资企业收购俄企股份、在俄开办企业或设办产业园区是中国对俄直接投资的主要方式，投资主体分布在农/林/牧/渔业、采矿业、批发和零售业、制造业、租赁和商务服务业、金融业等领域。现在俄主要中方独资企业有格林伍德股份公司、俄罗斯哈弗制造有限责任公司、安琪酵母（俄罗斯）有限公司以及海尔俄罗斯冰箱有限公司等。

## 3　产业合作的主要模式

"一带一路"倡议通过整合各国生产要素的禀赋打开了产业合作新局面。其中，产业共生的有序引导是有效推动中国与东道国开展产业合作的内在要求，而梯度差异是实现产业合作至关重要的条件。中俄应积极寻求双方互补的产业发展需求、更科学合理的产业合作模式，进而有力推动我国与海外进行产业合作的高级化进程。产业合作是中俄经济合作的重要内容和最佳切入点，共生关系也渗透于产业合作的过程。

## 3.1 能源产业：有效利用外部资源是我国保障能源安全的必然之举

能源合作一直是中俄两国务实合作中分量最重、成果最多、范围最广的领域，起着压舱石的作用。

中俄两国传统能源贸易额已连年实现大幅增长。在煤炭贸易方面，2022年，中国自俄罗斯进口煤炭达6 806万吨，同比涨幅达20%；在原油贸易方面，俄方数据显示，2022年俄罗斯向中国输送石油8 625万吨，日均172万桶，比2021年增加8%；在天然气贸易方面，现在中俄东线天然气管道已实现了俄气直接入上海，2023年1月中俄东线输气量进一步提升至6 100万立方米/日，2023年全年输气量预计会突破220亿立方米。

中俄两国在资源能源领域具有极强的互补性。其一，俄罗斯油气矿产蕴藏量巨大，常年为中国第一大能源进口来源国，并保持第二大原油进口来源国的地位。根据《2021年全球能源评论》，2021年俄罗斯石油已探明储量1 078亿吨，且截至2021年年底，俄罗斯已探明的天然气储量在全球排名首位，共有37.4万亿立方米。而中国由于第二产业的飞速发展，对能源需求庞大。2021年，我国石油表观消费量7.15亿吨，天然气表观消费量3 726亿立方米，我国石油和天然气对外依存度分别高达72%、46%，有效利用外部资源是我国保障能源安全的必然之举。其二，俄罗斯近年来受经济发展限制，投资资金不足，而中国近年来经济高速增长，积累大量外汇储备。其三，受俄乌冲突影响，俄罗斯逐渐将其外交战略转向亚太地区，中国在俄罗斯能源战略中地位日益凸显。2021年，中国自俄进口能源产品达3 342.9亿元，同比增长47.4%，占当年中国自俄进口总额的65.3%。

未来，两国要顺应形势变化和时代要求，在更大范围、更深层次、更广领域扩大能源合作。在现有基础上，不断探索新的合作模式和路径，深化传统能源全产业链上中下游合作，共同应对能源转型面临的能源结构性短缺和成本上涨等问题。积极挖掘绿色低碳合作潜力，加强在光伏、风电、氢能、储能以及绿色金融等领域的协作，引领全球能源绿色低碳转型。

## 3.2 基建产业: 俄方基建需求助力中企在俄发挥自身技术和成本优势

随着"一带一路"倡议的深入发展,基础设施的完善奠定了中国与"一带一路"沿线国家产业合作的基石,有利于我国开启"一带一路"倡议的高质量发展进程。在全球经济缓慢不均衡复苏背景下,各国都把吸引外资、改善基础设施条件作为拉动经济的重要引擎,基建成为优先扶持的重点领域,拓宽了我国基建产能及配套资本输出的空间。

俄罗斯为中国基建企业走出国门提供了较大的市场和发展前景。俄罗斯横跨欧亚大陆,是世界上国土最辽阔的国家,但其交通运输体系分布不均衡,交通基础设施较为薄弱,互联互通状况堪忧。而中国在桥梁、隧道、高速铁路和其他项目的建设中,拥有一批勇于创新、具有先进技术的大型工程企业,具备完成全球客户招标的高难度基建工程任务的底气和实力,使得中企在俄基建领域具备技术优势。另外,中国企业在参考借鉴发达国家先进经验后壮大起来,对自主知识产权的技术专利进行研发,成本得以大幅降低,同时,国内钢铁等诸多行业的产能过剩有利于大型成套装备制造成本的降低。上述皆为中企参与俄罗斯基础设施建设带来的巨大成本优势。

"滨海1号"和"滨海2号"国际交通走廊是中俄双方在远东联邦区基础设施建设方面的合作中的重要项目,成为与"一带一路"对接的先行者。"滨海1号"连接了哈尔滨—绥芬河—格罗杰科沃—乌苏里斯克—纳霍德卡东方港,"滨海2号"连接了珲春—卡梅绍瓦亚—波西耶特—扎鲁比诺,这两条国际交通走廊皆为跨境铁路运输线。2016年4月,中俄双方达成共识,决定正式成立由俄方控股的"中俄联合国际交通走廊建设管理公司",由俄方独自承担此项目20%的建设资金,其余则由中方与银行承担,该投资回收期限为10年。2017年7月4日,中俄两国签署了《发展"滨海1号"和"滨海2号"国际交通走廊合作备忘录》,对国际交通走廊项目的共同开发进行更深、更全面的论证研究。例如,完成"滨海1号"和"滨海2号"两条交通走廊的建设,需要对边检口岸和边境口岸车站及港口的基础设施进行完善,对铁路、公路进行改造或重新铺设。据估计,这两条国际交通线的总投资额分别高达100亿卢布(9.6亿元)和1 700亿卢布(163.2亿元)。

该项目将大大加强中俄在跨境基础设施建设方面的合作与交流，并有助于促进中俄双方海陆联运，发展互联互通。

从中长期来看，俄罗斯基础建设市场可开发存量十分可观，政府也在积极推动包括交通基础设施、能源和公用事业以及建筑类基础设施的项目建设；但短期内，因基础建设项目周期普遍较长，俄罗斯基础建设业投资风险较高。投资者除了应该高度密切关注俄罗斯的汇率、通胀、物价走势并给予合理预期，还应特别注意防范卢布贬值和未来可能发生的汇率波动风险。

### 3.3 汽车产业：中国品牌汽车逐步渗透俄方市场

俄罗斯汽车产业成为受俄乌冲突影响最严重的行业之一。近年来，俄乌冲突等不良事件的影响使得欧美日韩车系纷纷撤离俄罗斯，大量车企和零部件供应商宣布对俄罗斯实施"制裁"，且俄罗斯本土品牌70%~80%的零部件依赖进口，这导致供应链断裂。同时俄方严重依赖西方投资和高科技设备，这使得其运营无法维持，导致汽车产量大幅削减，而西方汽车制造商的退出和本土零部件供应链的短缺，使得俄罗斯市场给中国车企留下了空白。在此背景下，中国品牌汽车凭借自身全产业链优势、研发制造潜力以及不断提升的质量，有望赢得更多市场份额（见图10-8）。

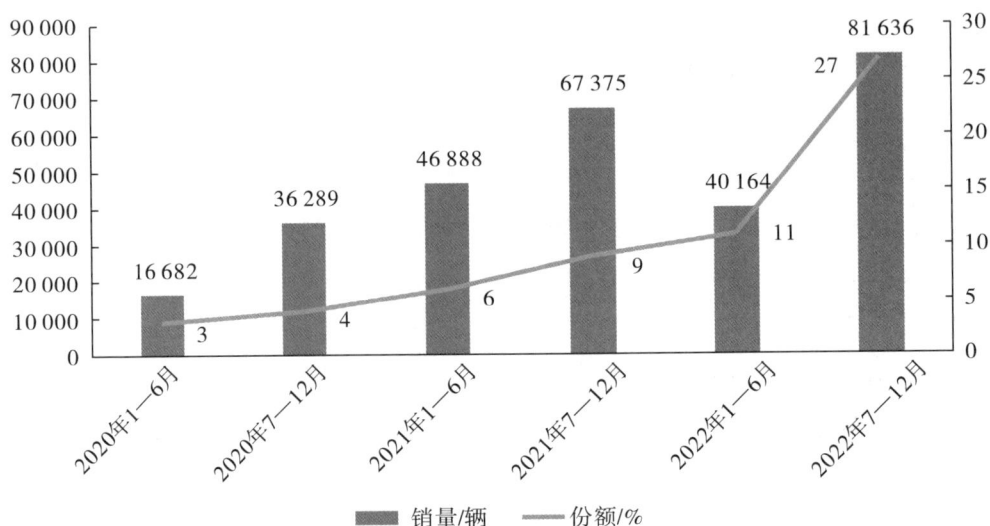

图 10-8　2020—2022 年中国品牌汽车俄罗斯市场销量及市场份额

数据来源：欧洲企业协会（AEB）。

中国汽车品牌在俄生产本地化的步伐也逐渐加快。2014年，为积极响应国家"一带一路"倡议，在中俄两国元首见证下，长城汽车与图拉州签署《投资协议》，该项目坐落于俄罗斯图拉州乌兹洛瓦亚工业园，总投资5亿美元，规划年产能15万辆、本地化率达到65%。俄罗斯图拉州工业实力雄厚，但以化肥、化工、传统手工业等为主，亟待产业升级。中国车企在该地建厂、实现本地化，有利于带动当地汽车产业发展。

图拉工厂优越的地理位置有利于中国汽车品牌面向俄罗斯和周边国家的广阔市场进行市场化布局。图拉工厂位于俄罗斯图拉州乌兹洛瓦亚工业园内，紧邻M4与P140高速公路交汇处。未来，图拉工厂除了满足俄罗斯本地的需求外，还会辐射白俄罗斯和哈萨克斯坦等邻近市场，甚至还会向更多东欧国家输出产品。作为目前中国制造业在俄罗斯投资较大的非能源类装备制造项目，同时也是中国汽车品牌在海外首个全工艺独资制造工厂，图拉工厂不仅展现出中国汽车制造水平新高度，还引领中国汽车企业"走出去"，由以往的产品贸易输出转向工艺技术的标准输出。

中国长城汽车旗下哈弗品牌的8款车型将在图拉工厂投产。2022年，哈弗汽车在俄罗斯中国汽车销量中位列第二，仅次于奇瑞。目前，哈弗是第一个也是唯一一个与俄罗斯工贸部签署了生产本地化特别投资协议的中国品牌，并且该协议承诺将汽车和关键零部件的生产进行深度本地化，在汽车和关键零部件生产本地化方面的总投资将达到424亿卢布（5.8亿美元）。

哈弗在俄罗斯的渠道发展势头迅猛。当前，长城汽车在俄罗斯销售服务网络已突破118家，实现核心销量城市100%覆盖，包括中央、南部、北高加索、西北、伏尔加、乌拉尔和西伯利亚地区。同时辐射俄罗斯周边国家，以高品质的产品和服务为当地用户创造出行新体验。其中，哈弗新发动机厂的建设是协议中的一环，目前已竣工并正式开始投产，为俄罗斯生产的90%以上的哈弗产品提供发动机生产和组装。该厂主要生产1.5 T、2.0 T两款四缸发动机，年产量约10万台。

### 3.4　农业：充分发挥中俄农业资源互补优势，实现共同价值投资

中俄农业合作协议见表10-2。

表 10 - 2　中俄农业合作协议

| 年份 | 协议/文件名称 | 具体内容 |
| --- | --- | --- |
| 2018 | 《中国东北地区和俄罗斯远东及贝加尔地区农业发展规划》 | 以全产业农业生产布局为重点，目的在于建设一批农业产业综合体 |
| 2019 | 《中华人民共和国和俄罗斯联邦关于发展新时代全面战略协作伙伴关系的联合声明》 | 双方将扩大并提升农业合作水平，深化农业投资合作，积极开展两国农产品食品相互市场准入合作，扩大双方优质农产品食品贸易 |

中国对俄农业投资区域不断地向纵深拓展延伸，由边境口岸地区向远东地区延伸。俄方在远东地区开放的土地资源的使用不断吸引外国资本加入，这一地区拥有大量可被利用空地，且近年来人口的向外流动导致地方年轻劳动力大量流失，土地利用率低。目前为止，俄罗斯的滨海边疆区等多个地区都有中国农业投资的身影。

中国对俄农业投资领域逐渐多元化。尽管中国企业对俄农业投资仍集中在种植业，但已逐渐从农业生产、加工、物流、农业园区建设等领域拓展，摆脱原有的单一的种植业与养殖业的投资结构。如 2015 年，中俄双方合作的中俄现代农业产业合作区在俄远东滨海边疆区建立完成，是中国经营规模最大的境外农业园区，也是中国首个国家级境外农业产业园，是集种植、养殖、加工、运输、销售于一体的中俄经营规模最大的农业合作项目，已被列入"一带一路"优先发展项目名单。

但就目前而言，中国与俄罗斯之间农业的合作层次依然处在较低水平，而中方在俄的农业开发处于产业链低端。此外，中俄农业合作的境外农业指导性文件不够具体，如中俄双方签订《中国东北地区和俄罗斯远东及贝加尔地区农业发展规划》的目的是改善上述地区的农业基础和提高设备保障水平，发展农业科技，提高主要作物产量。但该文件并不是一个合作性质的正式法律文本，只是一份指导性文件，没有详细的实施规则。未来，中俄进行农业合作需具体化指导性文件的撰写。

未来，中俄农业合作的发展方向将是打造现代农业跨境综合示范园区，构建全新的全产业链发展态势，推动中俄农业合作向纵深发展。除此之外，中国企业应大力拓展农业投资领域，改变种植业和粮食加工业等只有一个投资领域的现状；

加强中俄双方在农业科技领域，特别是在育种、农机制造、信息和环境监测等领域的合作，鼓励大型水利水电公司在俄罗斯投资农业灌溉系统和成套水利项目，并继续加大对俄罗斯农业基础设施建设的投资。

中企应抓住中俄全面务实合作的契机和国家实施"一带一路"倡议规划，以及各部委、省市境外农业园区相关政策，利用俄罗斯丰富的耕地资源，结合中国资本、技术、管理优势，搭建合作平台，完善区内水、电、交通运输等配套条件，建立稳定的收购和销售渠道，使可获得的农业资源满足园区可持续开发。

### 3.5　林业：森林资源禀赋是实现中俄林业共赢愿景的奠基石

产业合作的影响因素包括地理优势、资源禀赋、行业水准与合作意愿，而林产品加工产业合作初期应优先考虑资源禀赋。林业合作也是中俄地区合作的重点领域。

基于丰富的森林资源，木材加工工业是远东联邦区最具潜力的经济部门之一。俄罗斯的森林面积居世界首位，其中，远东联邦区的森林总量占亚太地区森林总量的一半左右，西伯利亚及远东地区的森林储量占俄罗斯森林总储量的60%。但俄罗斯森工企业加工能力低下，木材精深加工水平远远落后于发达国家，且大部分森工企业生产工艺过时、技术设备老化、生产技术和生产方式落后、劳动力不足，在森林资源极为丰富的西伯利亚和远东地区这一问题尤为严重。俄罗斯木材进出口结构主要是出口原木、进口高附加值木制品，这造成很大资源流失。近两年，俄罗斯各级政府欢迎外国企业与本国企业一起对林业资源进行合作开发，在俄罗斯境内建立木材加工企业，采伐的木材在当地进行加工，出口境外，以获取更高的经济利益。

中国林产品加工产业具有强大的技术优势，与俄方实现优势互补。改革开放四十多年来，中国林产品加工业的发展形成了完善的产业体系。"一带一路"倡议相关政策的林业合作机制加快了我国与海外产业合作的步伐。"一带一路"倡议指出基础设施、交通和运输网络重建措施是工业园区发展建设的基本条件。我国林产品加工产业链外迁逐步经历了资源导向、成本导向和政策导向阶段，投资形式从单一的森林资源收购转变为综合加工园区，逐步形成集森林资源开发、林产品深加工、国际贸易物流和金融服务于一体的海外林业全产业链集群。

我国商务部境外投资企业（机构）备案结果公开名录显示，截至 2022 年 7 月，我国境外投资林业企业分布的国家中共有 24 个是"一带一路"沿线国，达境外投资林业企业分布的国家总数的 40.67%。"一带一路"沿线国家中共有 232 个投资林业企业，占中企对全球林业企业投资的 64.27%，其中俄罗斯以 53 家海外企业位居"一带一路"沿线国家中投资首位，占中企对全球林业企业投资的 14.48%（见表 10 - 3）。

表 10 - 3　2022 年我国企业境外投资林业企业累计数排名前十的国家

| 排名 | 投资国 | 中企境外投资林业企业数/个 | 在全球投资林业企业数占比/% |
|------|--------|------------------------|------------------------|
| 1 | 美国 | 63 | 17.21 |
| 2 | 俄罗斯 | 53 | 14.48 |
| 3 | 越南 | 42 | 11.48 |
| 4 | 马来西亚 | 31 | 8.47 |
| 5 | 柬埔寨 | 21 | 5.74 |
| 6 | 泰国 | 17 | 4.64 |
| 7 | 印度尼西亚 | 15 | 4.10 |
| 8 | 缅甸 | 9 | 2.46 |
| 9 | 老挝 | 8 | 2.19 |
| 10 | 新加坡 | 7 | 1.91 |
| 总计 | | 266 | 72.68 |

数据来源：中华人民共和国商务部。

境外经贸合作区的设立开启了中俄林业合作的全新模式。合作区一般由不同功能定位的产业合作园区组成，各园区以龙头企业为引领，逐渐吸引其上下游产业、配套产业、互补产业等入驻园区，形成具有全球竞争力的一体化产业链。2015 年经商务部、财政部考核，中国确认俄罗斯龙跃林业经贸合作区为国家林业产业型境外经济贸易合作区，是中国企业"走出去"搭建的对俄林业合作最大平台。园区位于俄罗斯远东地区，与牡丹江、佳木斯、伊春等我国沿边中心城市相呼应，与绥芬河、东宁、同江、抚远等边境口岸相连接，物流运输便利。园区包括木材精深加工园区、森林采伐区、物流仓储区和商业生活区，主要吸引汽摩配、机械、电子电气、建材五金等中国企业入园设厂。园区采取"中中外、中外中、外中外"等形式，合作开发俄罗斯林木资源。园区以林木采伐、粗加工、运回国内深加工为近期发展目标，而从长远来看，它将发展成为一个跨国森林产业集群，涵盖森林种植、森林采伐、深加工、林产品展销交易、跨境物流运输及内外互动等多方面，目标是集森林培育、木材采伐、精深加工、展览展销、物流运输于一体，建成森林资源综合开发利用园区。

## 4　产业合作的主要路径

在"一带一路"倡议的背景下，中国以共生共赢为基点，稳步推进与"一带一路"沿线国家的产业共生合作，科学合理、有计划地推进产业合作与产业承接所涉及的各项事宜。从共生环境来看，宏观层面上，合作区东道国的社会稳定，积极与中国对接产业共生发展战略，采取多项优惠政策吸引外资，为合作区稳健扩张提供有力支撑。微观层面上，合作区普遍具有资源丰富、交通便利、生产要素成本低廉等优势，为入驻企业提供"一站式"服务。

### 4.1　跨国并购是中国参与俄方能源资源开发工作的有效途径

科学合理的对外投资可以支持中国贸易结构的改善、产业结构的高级化和初级产业的对外合作，提高国内制造业发展质量。

跨国并购有利于中企利用资金、技术在俄当地有效地开发资源，而俄企则获得资金、学习技术。2013 年 9 月 6 日，中国石油天然气集团公司（简称"中国石油"）与诺瓦泰克公司签署了关于收购亚马尔液化天然气股份公司部分股权的协议，这意味着中方在多年来的中俄管道谈判中取得了突破，并参与亚马尔液化天然气项目工程的建设和开发活动。2016 年，中国丝路基金再次购买该公司 9.9% 股权。在亚马尔液化天然气项目中，中国作为第二大股东加入其中，参与了从模块化生产到提供钻机、从设计到建造的整个过程。

类似的案例还有中国石化于 2015 年以战略投资者身份收购西布尔集团公众股份公司 10% 股权；俄罗斯石油全资子公司——上乔油气田开发公司的 20% 股权于 2017 年 7 月被北京燃气集团完成收购，交易金额高达 11 亿美元。

## 4.2 海外产业园区是中俄两国经贸发展的新平台

作为一种跨国跨地区合作的新模式,跨国共建海外产业园区是国家经济发展过程中必然出现的经贸合作形态。共建产业园区模式的兴起,标志着中俄经贸往来从资源产品互换向更深层次的资本运营发展,产业园区正在成为中俄两国经贸发展的新平台。

产业合作园区的建设使我国及"一带一路"沿线国家充分发挥了互补效应和协同效应,完善和强化了共生联盟内部的产业链条,实现了产业共生合作创造崭新契机,体现着双边乃至多边产业融合,能够反映国家间产业共生关系。

以中俄(滨海边疆区)现代农业产业合作区为例,该合作区是中国第一个国家级境外农业产业园,也是中俄最大的集种植、养殖、加工、运输、销售于一体的农业合作项目,还是"一带一路"建设的优先项目之一。中俄两国欲合力将其打造成俄有机食品和非转基因粮食生产供应加工基地,推进农业合作向机械化、科技化、产业化发展。合作区现拥有耕地面积6.8万公顷,共设有14个种植区、9个农业区,农业机械化率达到100%。合作区里种植的玉米、小麦、大豆单产量持续多年位列俄罗斯滨海边疆区榜首,运营企业ARMADA公司多年被评为俄罗斯滨海边疆区最佳农业企业,并为当地带去了先进的农业技术以及农业综合开发模式,提升了滨海边疆区种植业、养殖业、加工业的发展速度。根据地理位置和耕地分布的实际情况,按照"一区多园"的发展思路,合作区共规划打造10个集生产、加工、仓储、物流于一体的农产品综合性园区,有万头生猪养殖区、千头肉牛养殖区、380头奶牛养殖区、年加工10万吨的大豆油脂加工厂等,总规划面积为207公顷。该项目的成功运作,进一步拓展了我国农业发展空间,建立境外粮食战略储备基地,带动国内农机出口和劳务输出,实现中俄农业合作优势互补、互利共赢。

中外双方政府或企业应共同推动、合作建设海外产业园区,可为"走出去"的中企在海外小范围内打造相对较完善的基础设施,有助于争取到更具吸引力的营商环境和优惠政策,优化要素配套服务,降低企业"走出去"门槛。

中俄丝路创新园是两国政府战略层面的合作项目之一。2014年10月13日,在中俄两国总理见证下,陕西省政府与俄罗斯直接投资基金、中俄投资基金、俄罗斯斯科尔科沃创新中心代表共同签署了《关于合作开发建设中俄丝绸之路高科技产业园的合作备忘录》，在陕西西安西咸新区和莫斯科斯科尔科沃创新中心分别建立一个高科技产业园区。中俄两地园区于 2018 年相继顺利开园，加快将科技优势转化为创新优势、产业优势和经济优势。中国园区重点发展检验检测、信息技术、互联网和生物医药健康等四大主要产业，而俄罗斯园区将建设海外公共服务平台，重点推出有实力、有意向在俄拓展海外业务的企业，并逐步扩展到省外重点企业或机构，最终打造成为陕西企业赴俄投资的大本营和聚集地。截至 2020 年年初，陕西汽车集团、西安陆港大桥国际物流有限公司、深圳腾达科技有限公司等公司已入驻俄罗斯园区。面对新时代新机遇，中俄丝绸之路创新园正在通过两座"姐妹园"的有效互动，积极促进中俄资源共享、互利互惠，力争成为最具活力的增长极、最具特色的对外开放平台、最具潜力的创新高地、最具优势的转型发展引擎。中企还可通过园区所在市场辐射周边国家和地区，拓展更多海外市场，同时持续推动科技和人才的本地化进程，利用我国的优势产业，促进东道国的产业结构优化升级，有效带动东道国的经济发展，实现互利共赢。

## 5　产业合作的经验和教训

### 5.1　强化对俄投资环境认知是中俄产业合作的有效保障

由于俄罗斯是一个联邦制国家，86 个联邦体在立法权和行政自主权方面存在显著差异，中资企业要建立投资风险评估机制、强化风险控制机制建设、充分做好市场调研工作，力争做到互利共赢。

首先，对东道国国家风险进行准确的事前评估是企业规避国家风险最为有效的手段。对于企业而言，东道国国家风险具有较强的外生性特征，企业难以通过自身行为去改变其发生概率，应对措施相对有限。因此，在企业"走出去"的过程中，必须提高各企业、各行业的能力及拓宽国际化的视野，并对各行各业进行有序的分工，全球着眼、统筹设计、统筹布局来建立并推动中俄产业合作。中国企业在"走出去"的过程中，应充分重视国家风险，建立健全国家风险评估机制，并将其纳入投资决策体系之中。以中俄农业合作为例，为优化投资环境和投资保障机制，中俄两国应进行更深层次的政策沟通与交流，加强对俄农业投资政策支持，签署相关农业合作协议和政策文件，完善农业投资政策及配套优惠政策，消除双边投资和贸易壁垒。同时中俄也有必要完善金融监管体系，以提高中俄农业合作的便利性。

其次，本土信息服务机构应立足于国内企业海外投资视角，深入研究国家风险，加快推出真正符合中国企业需要的国家风险评估产品，更好地为中国企业"走出去"和"一带一路"倡议的落实服务。但本土机构对国家风险的研究起步相对较晚，缺乏较为成熟的产品；而国际机构的国家风险评估产品往往缺乏中国企业海外投资视角的针对性，因而对我国企业的借鉴意义有限。因此，本土信息服务机构应深入研究国家风险，加快推出真正符合中国企业需要的国家风险评估产品，为中国企业"走出去"保驾护航。

最后，政府可从两方面为企业应对东道国国家风险提供帮助：一是建立和完善国家风险补偿机制，例如建立海外投资保险制度，一定程度上减轻非商业风险对跨境投资者的冲击。二是引导和鼓励相关机构加强国家风险研究和评估产品研发。伴随着"一带一路"倡议的实施，越来越多的中小企业加入"走出去"的行列，然而中小企业由于研究实力和财力相对有限，难以建立完善的国家风险内评体系。在此背景下，政府可通过适当措施鼓励和引导相关机构加强国家风险研究，为中小企业"走出去"提供支持。

## 5.2 充分发挥我国林产品加工优势，强化林业产业合作的顶层设计

"一带一路"倡议背景下的林产品加工业产业合作旨在服务于发展中国家的共同发展，是具有中国特色的、国际产能共同发展和合作的新模式。

在林业产业合作时，我国需要加强与东道国的政治交流，保持深度对接联系，并积极达成合作共识，为走出国门的中企创造良好的政治环境、提供投资安全保障。我国将进一步加强顶层设计，充分发挥中国与东道国在森林资源、劳动力成本和产业发展阶段的差异化优势，科学规划和布局中国林产品加工产业对外合作的实施路径。同时我国也要开展企业境外投资合作的扶持工作，例如加大对外迁企业的金融支持和提供更大的税收优惠，进一步完善融资担保机制，鼓励重点龙头企业开展集群化对外投资合作，提高产业合作效能，引领国内林业制造业走上

转型升级的道路。

此外，我国鼓励中企通过技术合作和资本投资，在森林资源丰富、生产成本较低的国家进行林产品加工产业链下游环节的生产发展，并将有限的生产要素投入新技术的研发和创新中，加快实现国内林产品加工产业的转型和现代化，保障国内林业的高质量发展。

## 5.3　"一带一路"倡议的背景下加大对俄远东地区基础设施改造投资力度

中俄在实施远东基础设施转型时，应在协调发展理念的支持下，加强政治沟通和公众理解，提高项目国际化标准和运营透明度，防止或减少因误判造成的差距。中方应增强信息收集能力，提高分析研究和磋商质量及效率，深层次研究附近州区的经济结构和地理位置优势潜力等，为在边境地区建设大规模基础设施的可行性提供科学合理的智力支持。

除此之外，我国可以采取"石油换贷款"方式投资大型基础设施项目，以换取俄罗斯的能源和资源，或者通过大规模出口高质量的建筑和装饰材料来增加出口份额，逐步改变俄罗斯的进出口结构，建立进出口量的基本平衡和可持续发展。

从俄罗斯的角度来看，当务之急是优化国内投资环境，提高其开放思维；从中方的角度来看，俄罗斯政府官员任期变化导致的短期发展行为等因素影响了中俄基础设施和工业园区建设的投资与合作。

为此，一方面，中俄双方应该以协调发展和绿色发展理念为基调，增强两国互信，促进双方合作；另一方面，要遵循世贸组织和国际经济贸易的基本原则，增强法律法规意识，规范贸易运作程序，合理管控投资风险，促进中俄双边实现更高水平的利益融合。

## 5.4　因地制宜落实"一带一路"倡议和开展中俄优势产能合作

随着中国发展进入新阶段，除市场和资源需求外，优势产能合作逐渐成为中国企业海外投资的主要目标之一。从地域角度看，俄罗斯在资源禀赋、产业结构等方面与中国互补性较强，产能合作空间巨大。从行业角度看，中国企业在基础设施建设领域具有成熟的技术和较大的成本优势，国际竞争力较强。基础设施建设这一项目周期长、资本投入体量大的国家风险高危领域将成为中国对俄罗斯优势产能合作的重点领域。

在落实"一带一路"倡议和开展优势产能合作过程中，第一，应该严格采取因地制宜或者一国一策的方式，认真分析各个国家或地区的政治、经济、社会、文化和生态状况，避免无序的竞争以及无计划的机会主义；第二，应该形成一个以核心技术为主导的产业合作，而不仅仅是考虑转移过剩甚至淘汰的技术和产能，围绕我国取得的核心尖端技术来进行产能转移的战略布局将会对全球经济发展产生重大影响。

## 5.5  加强俄罗斯产业链配套体系建设，鼓励本土企业抱团"走出去"

中国在与东道国进行产业合作时，应鼓励当地产业链上下游企业抱团"走出去"，管理和完善俄罗斯产业链支撑体系建设。中国应鼓励在俄中国企业充分利用自身优势，与俄罗斯积极建立良好互补的产业合作。此外，中国还应全面拓展、延伸当地跨国公司与俄罗斯的供应链合作，积极建设基于产业集群模式、共建共享原则的产业园区，构建中俄之间具有附加效益的、优势互补的产业共生网络。

同时，我国应鼓励具有不同优势的企业联合经营，形成行业的协同及合力。我国企业应积极与俄罗斯企业建立联合投资关系，这有利于增强我国企业的抗风险能力，从具有领先优势的企业中取其精华，达到促进我国产业发展与结构升级的效果。

## 5.6  注意投资多元化，推动中俄双方技术水平的提升

目前，我国倾向于在俄罗斯投资以资源为导向的产业，而在技术密集行业的投资较少。近年来，我国在科学技术领域有了重大进展和突破，实力较强的企业可以对俄投资相关行业，同时加强中俄两国之间对高层次技术人才的技术交流，有助于攻克我国技术难题，提升中俄两国的科学技术水平。

第十一篇

# 中国与沙特阿拉伯的产业合作案例

# 1  沙特阿拉伯简介

## 1.1  社会经济概况

沙特位于阿拉伯半岛，东部是世界最繁忙的港湾之一的波斯湾，西岸是红海，国土面积225万平方公里，首都是利雅得，其位于中东地区的核心地带，在中国"一带一路"建设中占有较为重要的地位。2022年沙特人口约3 220万，95%的人口集中分布于利雅得、吉达等大城市。沙特的国教为伊斯兰教，逊尼派占85%，什叶派占15%；其官方语言为阿拉伯语，商界通行英语。据世界银行统计，2022年沙特GDP为11 081.5亿美元，人均GDP为21 069美元，GDP增长率为27.6%。

## 1.2  产业发展概况

### 1.2.1  产业结构

沙特产业结构以第二、三产业为主，第一产业占比极小。世界银行数据显示，

2021 年沙特服务业产值为 3 892.6 亿美元，占 GDP 比重 46.7%；2021 年沙特工业产值为 3 792.6 亿美元，占 GDP 比重 45.5%；2021 年沙特农林渔业产值为 191.7 亿美元，占 GDP 比重 2.3%（见图 11 - 1）。从纵向维度来看，沙特的产业结构长期稳定。服务业与工业呈现此消彼长的变化趋势，但差距不大，第二、三产业合力推动沙特的经济发展。

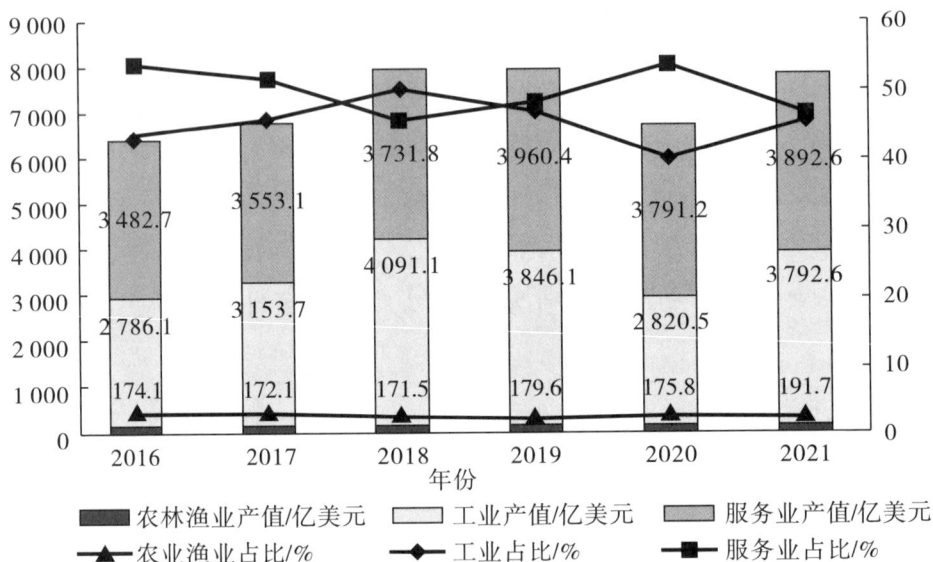

图 11 - 1　沙特三次产业结构

数据来源：世界银行贸发组织（https://data.worldbank.org.cn/）。

### 1.2.2　主导产业

沙特拥有世界级的油气储量，油气产业是其国民经济发展的支柱型产业；沙特的矿物资源也十分丰富，矿业发展潜力大；同时，为了摆脱对油气产业的依赖，沙特也大力发展钢铁等非油气产业。

油气产业是沙特的核心产业，在经济发展中地位突出。2020 年沙特石化产业总产值 2 430 亿元，在沙特当年国内生产总值中占 34%，是沙特的经济命脉。沙特石油日生产能力可以达到 1 201 万桶，输送至世界，供应能力可以持续保持 50 年。2020 年，沙特在另一项重要能源资源——天然气所探明的储量在 9.19 万亿立方米的基础上，储量增长了约 4.35‰，达到 9.23 万亿立方米，产量上也随着开采技术的提高而增加。沙特的油气资源属于垄断开发，石油资源也一直是供不应求的重要能源资源，因此包括沙特在内的石油垄断组织 OPEC 国家通过对石油资源的垄断开采，控制世界大部分的石油产量，以满足自己的利益需求。

沙特矿物资源丰富，政策引导矿业走向发展快车道。沙特拥有丰富的矿产资源，包括磷酸盐、铝土矿、金、银、铅、锌、铜、铁矿石以及稀土等。沙特矿产有 30 多种，矿产资源丰富且多样，其中金矿储量占比达到全部金属矿产的三分之一。为鼓励外商投资沙特矿业，沙特在 2020 年 10 月开展了多次地质勘探调研，预算折合为 5 亿多美元，表明了沙特吸引外资的决心。勘探包括 4 份合作协议，每份协议价值约合 1.3 亿美元。协议注明测绘区域为沙特西部约 60 万平方公里地区，在地区标注矿产资源位置与数量，为矿业投资或运营决策奠定基础。2021 年 1 月 1 日，沙特工业和矿产资源部颁布《沙特矿业投资法》，新法案的发布不断吸引沙特国内外矿产开采机构与公司，进一步提高了沙特资源开发的潜力。

沙特非油气产业中钢铁产业规模较大，市场集中度较高。2020 年钢铁年产量 1 800 万吨，国内现有 41 家钢铁厂。集成钢材生产商在沙特影响力最大的为沙特钢铁公司，其在沙特基础工业领域地位中举足轻重。同时在整个中东地区，其集成钢材市场份额与生产能力最高，是中东地区最大的集成钢材生产商。沙特钢铁公司主要生产螺纹钢、线材、冷热轧钢、扁钢等全系列产品，在沙特终端市场中占有一半的市场份额。此外，拉吉哈钢铁公司和伊特法克钢铁制品公司产能也较大。拉吉哈钢铁公司年产能约 100 万吨，其宣称将在阿卜杜拉齐兹经济城投资 40 亿美元，新增 260 万吨产能。伊特法克是沙特最大的私营钢铁企业，在达曼和麦加设厂，年产 300 万吨钢筋、钢坯、直接还原铁、条钢和线材。除上述企业外，沙特还有数家中小型钢铁企业，但产品同质化严重，竞争激烈。

## 1.3　产业布局

沙特的经济结构单一，油气分布在东北部，矿业分布在西南部，相关产业围绕资源分布，并形成具有产业集聚且交通发达的工业城市。

沙特资源分布比较集中，东北部区域是石油的主要产出地。沙特阿拉伯共有 87 个油气田，其中 74 个为油田，13 个为天然气田。金属矿产资源主要发育于阿拉伯地盾内，矿产资源丰富。截至 2018 年年底，沙特阿拉伯共发现矿产地 5 574 处，其中 54.5% 为非金属矿产，45.5% 为金属矿产。从城市的角度来看，位于沙特阿拉伯东部的达曼是沙特石油工业的重要中心，为达兰等油田资源提供输送服务，城内设有石油化工企业；朱拜勒工业城和延布工业城是沙特政府为了发展多元化经济，摆脱单一石油出口对国民经济的影响，提高石油、天然气及石化领域的生产和研发能力，促进商业、轻工业、机械设备制造业、教育及科研领域等各行业快速发展而兴建的。其中朱拜勒工业城的钢铁产业发达，延布工业城的矿业发达。

## 2 经贸联系

### 2.1 基本概况

沙特出口贸易呈现波动变化，总体韧性好，贸易结构长期保持顺差。中国是沙特的第一大贸易伙伴，两国进出口贸易呈波动上升趋势。2021 年，沙特向中国出口 523.94 亿美元，从中国进口 302.35 亿美元，无论是进口还是出口，中国都是沙特第一大贸易伙伴（见表 11 - 1）。在贸易关系中，沙特的出口额基本保持在进口额的近两倍水平，中国处于贸易逆差状态。

表 11 - 1 沙特 2021 年对外贸易国别及金额

| 出口目的地 | 出口额/亿美元 | 进口来源地 | 进口额/亿美元 |
| --- | --- | --- | --- |
| 中国 | 523.94 | 中国 | 302.35 |
| 印度 | 260.21 | 美国 | 162.17 |
| 日本 | 258.68 | 阿拉伯联合酋长国 | 124.71 |
| 韩国 | 234.87 | 印度 | 80.74 |
| 阿拉伯联合酋长国 | 148.15 | 德国 | 74.91 |
| 美国 | 134.35 | 日本 | 60.62 |
| 埃及 | 98.64 | 意大利 | 45.98 |
| 新加坡 | 69.77 | 法国 | 42.55 |
| 巴林 | 56.21 | 埃及 | 42.08 |

数据来源：联合国 comtrade 数据库（https：//comtradeplus. un. org/）。

纵向观察沙特进出口贸易总额，据世界贸易组织数据，2021 年，沙特外贸总额 4 235.1 亿美元，同比增 37.7%，其中，出口额 2 760.1 亿美元，同比增长 57.0%，进口额 1 475.0 亿美元，同比增长 12.0%（见图 11 - 2）。从数据变化可以看出，2020 年受多因素影响，沙特出口贸易同比下降 33.0%，但 2021 年又快速回升到历史高位。除此之外，沙特的进口额相对稳定，出口额变化幅度较大，但总体是贸易顺差状态。

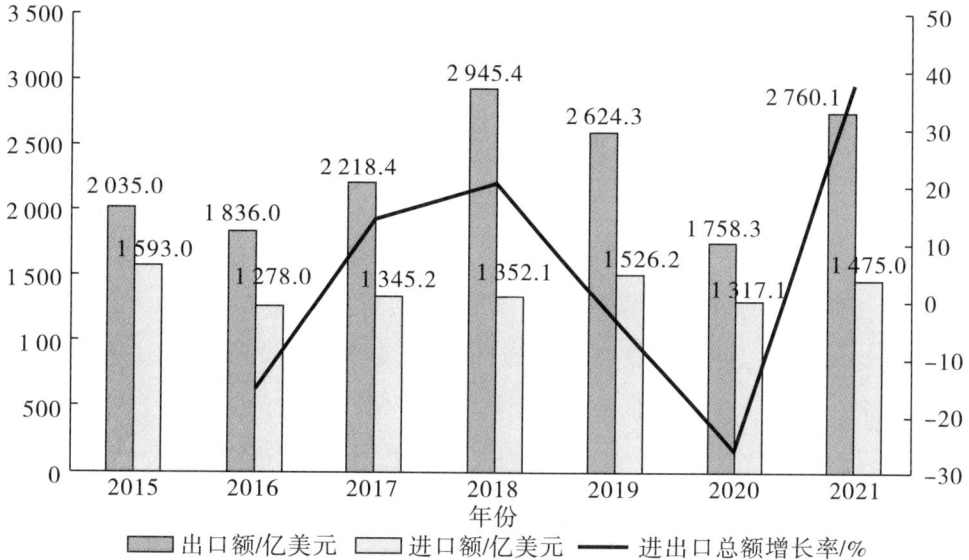

**图 11 - 2　沙特 2015—2021 年进出口贸易总额**

数据来源：世界贸易组织（https://data. wto. org/en）。

中国是沙特的第一大贸易伙伴，2021 年中沙双边贸易额为 873.1 亿美元，同比上升 30.1%。其中，中国进口 569.9 亿美元，出口 303.2 亿美元，同比增长 46.0% 和 7.9%，贸易顺差为 266.7 亿美元（见图 11 - 3）。

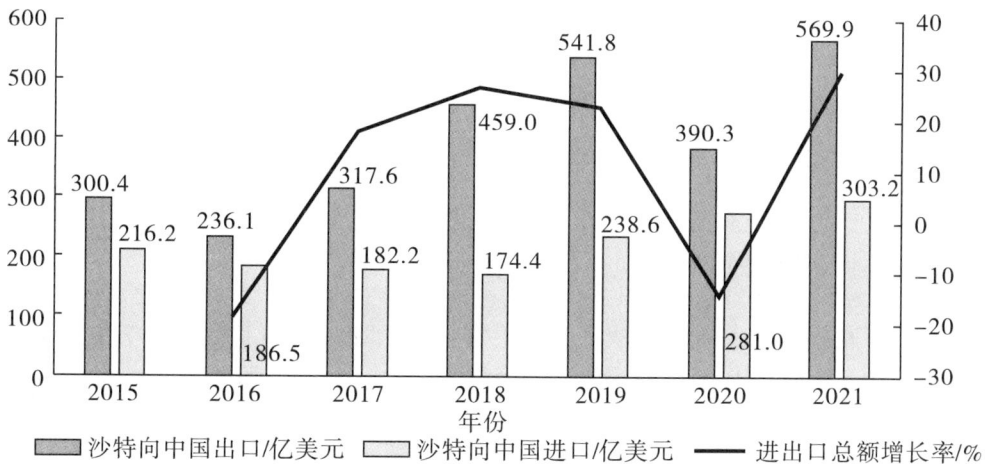

**图 11 - 3　中沙进出口贸易结构图**

数据来源：世界银行贸发组织（https://data. worldbank. org. cn/）。

中国从沙特进口的主要商品为原油、石化产品等，2020 年从沙特进口原油
8 492.3 万吨，同比增长 1.9%。中国出口沙特的主要商品为机电产品、杂项制品和
纺织品等。2020 年中国对沙特出口的机电产品、杂项制品和纺织品的出口额分别
为 72.75 亿美元、44.63 亿美元和 37.21 亿美元，同比分别增长 18.54%、46.08%
和 -3.34%[①]。

沙特出口商品较为集中，以油气等工业品为主；进口商品结构比较分散，但
大部分属于工业成品。根据世界银行贸发组织数据，2021 年，沙特出口石油
1 840.5 亿美元，占总出口额的 66.7%；出口初级形态塑料 312.1 亿美元，占总出
口额的 11.3%；沙特进口道路车辆 136.5 亿美元，占进口总额的 9.3%；进口电信
和录音设备 90.2 亿美元，占进口总额的 6.1%（见表 11 - 2）。从品类来看，沙特
的出口集中在石油、石油粗加工品、天然气等产品；沙特的进口以车辆、通信设
备、运输设备、工业机械等工业成品为主，各个产品所占份额不大。

表 11 - 2　2021 年沙特主要进出口商品结构

| 2021 年出口商品 | 出口额/亿美元 | 2021 年进口商品 | 进口额/亿美元 |
|---|---|---|---|
| 石油 | 1 840.5 | 道路车辆 | 136.5 |
| 初级形态塑料 | 312.1 | 电信和录音设备 | 90.2 |
| 有机化学品 | 185.3 | 其他工业机械及零部件 | 87.0 |
| 天然气 | 70.2 | 其他运输设备 | 82.6 |
| 肥料 | 34.3 | 钢铁 | 70.1 |
| 其他运输设备 | 25.9 | 医药产品 | 57.8 |
| 有色金属 | 25.5 | 电气机械、仪器和器具 | 56.5 |
| 金属矿和金属废料 | 23.7 | 石油产品及相关材料 | 52.4 |
| 钢铁 | 18.3 | 谷物和谷物制剂 | 46.1 |
| 无机化学品 | 17.7 | 有色金属 | 43.1 |

数据来源：世界银行贸发组织（https://data.worldbank.org.cn/）。

据中国商务部统计中国对沙特直接投资情况，2021 年，中国对沙特投资流量
为 5.1 亿美元，同比增长了 30.8%，存量达到 35.24 亿美元（见图 11 - 4）。2018
年开始，中国对沙特的投资大幅上升，2020 年受到外部环境影响，投资额出现下

---

[①] 数据源自《中国商务年鉴 2020—2021》。

降，2021 年国际局势缓解，随着中沙两国不断深入合作共建，两国经贸联系不断加强，这与进出口贸易变化类似。

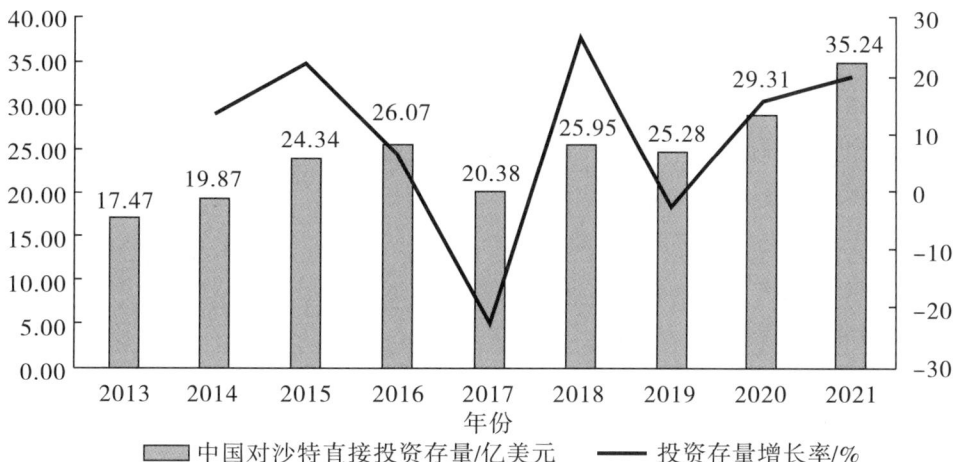

图 11 - 4　中国对沙特直接投资存量图

数据来源：中华人民共和国商务部统计数据（http://www.mofcom.gov.cn/）。

　　沙特统计数据表明，在 2005 年至 2021 年，中国在阿拉伯国家的投资总额达 2 139 亿美元，其中 20% 以上为中国对沙特投资金额。而根据世界银行及中国国家统计局数据，2021 年中国在阿拉伯国家当中投资额增长了 9%，约为 170 亿美元，累计至 2020 年年底对阿拉伯国家投资额达到 1 969 亿美元，其中沙特是接受中国投资最大的阿拉伯国家，投资额约 435 亿美元，相比 2020 年年底的 399 亿美元，增长了 9%，增长了约 36 亿美元。自 2013 年中国首次成为沙特最大贸易伙伴，且沙特和中国同属 G20 国家，日益增长的经济投资联系使得两国合作关系不断加深，同时中国作为亚洲投资供给端和沙特作为中东地区最大经济体的巨大投资机会，也为中沙两国合作提供坚实基础，沙特在能源侧的巨大产能和对于工业品的需求也吸引着中国，使得中国对其投资规模位于阿拉伯经济体前列。

　　横向相比，阿拉伯联合酋长国在中国对阿拉伯国家的投资总量排列第二，达到 362 亿美元，约占中国对阿拉伯国家投资总额的 17%；第三则是伊拉克，投资总量为 301 亿美元，占比 14%；第四是埃及，为 258 亿美元，占比 12%；第五是阿尔及利亚，为 257 亿美元，占比 12%。

　　从投资项目来看，中国企业充分结合沙特第二、三产业发达的优势，对石油化工、金融服务等领域进行投资（见表 11 - 3）。

表 11 – 3　中国企业在沙特的大型投资项目

| 项目名称 | 行业 | 总投资额/亿美元 | 中方股比/% | 外方股比/% | 建成时间 |
|---|---|---|---|---|---|
| 广东泛亚石化项目 | 石化行业 | 32 | 100 | — | 筹备中 |
| 延布炼厂 | 石油炼化 | 86 | 37.5 | 62.5 | 2016 年 |
| 工商银行利雅得分行 | 金融 | 0.5 | 100 | — | 2016 年 |
| 卡塔尼亚珠江钢管厂 | 制造业 | 2 | 50 | 50 | 2015 年 |
| 沙特丝路产业服务公司 | 园区服务业 | 0.3 | 60 | 40 | 2017 年 |
| 深工新材沙特项目 | 新材料 | 8.9 | 100 | — | 建设中 |
| 中国银行利雅得分行 | 金融 | 1 | 100 | — | 筹备中 |

资料来源：中华人民共和国商务部统计数据（http://www.mofcom.gov.cn/）。

## 2.2　产业合作情况

中国与沙特之间的产业合作，与沙特自身"2030 愿景"高度契合。2016 年 4 月，沙特颁布"2030 愿景"，根据自身产业结构与经济发展的矛盾，改变石油能源输出依赖型结构，加快经济转型升级，实现产业多元化发展。沙特计划在新能源领域着力推动可再生能源的开发与推广，同时对于基础性工业制造业，旨在推动其本地化发展，吸引外商投资设厂，提高本国职工就业率，提高居民收入水平，同时通过设厂带动的基础设施建设也可以带动房建等产业的发展。这也非常符合中国"一带一路"倡议理念。中国作为沙特最大的贸易伙伴，经济地位突出，同时也是石油进口量最大的国家，加强与中国"一带一路"的对接合作，吸引中国丰厚资金和先进技术进入沙特，对于沙特"2030 愿景"的产业转型与发展具有重要意义。沙特地处海湾国家，拥有红海沿岸两个最大港口，可以成为中国进入非洲的大门，更好地服务于"一带一路"倡议，实现共赢。沙特也和中国有关公司签署了 34 项投资协议，涵盖绿色能源、绿氢、光伏、信息技术、云服务、运输、物流、医疗、住房和建设工厂等多个领域。

中国与沙特之间早期产业合作主要围绕工业基础设施建设和能源利用领域。这一阶段与沙特合作建设了延布炼厂、沙特吉赞保障房项目，吉赞产业园区的建设重点发展钢铁、石油化工、硅产业、船舶服务业等产业，一系列早期基础项目陆续建成，体现了中国工艺技术的先进性，也推动了沙特基础能源产业技术进步，降低了生产成本，提高了产量。工业园区与保障房等基础设施建设日益完善，不仅提高了当地的居民生活水平，还为未来中沙再次合作奠定了基础。在海外工程方面，中方积极参与沙特海外工程建设，市场占有率较高。中沙在基建、投资、劳务等领域不断深化合作，规模不断扩大。对于成本控制和工程质量，中方基建工程企业能力较为突出，尤其在海外工程承包上，中方质量越来越得到普遍认可。在交通领域，中方不断提高自主创新水平，在高铁、民用航空飞机等领域拥有较高的自主创新能力，取得很多独创性专利技术。中沙麦加轻轨项目，由于麦加地理与文化信仰的特殊性，为全球的穆斯林信仰者及游客提供了便捷快速的交通服务。通过中沙"一带一路"倡议平台，以及丝路基金、亚洲基础设施投资银行等在金融方面的支撑，中国企业可以在沙特走得更远，发挥出更大的作用。在农业领域，中沙合作共同攻克很多植物培育问题。双方农业科研工作机构通过对椰枣树的培育观察，成功绘制了椰枣基因组图谱，极大地解决了椰枣树培育、产量等问题，更选育了优质品种进行改良，降低了病虫害影响，促进了当地椰枣产业的发展。

第二阶段中沙合作朝向新能源与通信、医疗等领域。华为等通信企业提供光储整体解决方案，包括 1 300 MWh 储能系统、PCS、通信及管理系统等，同时还参与方案设计、电网仿真及相关设计咨询服务。沙特还与华为公司共同合作以改善 5G 网络基础设施不足的问题，扩建二期基础设施。这些表现表明在民营与技术领域中沙的互利合作关系不断深化。在新能源领域，国有企业不断发力。中国国有企业在沙特竞标类光伏项目中参与投资并中标，表明中国企业技术水平与规模不断得到国际认可。

总体来说，中沙在不同产业领域都具有不错的合作基础，也取得很多成果。近年来，中沙两国建立全面战略伙伴关系，相关经济贸易合作得到加深。中国"一带一路"倡议与沙特"2030 愿景"巧妙对接，在沙特对外贸易中，中国占首要地位，是沙特最大的贸易伙伴。中沙交流合作不断加深，充实双边关系战略内涵，对于两国和两国人民都是一个不错的发展选择。同时，沙特作为中国能源进口量排在首位的国家，其能源贸易结构在我国发展中也占据相当重要的地位。如何利用好两国优势，也是"一带一路"构建所要思考的。

# 3 产业合作的主要模式

中国发挥自身产业优势，积极支援"一带一路"生产网络中的发展中国家，带动合作国家经济发展的同时，也化解了合作国家产能过剩的问题。中沙领导人互相访问，两国确定全面战略伙伴关系，这对于中沙合作的后续发展起到引领作用。中沙之间的产业合作主要建立在微观层面上，通过企业与企业之间的合作案例来进行分析，促进产业互补，实现双边产业链条升级的互惠共生，具体有以下特点：

## 3.1 房地产业：加快产能转移

中方不断推进"一带一路"倡议，开展多项国家产能合作，产业链条互补速度加快，国内旧产能得到释放。2020 年中国国内住宅开发投资受疫情影响，增速首次出现下滑，增速下滑 6.3 个百分点。中国房地产业发展较为迅速，国内需求逐年下降，国内市场波动较大，稳定性降低，未来我国对于房地产开发投资持续予以较为严格的监管，国家也在加快房地产企业"走出去"，积极承接国际项目，打造中国质量与标准。而房地产企业"走出去"可以释放中国国内庞大产能，同时也可以提高沙特民生领域幸福水平。

在住房领域，中方企业积极加强与沙方合作。沙特政府希望通过引进先进建筑技术体系，解决低收入人群的基本住房问题和人口增长引致的住房供给短缺问题。2022 年由中国电建承建的沙特吉赞保障房项目正式展开移交，这也是沙特"2030 愿景"的重要内容之一。沙特政府尤其注重此项工作，结合中方精湛的房建技术支持，改善国民居住条件，项目计划可以按时按质完成，到 2030 年根据产能预测，可以交付 150 万套住房。目前，项目已经进行到第三期，1 500 户沙特居民已经入住到新建的保障房中，缓解沙特目前人口增长速度较快所产生的一系列问题。相比较沙特原有自身建设标准，沙特吉赞保障房项目采用中国最新的生产工艺，所采用的现浇混凝土预制结构，可以保障结构更加稳定。中方根据当地气候等环境条件对施工方案与技术进行优化，对内饰装修也有较高标准，通过生产流水线，将房屋结构包括庭院围墙、房屋内墙、外圈、楼板等分批提前生产，在实地现场组装以极大地减少生产时间。

沙特人口增速较快，住房需求不断增加。在首都利雅得每年新增住房购买率增长较快。在 2022 年中阿峰会上，中国同沙特签署沙特利雅得 2 万套社会住房项目合作协议，旨在缓解沙特首都人口增长较快的问题。其中中信建设将与沙方合作共研并推广新型装配式技术，主要负责房屋总体项目的承建问题，而沙特国家住房公司则负责协调政府政策支持，以及后续统销等问题。穆尔西亚项目是利雅得最大的住房项目之一。沙特国家住房公司和中国建筑工程总公司签署了一项 6.667 亿美元的协议，计划在沙特首都建造 5 000 多套住房，以解决沙特首都人口激增的问题。以此为基础，沙特未来在房地产业链条上可获得较多新增的生产总值和提供更多的就业岗位，推动沙特经济发展。沙特社会住房计划是沙特产业转型的基础，以此可以推动"2023 愿景"其他产业有序进行产业转型。沙特政府在住房项目不断加大投资，投资额达到 106 亿美元，并不断与中方合作共建新型住房政策，提高沙特城镇化与工业化水平，同时可以兼顾日益增长的住房需求，通过改良旧有房屋建设技术，引入中国新型装配式技术，推动沙特房地产等基建领域产业的发展。

在新城建设上，中国房地产业持续发力，倡导可持续发展。达雅·阿斯法拉新城开发项目是"一带一路"倡议与沙特"2030 愿景"共建的产物，是中沙经济合作的重要成果。在这座新城，中沙合作开发、共同建设包括大约 10 万套联排别墅和独栋别墅、公寓等住宅，地上、地下基础设施，公共设施，商业开发，商务研究设施，等等。在后续沙特新城开发中，中方企业更注重绿色、低碳和可持续的理念。如在红海新城项目中，中国提出"双碳"目标，沙特启动"绿色沙特"倡议，绿色可持续发展成为中沙房建合作新方向。

房地产业的产能合作关系着中沙两国基础设施合作的更高质量发展。中国国内房地产建筑产能相对比较饱和，打开国际市场是稳定我国房地产企业的重要且必要举措。房地产业也是我国支柱性产业，其稳定性对我国经济运行提供了有力保障。与此同时，中国遵循"一带一路"共建发展，从共生视角考虑投资合作国产业积极发展。项目所需施工人员数量众多，扩大了沙特就业市场，提供了许多就业岗位。项目本身具有经验丰富的技术员工，通过施工期培训等可以提高沙特劳动力质量，对于沙特房产建设企业来说，可以提高其质量标准。保障房政策能缓和沙特国内矛盾，提高民众社会福利和经济保障，对于沙特"2030 愿景"改革的阻力有着弱化作用，对于沙特产业的转型升级也有着不可或缺的作用。

## 3.2 能源化工、材料等多项产业：产能合作升级

基于纵向整合投资模式的产业合作，中方成功参与沙特核心石油冶炼产业的开发建设。中国石化和沙特阿拉伯国家石油公司合资成立延布炼厂项目，投资额达到 80 多亿美元。项目建设所在地位于沙特西部延布市附近的石油化工工业区，用工总人数约 1 600 人，沙方本地员工占其中的 70%。自 2016 年投产以来，其净加工能力每天可以达到 43 万桶。截至 2021 年，项目累计加工原油 1.33 亿吨，生产汽油 2 953 万吨、柴油 7 994 万吨。

在能源化工领域，中方迈出产能技术合作第一步。延布炼厂项目作为一个代表性能源化工合作项目，是中方尝试产能技术合作所迈出的重要一步，对沙特阿拉伯国家石油公司国内工业化战略起到十分重要的引领作用。中国炼油化工产业依托项目逐步拓展自己的海外市场，也促进着沙特自身能源化工产业的转型升级。延布炼厂项目依托其先进的管理经验，不断提升自身综合竞争力，同时也提升沙特石油化工产业的技术水平。中国石化将自身在国内发展与管理的经验带到延布炼厂项目，在运营成本控制上有着独到见解，同时不断与同质型企业进行对比分析，努力将延布炼厂打造成绿色石油化工产业项目的新标杆。

中沙产能合作有助于推动沙特产业结构升级。回顾沙特"2030 愿景"，沙特政府意图调整出口结构，提高非石油产业外贸出口。随着中沙之间产能合作不断开展，沙特单一的油气产业结构也可以适应新的经济需要，不断转型。2016 年中沙双方就石化、石油装备等增强相互交流，开展了多项项目与合作备忘录。同时对于汽车、物流等交通领域，中沙想要开展一些新型合作业务，签署了产能合作备忘录。对于传统家电、清真食品等领域，两国利用自身各自优势，积极发挥特长，增强产业合作联系，以期获得双赢。中国最为齐全的工业门类是中国对外产能合作的基础。中国对于沙特"2030 愿景"合作设想非常感兴趣，也致力于通过两国合作使各自产业发展双赢。通过开展产能合作，沙特可以凭借中国最为齐全的工业门类，针对自身产业发展需求，提升非油气产业占比，逐渐优化自身产业结构。沙特能源资源充足，而中国对于石油等油气资源需求较大，某种程度上中沙之间

的合作可以缓解双方的产能结构问题。除传统油气进出口合作外，在新能源产业方面中沙合作前景也非常广阔。在新能源领域，沙特推出了一项可再生能源发电计划，用于缓解沙特国内工业园区及城市电力短缺问题，沙特电力市场缺口巨大，整个市场价值超过 200 亿美元，能源产业发展潜力巨大，预计目标至 2030 年通过太阳能发电储备 9.5 GW。对此，中国恰好拥有相对较为成熟的光伏产业链，光伏发电装机容量已经达到世界第一。目前，国内光伏产业发展较为饱和，如何释放国内过剩产能也是中国急切关心的问题。而中沙光伏产能合作不仅可以有效解决中国国内光伏产能过剩的窘境，还可以以较低成本建立沙特国内的光伏发电基地，推动新能源领域的经贸联系，实现中沙互利共赢。

### 3.3　合作关系：以国企为主导

自沙特"2030 愿景"发布以来，沙特政府大力推进市场监管体系改革。宏观上，沙特实行积极稳定的财政政策，并不断进行政务数字信息化，使政府工作更加透明，继续推动社会改革，积极搭建稳定便利的市场环境，这也不断吸引着国际企业的投资，其中就包括中国。

中沙国企间的合作为民营企业合作打下良好的基础。中国国有企业为打开沙特经济合作的大门积极开展了诸多大型、高技术水平的项目，为民营企业走进沙特打下坚实的基础。中沙企业间的合作也为沙特培养了优秀的技术管理运营人才，合作期间建设的基础设施、工程项目也提高了沙特人民的生活福利水平，而沙特相关合作产业发展也给沙特产业发展提供了借鉴帮助。沙特政府希望可以从过去单一的石油国家结构中转变过来，发展成为工业制造业强国，拓展由私营部门主导的经济。中国民营企业的加入也会提高沙特企业发展活力，加快产业结构转型。中沙国企间项目合作也可以推动两国民营企业合作，增强市场活力。在民营领域，沙特同华为开展了全球最大离网储能项目，在光储问题上，华为提出了比较新型的解决方案，包括 1300 MWh 储能系统、PCS、通信及管理系统等。在通信领域，对于 5G 网络基础设施，主要是 5G 基站上，沙特综合电信公司与华为不断深化合作，增加各自投入。这些均表明在民营领域中沙的互利合作关系在不断深化。

中沙合作的诸多成果取得了良好的社会反响。产业园区重点发展钢铁、石油化工、硅产业、船舶服务业等产业，拥有集群优势，中国制造能力不断得到认可；

吉赞项目群积极引入中国方案，中国设计能力不断得到认可；疏浚吹填项目首次在中东地区成功引入中国标准的栅栏板护岸，赢得了各方认可；吉赞商业港项目使用中国标准和中国方案，对初步设计进行了大量优化，提升了中国标准的接受度，其新签的补充合同全面引入了采用中国设计建造的港机设备，推动成套设备全产业链"走出去"。中国企业在积极履行社会责任的同时，积极践行"国际化""属地化"人才发展战略，积极响应沙特政府沙化要求，与当地政府、大学合作，开展沙特员工的招聘工作，累计为沙特员工提供了300多个工作岗位，培养90余名沙特大学毕业生，取得了良好的社会反响。

## 3.4 合作方向：产业创新可持续、多元化发展

随着中沙可再生能源、高新技术领域的项目的不断开展，中沙合作朝着可持续方向不断发展。中国企业在航天、机器人、人工智能等高新技术领域发展较为先进，为中沙间高新技术合作建设保驾护航。中国企业参与的沙特"2030愿景"规划的沙特红海综合智慧能源项目位于沙特西北部红海沿岸，技术先进，数字化程度高。项目主要通过光伏产生电力，同时建设了海水淡化基地，为周边工业区和城市输入电力和淡水资源，还涵盖了污水、固废处理、制冷等项目，形成一整个完整的能源生产回收产业链。项目通过电、水、冷、光等多能源协同供应，实现自身的低碳循环。项目建成后可以极大地缓解沙特能源紧张问题，红海综合旅游区可以使用这些清洁可再生能源，控制二氧化碳排放量，每年约减排56.7万吨二氧化碳。中沙绿色产能合作进入新的发展阶段，并获得新的发展动力。

中沙之间不断加强产业合作的创新与技术升级。中沙企业共同搭建的非金属材料创新中心，对于非金属材料的应用不断进行创新，推动基建领域非金属材料施工应用，打造更具有可持续发展的建筑模式。中沙企业响应沙特"2030愿景"对能源建筑领域的改进，同时也可以借助石油基先进复合材料等推动中国低碳基础设施建设，打造中沙合作标杆。2017年沙特国王萨勒曼来访中国期间，在海水提铀技术、铀钍矿资源（勘探）、无人机制造、高温气冷堆等领域与中国签署了多项投资协议，其中签署了价值650亿美元的35个项目。在航空航天领域，沙特也会参与中国的"嫦娥四号"工程。在民营领域，华为与沙特朱拜勒和延布皇家委员会达成共识，积极推进创新信息通信领域建设，创建了中东最大的创新中心，

对于未来智慧城市拥有自己的建设见解，通过推动信息通信技术产业增长，加快城市建设。中沙之间的经济贸易交互联通依赖于不断完备的基础设施、更加完善的法律法规，通过产业园区、跨境贸易合作区、物流仓储基地等提高产业要素之间的联结，有助于推动沙特产业转型升级，也有助于中沙产业互补形成更加开放的新格局。

# 4　产业合作的主要路径

## 4.1　中沙园区合作建设

中沙在产能合作基础设施型海外园区运营建设上成绩优异，其逐渐被打造成为中国对外产能合作的重要载体与平台。中沙海外园区合作将成为一种新的动能，一方面可以促进中沙经济发展转型升级；另一方面对于中国境外市场开发及全球企业网络价值链的构建有着巨大的助推作用。同时沙特也可以在园区建设中，通过搭建、吸引外资等方式促进自身的产业集聚，增强产业的竞争力，形成优势互补。

工业园区拥有工业企业，以及上下游资源企业及相关配套企业，分工明确，优势互补。中国发展沙特产业园区主要以沿海国家的中心城市为起点，其目的是提高贸易的便利，促成更高质量的中沙贸易发展格局。2022 年中沙双方在合作领域发布了中华人民共和国和沙特阿拉伯王国联合声明，签署了《中华人民共和国和沙特阿拉伯王国全面战略伙伴关系协议》。这对于中沙合作关系又有了新的诠释，不断促进着中沙产业合作朝更有深度、规模更加庞大的方向发展。

为落实"2030 愿景"下的工业发展目标，沙特工业城管理局积极协调投资总局等相关部门持续加强对外招商引资的力度，目前已经在达曼第三工业区划出 100 万平方米的"中国园区"吸引中国投资商前来投资兴业。中沙吉赞经济城是沙特"2030 愿景"改革计划重点建设的经济城之一，由中沙共同参与建设。中沙产业园区在政策上是以两国政府为主导的，通过国企间合作牵头，利用沙特的地理、自然资源优势以及中国制造、工业技术优势，集炼油、电厂、航运、行政区、物流调拨等领域于一体，推动能源开发、工业装备制造本地化等工业制造业发展，通过电力运输，缓解腹地电力短缺问题，为沙特红海沿岸经济发展提供能源支撑。

中沙产业园区建设周期短，工业技术现代化程度高，各类配套设施较为完善，中国企业更是有针对性地从功能实用性、技术经济性等出发，设计出符合沙特方预期的吉赞取排水项目，其为经济城炼油厂、发电厂等设施引入所需海水，并将废水排入深海，连通着吉赞经济城的血脉。

中沙园区建设合作不断深化，打造产能合作新标杆。针对国内国际双循环的国际形势，中方根据"一带一路"倡议提出首个产能合作双循环示范性项目。在沙特朱拜勒，中沙合作共建深工沙特塑胶新材及电子光学产业制造基地项目。深工新材（广州）有限公司分别与沙特朱拜勒和延布皇家委员会签订土地租赁协议，扩大园区用地范围，增强产业集聚。同时深工新材与沙特丝路产业服务公司签订合作备忘录，助力中国制造塑胶新材及电子光学产业园的合作建设，同时提高沙特新材料产业发展水平，中国企业也可以进入沙特市场，实现自身发展新路径。与此同时，中沙对于高端新材料及电子组件不断增加研发投入，打造产业纵向一体化，依托材料及物联网5G芯片、半导体显示产业化与研发基地项目，打造中沙两国的产能合作标杆。

## 4.2　中沙多领域战略合作

中国同沙特开展一系列经济贸易合作，取得丰富成果的同时，也在积极探索新型产业合作方式。中沙之间加强企业战略联盟，可以有效提高双方企业成本竞争力，分散创新风险，实现双方资源的充分调动，共担风险、共享利益，有效提高产业的竞争力。

在经贸领域，中沙双方合作交流不断深入。二十国集团《缓债倡议后续债务处理共同框架》得到中沙等多方一致支持，有助于稳定全球贸易市场，建立更加有效的债务危机解决机制。在二十国集团、国际货币基金组织、世界银行、亚洲基础设施投资银行等国际场合，中沙不断协调相关立场，促进提升上述组织、机构效能和管理的努力。中沙也强调在税收政策领域加强合作，促进两国金融、贸易和投资合作。这些国家间的政策合作大大促进了企业之间合作空间，扩大了战略合作平台，企业也获得政策优势，可以向国际扩张。

在投资领域，沙特积极开展多项协议。沙特公共投资基金（PIF）成立于1971年，总部设在沙特利雅得，该基金是沙特阿拉伯拥有的主权财富基金，旨在代表沙特阿拉伯政府进行投资，已经成为促进沙特经济发展多元化的引擎之一，也是沙特"2030愿景"计划启动资金的重要一环。自开设以来，沙特公共投资基金不断促进沙特经济结构转型，是完善产业发展规划的重要保障。

中沙企业在微观领域不断推进合作深度。在沙特首都利雅得举行的LEAP 2023峰会上，中国—沙特阿拉伯企业联合会（简称中沙企业联合会）正式成立，其连接起两国政府机构、企业、非营利组织以及学术机构。中沙企业联合会为非营利组织，旨在促成中国及沙特商业领袖之间的建设性交往，激励两国之间跨国投资，促进技术产业等创新，并致力于提升社会责任感和公共福利。中沙企业联合会创始成员超过100位，其中包括沙特电信公司、中国移动、腾讯、阿里云沙特公司、极兔速递等。中沙企业联合会将成为中沙两国之间企业分享洞见、合作以及交流最佳商业实践的宝贵平台。中沙企业联合会的成立是中沙之间日益增长的私营经济合作的重要里程碑，代表着在微观层面中沙两国加深合作的决心，也进一步推动中沙合作深度和广度的提升。

中沙企业在微观层面不断推进合作多元化。广州开发区作为发起方的沙特丝路产业服务公司与10家企业签约，总投资额达45亿美元，与沙方企业深入进行战略合作。并且沙特丝路产业服务公司与深工新材料、西帝摩金属3D打印、芯福芯片三个项目签署合作备忘录。这些项目涉及领域多样，在新能源、石化等领域不断进行合作，保障两国能源安全问题，也增进了彼此友谊。同时对于通信、互联网等领域，中方也凭借自身在5G等通信技术的优势给予支持，促进相关产业发展。在海水利用、食品加工、环保建材等民生领域，中沙也不断形成新的产能合作。针对沙特出现的人口增长、电力、淡水短缺等问题提出新的解决方案，通过打造产业链横向纵向一体化，推动产业多样性和协调性发展，同时积极对接国内相关企业，形成守望互助的合作格局，增强国内国际双循环，使产能合作踏上新阶段。

## 4.3　外商投资领域

国家层面上，沙特政府对于外资准备了一套财政奖励制度，获得了沙特政府和海湾区的同质性国际融资计划。其中主要包括：①阿拉伯经济和社会发展基金（AFESD），其主要负责向沙特经济与社会发展项目提供基金支持；②阿拉伯货币基金组织，其主要为中东金融市场贸易提供投资咨询服务；③阿拉伯贸易融资计划，其主要为商业贸易提供中长期贷款；④阿拉伯国家间投资担保公司，其主要提供信贷保险业务，目标是跨中东国家进出口贸易；⑤伊斯兰开发银行（IDB），其主要向生产性企业提供贷款。这些政策一定程度上维持了沙特投资市场的稳定，增强准入者和已进入企业的信心。

随着沙特经济开放步伐加快，针对外商投资，沙特政府实施多项政策支持。在沙特政府已经规划的6座经济城和朱拜勒、延布市工业区以及全国30多座工业城可以获得沙特政府的地区行投资优惠，尤其在能源供应、土地、劳工等领域可以享受到较低的使用价格。企业税收也实施优惠政策，其中包括企业所得税、一些原材料和器材进口关税等。为促进阿拉伯地区外资涌入，沙特政府针对性设计贷款计划。低收入阿拉伯国家的贷款利率下降至2.5%，其他阿拉伯国家下降到3%，长期贷款可延期至25年，极大地增强了阿拉伯地区外资进入的信心。

在金融领域，中沙合作不断深化。早在2015年，中国工商银行就在沙特首都利雅得设立分行，努力成为两国区域间经贸往来的桥梁和纽带。中国工商银行是中国最大的商业银行，并在总资产、一级资本和市值等多项指标上领先全球同业，并且其高度重视在中东地区的业务拓展，是最早在中东设立营业性机构的中资银行，也是迄今在中东机构数量最多、业务规模最大的中资银行。未来，中国银行也拟在利雅得设立分行，这也代表着中沙两国之间主动适应客户多元化的金融服务需求，紧跟中沙两国对外贸易和投资进程完善境外布局；其全球服务能力显著提升，对于吸引外商投资也具有一定推动作用，不断提升我国企业走进沙特的信心。

中国走出来的互利共赢道路，给了阿拉伯国家一个全新的共赢发展模式。沙特作为阿拉伯国家的领头羊，落实与中国的全面、深入战略合作，有可能闯出一条不再听从美国，实现本国和地区复兴的道路。这有助于沙特不断提振国家经济和国际地位，摆脱过往只能依赖出售能源的狭隘发展模式，这也是中国提倡的人类命运共同体理念的典型正面范例。中沙两国、中国与海湾国家、中国与阿拉伯国家的全新布局，是从互利共赢的角度出发的。

但是在积极的互利共赢政策背后也存在一定的政治风险。当前，世界能源格局正在向绿色能源转变，而沙特的能源结构较为单一，不利于新型能源产业的发展。另外，沙特的地缘政治存在风险和公司透明度较低，沙特阿美的上市规模缩减，降低了外国投资者进入信心。而经济全球化形成的全球劳动经济分工体系使得各国的联系越发紧密，在生产上的联系不断加强，这也导致了沙特特殊的地缘政治会对企业尤其跨国企业的商业扩张及投资策略产生重大影响。

## 5　经验启发与教训

沙特阿拉伯拥有极为丰富的能源资源和市场优势，在"一带一路"经济带上，沙特的区位因素也相当重要。沙特政府积极出台一系列投资优惠政策，在两国各自的发展目标规划上可以达到互利共赢。中国可以关注沙特能源和基础设施建设领域，一方面保障中国的能源结构安全，化解中国国内基础设施建设的庞大产能；另一方面可以助推沙特"2030 愿景"实施成功，加快沙特产业结构转型，使其摆脱传统单一的油气出口型经济结构。通过中沙产能和基础设施建设合作，中沙不断扩大经济文化交流，深化全面战略伙伴关系。两国都应当抓住这一历史机遇，在共同构建世界经济格局上发挥出各自的成绩。对于此前的中沙合作，我们也总结了很多启示。

### 5.1　国有企业以内促外，民营企业积极走出去

随着国际秩序的愈发不稳定，国有企业在处理国内国际双循环上要发挥好带头作用，以内促外，促进国有、民营企业走向世界，这是构建中沙企业合作发展格局的关键。国有企业在中国对内对外发展初期承担着相当大的责任，也是引进外资和外部技术的主要支撑性力量。随着中国国内国际经济贸易发展规模不断扩大，国内外局势不断变化，国有企业要积极走转型发展道路。国企以国内大循环为主体，在供给端发力，不断适应市场新型需求，同时跟进流通体系建设，提高供给侧供给质量和提升效率，逐步扩大对外开放进程，形成以国内大循环为主，国内国际双循环相互促进的崭新发展格局。同时国有企业要积极落实国家对外发展战略部署，坚定不移深化对外合作。与此同时，民营企业投资领域不断向技术、清洁能源、通信、生物医药等新兴和高端服务行业延伸，释放民营企业的活力与创造力。民营企业通过在沙特的合作也可以提高其国际化水平，提高企业整体质量，对于民营企业的长远发展有着不可或缺的作用。

## 5.2 加强合作力度，中沙在产业领域优势互补

中沙积极发挥在各自领域的优势，优势互补发挥更强活力。在产能合作上，沙特油气资源充沛，同时沙特自身工业化发展受其丰富的石油和天然气资源影响，至今并没有摆脱对石油收入的依赖，而中国能源资源储量较低，对于油气产业合作，中沙双方都可以达成合作利益一致。激发中沙双向投资功能，必须发挥各自领域的优势，

在石化产品领域，中沙各自拥有市场和资金优势。沙特可以增强石化产品在中国的市场占有率，中国可以缓解市场需求，增加国内就业岗位。由于两国市场带来的正面影响大于带来的产业冲击，中沙可以达成合作共赢。沙特产业园区与工业城配套项目不断增加。在交通领域，沙特的地区铁路互通、城市内轨道交通需求越来越突出，为此一些次级运输线路包括高速公路、水路运输所需的港口建设项目在沙特也提上日程。这些项目与新的产业园区建设，可以创造一个非常集聚且配套的产业集群，一方面，可以加快沙特产业综合实力与产业链的整合，另一方面，中国承包沙特基础设施的机会也在不断增多。作为基建与工程领域的制造强国，中国也得以消化国内的过剩产能，产业可以继续发展下去。在企业合作方面，中沙应整合双方的综合优势，通过企业间协同管理与行动，在工程设计、材料与设备采购上发挥出各自优势，更好地运营管理项目建设期间的各项事务，可以有效提高企业 BOT 项目的综合竞争实力。在金融领域，中沙因之前对外出口的顺差，外汇储备较为丰富。中沙各自成立的主权财富基金与投资开发银行项目可以为两国产能升级与合作提供强有力的支撑与保障。与此同时，中沙也可以共同成立投资基金，更好地统筹支持双方产业合作项目。在金融合作上，中沙合作还可以更加深入。随着人民币国际化水平越来越高，中沙可以通过本币互换来促进贸易与产业合作的便利性，也可以减少中沙企业合作的汇率风险，降低汇兑成本，使中沙金融市场更加稳定。同时中沙也可以加快用人民币进行石油贸易等的货物贸易结算进程，为中沙其他领域合作保驾护航。

## 5.3 加强企业社会责任意识，坚持合作共赢原则

在境外履责上，中方要结合当地国情状况，尊重双方文化差异。沙特油气领

域资源禀赋充足，资金储备较为丰富，国民福利水平较高。沙特是宗教立国，因此企业之间进行合作要更加注意与沙特文化和谐相处，中国企业进入沙特要充分尊重其民俗文化。企业作为沙特社会生活的一方面，要积极履行好自身社会责任，通过合作与自身的影响力促进社会和企业的可持续发展。一方面，沙特位于"一带一路"西亚的重要节点，中沙一直保持着良好的经济与文化联系。另一方面，沙特自身能源禀赋优势对于中国发展越来越重要。中国与沙特经贸联系不断加深，中国已经是沙特的全球第一大贸易伙伴，对于沙特的影响力也随之增长。中国秉持互利共惠、合作共赢的原则，既推动了本国产业的对外合作，又促进沙特产业转型与多元化发展。为此，中沙企业作为两国合作的代表，更要积极切实履行社会责任，助力"一带一路"倡议与"2030愿景"。同时在生产方面，企业在沙特要遵守地方规章制度，积极申报纳税，严格规范自身工业生产，合理处理工业与生活垃圾，将企业生产对于沙特环境的影响降到最小。

同时，中方也要考虑沙特人民就业问题，坚持东道国本地化雇佣原则，保障员工的合法权益，助推职工职业发展。在社区参与度上，中方企业可以设置公益和慈善活动，提高社区福利水平，赢得当地尊重。

## 5.4　强化政策风险防范，建立良性互动的园区生态链

中沙加强海外园区建设，增强产业集聚效应，提高产业综合实力，通过推动中沙海外产业园区基础设施不断完善健全，可为企业提供工商登记、用工、税务、法律、融资、仓储物流等制造企业所需的"单一窗口"服务。帮助中小型企业摆脱困境对于中沙产业发展非常重要。为此，一方面，要整合现有园区资源，优化园区发展模式，引入各级协调机制，加强国家防范政策风险和资金支持，切实解决海外园区建设中的具体问题。另一方面，海外产业园区也要积极进行相互关联，增强相互影响性，通过优势互补避免园区间同质化竞争，推进园区生态链建设，实现上下游产业良性互动。此外，中沙应通过签署或更新关于经济和技术合作的高级别协定，包括市场准入、投资保护、知识产权和数据传输领域的合作，进一步加强本区域各国之间务实政策的联系和协调。中沙应强化产业生产力合作制度性保障，增强贸易便利性政策实施，降低经贸制度成本，提高金融市场稳定性，落实"合法化、标准化、贸易便利化"，建立海关等具体职能单位之间的沟通协调

机制，解决低效的海关服务问题以及高昂的海关费用难题，为通过国际生产力合作进行人员和货物交流提供一条快速通道。

## 5.5 充分发挥海外行业协会的作用

海外贸易协会在东道国的公司利益中发挥着代表性作用，其不仅通过向在当地立足的公司提供必要的服务，帮助内部成员开拓国外市场，而且通过协会内部针对性地开展业务，包括法律和税务咨询、人力资源服务和展览服务，帮助中国赴沙特企业更好地融入沙特。与此同时，行业或者贸易协会还可以帮助成员企业争取政府优惠政策的支持，这对提高企业海外发展能力至关重要。中国和沙特应加强协会的制度性建设，不断完善各方面标准，及时跟进人力和资本资源与支持。同时中国的海外贸易协会应在沙特政治上拥有一定的话语权，提高在当地的影响力。

# 参考文献

［1］ASSOCIATES D S. 越南工业园区：如何筛选、落户？［J］. 进出口经理人，2019
（6）：26-28.

［2］阮金枝. 中越双边贸易发展中存在的问题与对策研究［D］. 长春：长春理工大学，2012.

［3］白锋哲，吕珂昕，高雅.“一带一路”农业合作迈向高质量［J］. 农产品市场周刊，2019
（9）：60-62.

［4］柴雪娟，欧阳丹妮，陈凌文. 福建茶产业集群的识别与分析［J］. 中国茶叶，2022，44
（1）：30-36.

［5］陈柏福，刘莹. 我国对外文化贸易竞争力状况分析：基于“一带一路”沿线国家核心文化
产品贸易的比较［J］. 湖湘论坛，2021，34（1）：115-128.

［6］陈凤娣，吕名扬. 中国对 RCEP 其他成员国文化产品出口的现状考察与推进思路［J］. 经
济研究参考，2022（8）：134-144.

［7］陈捷，蔡承彬. 构建开放型经济新体制的历史演进、理论逻辑和实践路径：以福建省为例
［J］. 亚太经济，2022（5）：130-136.

［8］陈锦雯.“一带一路”背景下福建—东盟贸易发展探析［J］. 现代商业，2022（4）：55-61.

［9］陈砺.“一带一路”背景下产品空间与动态比较优势研究［D］. 北京：对外经济贸易大
学，2019.

［10］陈伟雄，马文怡.“一带一路”沿线国家贸易便利化对中国文化产品出口的影响研究：基
于随机前沿引力模型的实证分析［J］. 经济研究参考，2022（2）：114-129.

［11］陈云英. 福建省渔业资源养护现状及建议［J］. 新农业，2021（1）：69-70.

［12］程云洁，卜雨欣. 中国对“一带一路”沿线国家茶叶出口贸易的网络拓扑结构特征分析
［J］. 价格月刊，2023（1）：59-67.

［13］程云洁，董程慧.“一带一路”倡议下新疆与周边国家出口贸易效率及潜力研究［J］. 新
疆大学学报（哲学·人文社会科学版），2020，48（1）：1-10.

［14］陈圣文，毛新翠. 世界天然橡胶产业发展研究分析报告［J］. 中国热带农业，2020（1）：
29-34.

［15］陈茗. 广垦海外热带农业产业发展之路及其启示［C］∥中国热带作物学会. 中国热带作物学会 2016 年学术年会论文集，2016：13 - 14.

［16］方慧，张潇叶. 中国文化产业数字化水平测度及其出口效应研究［J］. 山东大学学报（哲学社会科学版），2022（3）：38 - 51.

［17］李鸿阶."一带一路"倡议与福建对外开放新优势研究［J］. 亚太经济，2017（4）：107 - 113.

［18］福建省发改委，福建省外办，福建省商务厅. 福建省 21 世纪海上丝绸之路核心区建设方案［N］. 福建日报，2015 - 11 - 17（4）.

［19］福建省人民政府发展研究中心课题组. 福建建设 21 世纪海上丝绸之路核心区的研究报告［J］. 发展研究，2015（6）：4 - 13.

［20］郭朝先，徐枫. 新基建推进"一带一路"建设高质量发展研究［J］. 西安交通大学学报（社会科学版），2020，40（5）：1 - 10.

［21］郭鸿琼."一带一路"下外贸竞争力现状、影响因素及对策：以福建为例［J］. 长江大学学报（社会科学版），2018，41（3）：77 - 80，107.

［22］郭琳."一带一路"倡议下福建茶叶出口贸易的机遇与挑战［J］. 环渤海经济瞭望，2022（3）：80 - 82.

［23］侯军强，马涛，惠琳，等."一带一路"背景下现代农业企业"走出去"供给策略研究：以杨凌农业高新技术产业示范区为例［J］. 西部金融. 2019（7）：27 - 33.

［24］湖州市委员会."一带一路"沿线国家基本情况及投资指南：越南［EB/OL］.（2023 - 02 - 17）［2023 - 07 - 30］. http://ccpithz. huzhou. gov. cn/ydyl/ydylyxgjjbqkfxfx/20230217/i3451472. html.

［25］黄冠. 天然橡胶企业跨国产业链构建研究：以广垦橡胶集团公司为例［J］. 中小企业管理与科技，2018（29）：43 - 47.

［26］黄继炜. 发挥福建优势，融入"一带一路"建设［J］. 福建论坛（人文社会科学版），2015（5）：141 - 147.

［27］黄玖立，周泽平. 多维度距离下的中国文化产品贸易［J］. 产业经济研究，2015（5）：93 - 100.

［28］黄蕊，李雪威，朱丽娇. 文化产业数字化赋能的理论机制与效果测度［J］. 经济问题，2021（12）：44 - 52.

［29］黄思维，陈坚，毛超艳，等."一带一路"背景下越南公路建设投融资模式分析与建议［J］. 交通企业管理，2018，33（5）：6 - 8.

［30］季志业，桑百川，翟崑，等."一带一路"九周年：形势、进展与展望［J］. 国际经济合作，2022（5）：4 - 27，94.

［31］江宏飞，周伟."微利时代"我国纺织业竞争力的培育［J］. 纺织科技进展，2008（4）：

102 – 105.

［32］江莉.“一带一路”倡议下区域农业国际经贸合作发展探讨［J］.农业经济问题，2022
（12）：145.

［33］蒋丰蔓.福建以茶为媒，扩大“朋友圈”［N］.福建日报，2022 – 09 – 16（6）.

［34］金丹，杜方鑫.中国—东盟自贸区背景下中国企业对越南投资研究［J］.国际贸易，2019
（10）：64 – 72.

［35］靳红滨.“一带一路”背景下提高我国通信服务贸易竞争力策略［J］.通讯世界，2018
（7）：123 – 124.

［36］康建东，武金爽.丝绸之路经济带沿线国家文化产品贸易：网络格局、关系特征与影响因
素［J］.东北师大学报（哲学社会科学版），2023（1）：132 – 146.

［37］李大伟，金瑞庭，胡文锦.中国和“一带一路”沿线国家相对要素禀赋变化趋势研究
［J］.中国经贸导刊（理论版），2018（5）：8 – 11，24.

［38］李柯锋.“一带一路”背景下政府与企业主导的农业企业国际合作模式与困境分析：以 H
公司为例［J］.农村经济与科技，2022，33（16）：216 – 218.

［39］李林，汪清蓉，于位.广东省核心文化产品出口现状及对策研究［J］.商业经济，2022
（6）：77 – 79，115.

［40］李前.2021 年东盟市场刻印数字经济标签［J］.进出口经理人，2021（3）：48 – 49.

［41］李世杰，邓茂杰，刘殿国.贸易引力、社会嵌入与文化产品出口：来自中国与“一带一
路”沿线国家的经验分析［J］，广东财经大学学报，2017，32（4）：32 – 44.

［42］李铁立.边界效应与跨边界次区域经济合作研究［D］.长春：东北师范大学，2004.

［43］李艳君.中国农业对外合作：现状、问题与对策［J］.中国经贸导刊，2016（30）：
42 – 44.

［44］李阳阳.中越跨境经济合作区的产业选择研究［D］.广州：广东外语外贸大学，2019.

［45］李云龙，赵长峰，马文婧.泰国数字经济发展与中泰“数字丝绸之路”建设［J］.广西
社会科学，2022（6）：48 – 56.

［46］厉英珍，赵立静，梁世明.“一带一路”沿线国家出口贸易潜力研究：基于扩展引力模型
对浙江省数据的分析［J］.价格理论与实践，2020（1）：159 – 162.

［47］林智岚.RCEP 引领泉州深耕“一带一路”沿线市场［N］.福建日报，2022 – 05 – 20
（3）.

［48］刘军，杨渊鋆，张三峰.中国数字经济测度与驱动因素研究［J］.上海经济研究，2020
（6）：81 – 96.

［49］刘敏，薛伟贤，陈莎.“一带一路”贸易网络能否促进各国全球价值链地位提升［J］.管
理评论，2022，34（12）：49 – 59.

[50] 刘倩，王秀伟. 文化产业数字化的关键问题、响应策略与实施路径：基于文化产业创新生态系统的研究［J］. 西南民族大学学报（人文社会科学版），2022，43（8）：150 - 156.

[51] 刘卫东. "一带一路"战略的科学内涵与科学问题［J］. 地理科学进展，2015，34（5）：538 - 544.

[52] 刘文敏，林大东，陈迪，等. 福建与"一带一路"沿线国家茶叶贸易的发展策略研究：基于海关视角［J］. 福建茶叶，2020，42（4）：64 - 67.

[53] 刘志雄，郭雨欣. 中国与 RCEP 国家文化产品产业内贸易及贸易竞争力研究［J］. 对外经贸实务，2022（7）：62 - 68.

[54] 刘作奎. "一带一路"倡议下中国对巴尔干地区的投资现状及影响：基于实地调研案例分析［J］. 欧亚经济，2019（3）：42 - 57，125，127.

[55] 罗乐，王百乐. 中越农产品贸易的现状、存在的问题及几点思考［J］. 对外经贸实务，2021（10）：57 - 60.

[56] 马梦燕，闵师，张晓恒. 贸易便利化对加工农产品出口质量的影响：以中国和"一带一路"沿线国家（地区）出口为例［J］. 世界农业，2023（1）：30 - 43.

[57] 马荣，郭立宏，李梦欣. 新时代我国新型基础设施建设模式及路径研究［J］. 经济学家，2019（10）：58 - 65.

[58] 孟广文，杜明明，赵钏，等. 中国海外园区越南龙江工业园投资效益与启示［J］. 经济地理，2019，39（6）：16 - 25.

[59] 孟捷. 经济人假设与马克思主义经济学［J］. 中国社会科学，2007（1）：30 - 42.

[60] 孟庆雷，王煜昊. "一带一路"国家贸易便利化对出口技术复杂度的影响［J］. 中南民族大学学报（人文社会科学版），2022，42（12）：123 - 133，197.

[61] 闵正中. 推进海洋经济高质量发展建设更高水平的"海上福建"［J］. 发展研究，2021，38（8）：1 - 4.

[62] 聂槟，廖婕妤.《越南—欧盟自由贸易协定》签署生效及其对越欧、中越和中欧经贸关系的影响：基于越南主流媒体的报道［J］. 东南亚纵横，2020（4）：62 - 72.

[63] 农立夫. 越南 2014 年报告与 2015 年前 8 个月经济发展态势［J］. 东南亚纵横，2015（8）：25 - 30.

[64] 彭雨晴，谢颖. 以侨搭桥：马来西亚华裔粤语媒介使用对中华文化认同的影响［J］. 现代传播（中国传媒大学学报），2022，44（11）：82 - 91.

[65] 石宇飞. 中国装备制造业发展及国际竞争力研究［D］. 长春：吉林大学，2020.

[66] 宋勇超. "一带一路"战略下中国企业对外直接投资模式研究：基于多元 Logit 模型的实证分析［J］. 软科学，2017，31（5）：66 - 69.

[67] 孙吉胜. "一带一路"与国际合作理论创新：文化、理念与实践［J］. 国际问题研究，

2020（3）：1-20，137.

［68］孙芮. 比较优势理论在中国贸易战略中的应用：评《对中国外贸战略与贸易政策的评论》
　　　［J］. 新闻爱好者，2018（1）：113.

［69］田常清，黄凯健. "一带一路"倡议下中国—东盟印刷出版物贸易现状与提升对策［J］.
　　　广西社会科学，2022（9）：49-55.

［70］万红先，冯婷婷，毕玲. 安徽与"一带一路"沿线国家的贸易潜力研究：基于拓展引力模
　　　型的实证分析［J］. 华东经济管理，2019，33（5）：12-19.

［71］王桂峰，王安琪，秦都林，等. 山东省棉花产业发展情况调研报告［J］. 棉花科学，
　　　2019，41（4）：3-15.

［72］王海燕. 中国与中亚国家共建数字丝绸之路：基础、挑战与路径［J］. 国际问题研究，
　　　2020（2）：107-133，136.

［73］王卉. "一带一路"背景下我国农业企业"走出去"战略分析［J］. 经济研究导刊，2022
　　　（19）：13-15.

［74］王健康. TCL 集团在越南的投资战略分析［J］. 东南亚纵横，2014（3）：76-79.

［75］王倩. "一带一路"背景下福建投资东盟产业布局分析［J］. 对外经贸，2018（6）：66-70.

［76］王有哲，陈勤思. 福建推动港口高质量发展［N］. 中国水运报，2023-01-13（5）.

［77］魏和清，周庆岸. 文化产业数字化水平测度及时空演化特征分析［J］. 统计与决策，
　　　2023，39（1）：23-28.

［78］闻行健. 福建晋江制鞋业出口问题及对策分析［J］. 商场现代化，2019（16）：48-50.

［79］翁景德. 福建省民营经济扶持政策研究［J］. 当代经济，2019（10）：25-27.

［80］吴贵洲. 广东农垦：勇当农业"走出去"排头兵［J］. 中国农垦，2022（11）：60-62.

［81］武俊英. 越南工业园区、外商直接投资与经济增长［D］. 南宁：广西民族大学，2018.

［82］向坤. 从数字经济视角看数字丝绸之路建设的内涵、结构和发展路径［J］. 西部论坛，
　　　2017，27（6）：11-16.

［83］肖军，栾晓梅. 基于 TOPSIS 法的湖北文化产业竞争力评价［J］. 统计与决策，2015（2）：
　　　80-82.

［84］邢劭思. "一带一路"沿线国家数字经济合作研究［J］. 经济纵横，2022（1）：46-51.

［85］徐长松，赵霞. 中国与"一带一路"国家农业贸易合作的现状、问题与前景展望［J］.
　　　农业经济，2018（10）：130-131.

［86］严若谷. 文化产业数字化发展的时空演化机理研究：基于深圳网络文化经营单位的微观行
　　　为分析［J］. 学术研究，2021（10）：75-79.

［87］杨继军，傅军. "一带一路"贸易网络结构及其对区域经济联动的影响［J］. 南京社会科
　　　学，2022（11）：42-50.

［88］杨军红. 福建与"21 世纪海上丝绸之路"沿线国家贸易互补性与竞争性研究［J］. 通化师范学院学报，2022，43（1）：55－62.

［89］杨琼. 越南的投资环境与中国企业对越投资策略研究［D］. 昆明：云南大学，2015.

［90］杨秀平."一带一路"与福建民营企业发展研究［J］. 木工机床，2018（3）：35－38.

［91］姚阳. 中国中小企业对越南直接投资风险及防范策略研究［D］. 南宁：广西大学，2015.

［92］原倩. 新发展格局下数字丝绸之路高质量发展的总体思路与战略路径［J］. 宏观经济管理，2022（7）：21－27.

［93］张辉. 构筑"一带一路"的"茶香通道"：聚焦第二届海丝国际茶文化论坛［N］. 福建日报，2021－12－07（4）.

［94］张辉. 向世界讲好"福茶"故事［N］. 福建日报，2022－06－30（8）.

［95］张惠丽，王成军. 城市文化产业发展水平综合评价实证分析［J］. 科技管理研究，2013，33（19）：221－224.

［96］张慧萍.《福建省"十四五"渔业发展专项规划》解读［J］. 渔业研究，2022，44（5）：522－528.

［97］张文秋，赵君丽. 自由贸易协定是否促进了中国核心文化产品的出口［J］. 文化产业研究，2022（1）：224－243.

［98］张晓涛，刘亿，王鑫. 我国"一带一路"沿线大型项目投资风险：东南亚地区的证据［J］. 国际贸易，2019（8）：60－71.

［99］张燕. 全球粮食危机离我们有多远？［J］. 中国经济周刊，2022（14）：47－49.

［100］张月玲."一带一路"倡议下福建省产业结构调整路径研究［J］. 长沙大学学报，2018，32（6）：45－48.

［101］张振，刘志颐，胡恒松. 我国农业国际化的成效及经验［J］. 农村工作通讯，2020（1）：21－23.

［102］张振鹏. 文化产业数字化的理论框架、现实逻辑与实现路径［J］. 社会科学战线，2022，327（9）：74－83.

［103］赵平，邬鹏. 中国与"一带一路"沿线国家文化贸易影响因素研究：基于出口贸易成本视角的分析［J］. 价格理论与实践，2021（12）：143－146，201.

［104］赵其波，胡跃高. 中国农业国际合作发展战略［J］. 世界农业，2015（6）：178－184.

［105］赵涛，张智，梁上坤. 数字经济，创业活跃度与高质量发展：来自中国城市的经验证据［J］. 管理世界，2020，36（10）：65－76.

［106］中国一带一路网. 中国·越南（深圳－海防）经贸合作区［EB/OL］.（2021－07－22）［2023－07－30］. https://www.yidaiyilu.gov.cn/p/181088.html.

［107］周丹妮. 东道国制度压力对在越中国企业绩效影响机制研究：人力资源本地化与人力资

源自主权的中介作用［D］. 杭州：浙江工业大学，2020.

［108］周升起，李蕴鸿. 数字距离对中国文化出口的影响研究［J］. 重庆理工大学学报（社会学），2023，37（1）：69－86.

［109］周艳，陈姣姣. 中国与"一带一路"沿线国家高技术产业贸易地位的演变［J］. 宁波经济（三江论坛），2022（10）：10－13.

［110］周跃华，陈雪英，叶森鑫. 福建省机械装备产业发展路径探讨［J］. 发展研究，2018（3）：96－100.

［111］周云. "一带一路"沿线孔子学院对文化产品出口效率的影响［J］. 老字号品牌营销，2022（12）：133－135.

［112］朱泳，危宇帆. "一带一路"背景下福建省茶叶供应链发展研究［J］. 农业展望，2021，17（8）：164－171.

# 后　记

2013 年秋天，习近平总书记在出访哈萨克斯坦和印度尼西亚时先后提出共建丝绸之路经济带和 21 世纪海上丝绸之路，共建"一带一路"倡议由此开启国际合作的崭新篇章。这个倡议的根本出发点和落脚点，就是探索远亲近邻共同发展的新办法，开拓造福各国、惠及世界的"幸福路"。"一带一路"倡议提出后的第一个十年，是百年变局加速演进、国际格局加快重构、全球治理日益分裂的十年，"一带一路"建设经受了考验和挑战，取得了来之不易的重大成就。数据显示，2013 年到 2022 年，我国与共建国家双向投资累计超过 2 700 亿美元；截至 2022 年年底，我国企业在共建国家建设的境外经贸合作区为当地创造了 42.1 万个就业岗位。实践充分表明，共建"一带一路"倡议正在成为推动世界经济增长的重要引擎，成为我国参与全球开放合作、改善全球经济治理体系、促进全球共同发展繁荣、推动构建人类命运共同体的中国方案。

本书通过研究与剖析与"一带一路"沿线国家合作共建的优秀案例，全景式展现与沿线国家在政策沟通、设施联通、贸易畅通、资金融通、民心相通等诸多领域合作的丰硕成果，为更多国际社会力量参与共建"一带一路"倡议提供可借鉴的模式，为全球发展铸就了共生共治的创新道路。本书通过分行业、分区域以及分国别三个部分来透析"一带一路"倡议提出以来在各个层面合作的具体实践，以案例的形式展现"五通"实施所取得的成效，展现"一带一路"倡议提出以来中国与沿线国家在各领域合作发展的过程、面临的问题以及解决的方式。本书提供了多视角的分析，有利于各方读者了解这十年来各行业在实践过程中所获得的经验教训，生动形象地展示了各行业跨国合作的路径与模式，有利于不同行业的读者获取各行业跨国合作的相关信息，为"一带一路"合作各方持续输出宝贵经验。

本书的撰写离不开每一位团队成员的辛勤付出，值此付梓之际，谨向参与本书编写的研究团队成员表示衷心的感谢。本书具体分工如下：第一章，王炳棠；第二章，章晓雯；第三章，龚海湖；第四章，朱林；第五章，张湘贝；第六章，杨春燕；第七章，陈蕾；第八章，廖唯芳；第九章，王力平；第十章，徐翠丽；第十一章，徐新阳，全书由胡军教授和顾乃华教授统稿。此外，特别感谢暨南大学产业经济研究院、暨南大学中国（广东）自由贸易试验区研究院、暨南大学出版社等单位提供的帮助与支持。希望本书能够起到抛砖引玉的作用，吸引更多的专家学者关注"一带一路"倡议提出以来对沿线国家所产生的积极影响，也希望相关专家学者及各界人士在百忙中给予批评指正！

编者

2024 年 3 月